남양의 민족과 문화

南洋の民族と文化

일본 동남아시아 학술총서 05

남양의 민족과 문화

南洋の民族と文化

이토 겐 저 | 김효순 역

보고사
BOGOSA

2017년 '한국-아세안 미래공동체 구상'을 중심으로 하는 한반도 '신남방정책' 발표와 다음해 정부의 신남방정책특별위원회 설치는 아세안(동남아시아 10개국)과 인도 지역의 급속한 경제적 성장과 미래의 잠재력을 염두에 둔 정책 아젠다였다. 물론 이러한 선언은 이 지역이 세계 경제의 성장엔진이자 블루오션으로 떠오르고 있다는 인식과 그 지정학적 중요성에 바탕을 둔 정책이며, 나아가 이 지역에서 상호 경쟁을 벌이고 있는 일본과 중국의 동남아시아 정책을 의식한 것이기도 하였다.

왜냐하면 일본과 중국도 오히려 한국보다 훨씬 앞서 다양한 형태의 '남방정책'을 추진하여 이들 지역에 대한 경제적, 정치적, 문화적 영향력을 확대해 왔기 때문이다. 태평양전쟁 기간 중 이른바 '대동아공영권' 구상을 통해 동남아시아 및 남태평양(남양) 지역을 침략하여 군정(軍政)을 실시하였던 일본은 패전 후 동남아시아 각국에 배상이라는 장치를 통해 오히려 금융, 산업, 상업 방면에 진출하여 패전국이면서도 이 지역에 대한 영향력을 확대해 왔다. 2018년을 기준으로 아세안 직접투자가 중국의 2배, 한국의 6배 이상을 차지하는 일본은 2013년 '일본-아세안 우호 협력을 위한 비전선언문', 2015년 '아세안 비전 2025'를 통해 이 지역 내 중국의 영향력을 견제하고 일본의 대외정책의 지지기반 확대와 경제협력을 확대하고 있다. 동남아시아 지역과 국경을 접하고 있는 중국은 2003년 아세안과 전략적 동반자 관계를 맺은 이후 정치안보와 경제, 사회문화 공동체 실현을 추진하고 2018년 '중국-아세안 전략적 동반자 관계 2030 비전'을 구체화하였으며 '일대일로' 전략을 통해 아세안에 대한 영향력을 강화하고 있다. 이와 같이 한·중·일 동아시아 3국은 아세안+3(한중일) 서미트를 비롯하여 이 지역과 협력을 하면서도 격렬한 경쟁을 통해 각각 동남아시아 지역에 정치적, 외교적, 경제적, 문화적 역량을 집중하고 있다.

동남아시아 지역의 중요성이 부각되고 한국의 신남방정책 추진에 즈음하여 2018년과 2019년에 정부 각부서와 국책연구소, 민간 경제연구소 등에서는 한국의 신남방정책 관련 보고서가 다량으로 간행되는 가운데, 2017년 한국 정부의 '신남방정책' 선언 이후 일본의 사례를 참조하여 그 시사점을 찾으려는 논문이 급증하고 있다. 나아가 근대기 이후 일본의 남양담론이나 '남진론(南進論)' 관련 연구, 그리고 일본과 동남아시아의 관계사나 경제적 관계, 외교 전략 관련 연구는 2000년대 이후 개시하여 2010년대에 이르러 활발하게 연구가 이루어지고 있다. 그럼에도 불구하고, 정작 한국 사회와 연구자가 필요로 하는 동남아시아에 관한 일본의 학술서나 논문, 보고서 등 자료의 조사와 수집은 물론 대표적인 학술서의 번역이 거의 이루어지지 않았다고 할 수 있다.

따라서 고려대 글로벌일본연구원에서는 근대기 이후 동아시아 국가 중에서 동남아시아 지역에 대해 가장 먼저 관심을 가지고 대외팽창주의를 수행하였던 일본의 동남아시아 관련 대표적 학술서를 지속적으로 간행하고자 '일본 동남아시아 학술총서'를 기획하게 되었다.

이에 고려대 글로벌일본연구원은 먼저 일본의 동남아시아 및 남태평양 지역과 연계된 대표적 학술서 7권을 선정하여 이를 8권으로 번역·간행하게 되었다.

제1권인『남양(南洋)·남방의 일반개념과 우리들의 각오(南方の一般概念と吾人の覺悟)』(정병호 번역)는 남진론자(南進論者)로서 실제 동남아시아 지역에서 실업에 종사하였던 이노우에 마사지(井上雅二)가 1915년과 1942년에 발표한 서적이다. 이 두 책은 시기를 달리하지만, 동남아시아 지역의 역사와 문화, 풍토, 산업, 서양 각국의 동남아 지배사, 일본인의 활동, 남진론의 당위성 등을 상세하게 기술하였다. 제2권·제3권인『남양대관(南洋大觀) 1·2』(이가현, 김보현 번역)는 일본의 중의원 의원이자 남양 지역 연구자였던 야마다 기이치(山田毅一)가 자신의 남양 체험을 바탕으로 1934년에 간행한 서적이다. 본서는 당시 남양 일대 13개 섬의 풍토, 언어, 주요 도시, 산업, 교통, 무역, 안보 및 일본인의 활동을 사진과 함께 상세하게 소개하고 있다. 이 책은 기존의 남양 관련 서적들과 달리 남양의 각 지역을 종합적으로 대관한 최초의 총합서라는 점에서 그 의의가 있다.

제4권『신보물섬(新寶島)』(유재진 번역)은 탐정소설가 에도가와 란포(江戸川亂步)가 1940에서 41년에 걸쳐 월간지『소년구락부(少年俱樂部)』에 연재한 모험소설이다. 이 소설은 남학생 세 명이 남태평양의 어느 섬에서 펼치는 모험소설로서 여러 역경과 고난을 이겨내고 마침내 용감하고 지혜로운 세 일본 소년이 황금향을 찾아낸다는 이야기인데, 이 당시의 '남양'에 대한 정책적, 국민적 관심이 일본 소년들에게도 미치고 있음을 잘 보여주고 있다. 제5권인『남양의 민족과 문화(南洋の民族と文化)』(김효순 번역)는 이토 겐(井東憲)이 1941년 간행한 서적이다. 이 책은 태평양전쟁 당시, '대동아공영권' 구상을 뒷받침하기 위해 일본과 남양의 아시아성을 통한 '민족적 유대'를 역설하고 있다. 방대한 자료를 통해 언어, 종교 등을 포함한 남양민족의 역사적 유래, 남양의 범위, 일본과 남양의 교류, 중국과 남양의 관계, 서구 제국의 아시아 침략사를 정리하여, 남양민족의 전체상을 입체적으로 그려내고 있다.

제6권인『남양민족지(南洋民族誌)』(송완범 번역)는 일본의 평론가이자 전기 작가인 사와다 겐(澤田謙)이 1942년에 간행한 서적이다. 이 책은 당시 일본인들의 관심 사항인 남양 지역의 여러 문제를 일반 대중들에게 쉬운 문제로 평이하게 전달하려고 한 책인데, 특히 '라디오 신서'로서 남양을 '제국일본'의 병참기지로 보는 국가 정책을 보통의 일본 국민들에게 간결하고 평이하게 전달하고 있다. 제7권인『나카지마 아쓰시(中島敦)의 남양 소설집』(엄인경 번역)은 1942년에 간행한 남양 관련 중단편 10편을 묶어 번역한 소설집이다. 나카지마 아쓰시가 남양 관련 작품을 창작하고 발표한 시기는 태평양전쟁의 확산 시기와 겹친다. 스코틀랜드 출신 소설가 R.L.스티븐슨의 사모아를 중심으로 한 폴리네시아에서의 만년의 삶을 재구성하거나, 작가 자신의 팔라우 등 미크로네시아 체험을 살려 쓴 남양 소설들을 통해 반전 의식과 남태평양 원주민들을 바라보는 독특한 시선을 느낄 수 있다.

제8권인『남방 제지역용 일본문법교본 학습지도서(南方諸地域用日本文法敎本學習指導書)』(채성식 번역)는 태평양전쟁의 막바지인 1945년에 남방지역에 대한 일본어교육 및 정책을 주관한 문부성이 간행한 일본어 문법 지도서이다. 언어 유형론적으로 일본어와 다른 언어체계를 가진 남방지역의 원주민을 대상으로 당시 일본어교육 현장에서 어떠한 교수법과 교재가 채택되었는지를 본서를 통해 엿볼 수 있다.

    이들 번역서는 메이지(明治)시대 이후 남양으로 인식된 이 지역에 대한 관심과 대외팽창주의를 잘 보여주고 있으며, 이 지역의 역사, 문화, 풍토, 산업, 서양과의 관계, 남진론 주장, 언어 교육, 일본인들의 활동, 지리 등을 잘 보여주고 있다. 이 '일본 동남아시아 학술총서'는 메이지 유신 이후 동아시아의 근대화를 주도하고 주변국의 식민지 배와 세계대전, 패전이라는 굴곡을 거치고도 여전히 동아시아에 막대한 영향력과 주도권을 행사하는 일본이 지난 세기 일본이 축적한 동남아시아에 대해 학지를 올바로 파악하는 데 도움을 줄 것으로 생각한다. 또한 다양한 분야에 본 총서가 기초자료로 활용함으로써 동남아시아 관련 후속 연구를 가능하게 할 것으로 기대하며, 이를 통해 신남방 시대의 학술적 교두보를 구축하는 데에 도움이 되기를 기대하는 바이다.

    특히 어려운 환경에도 불구하고 이 총서간행을 기꺼이 맡아주신 도서출판 보고사의 김흥국 사장님과 꼼꼼한 편집을 해 주신 박현정 편집장을 비롯한 편집팀에게 감사한 마음을 전하고 싶다.

2021년 2월
고려대 글로벌일본연구원
〈일본 동남아시아 학술총서〉 간행위원회

일러두기

1. 고유명사의 경우 초출시 ( ) 안에 원어를 표기하였다. 단, 일본어 이외의 원어를 확인할 수 없을 경우에는 일본어를 ( ) 안에 표기하였다.

2. 역사적 고유 명사의 경우 초출시 ( ) 안에 원어와 함께 현대 지명을 표기하였다. 단, 가독성을 위해 역사적 고유 명사의 표기가 꼭 필요하지 않은 경우는 이후부터는 현대어로 표기하였다.

   예 면전(緬甸=미얀마), 탈열미(脫烈美=프톨레마이오스[Ptolemaeus]), 신가파(新嘉坡=싱가포르), 메난 강(湄南河=차오프라야[Chao Phraya] 강)

3. 고유 명사의 부족명, 어족명, 지명 등 고유 명사의 띄어쓰기:

   1) 한자의 경우 혹은 한자 이외의 단어 + 한자의 경우는 붙여 씀: 안남인(安南人), 몽고어(蒙古語), 해남도(海南島), 프리지아인(Friesen), 크메르(Khmer)족

   2) 한자 이외의 단어: 술라웨시(Sulawesi) 섬, 안다만(Andaman) 섬, 차오프라야 강(湄南河)

4. 고유명사(지명, 부족명, 어족명, 인명)의 색인어:

   1) 표기는 확인이 가능한 범위에서 한글, 일본어 가나, 영어 외 로마자, 한자, 구분의 순으로 작성하였다.

   2) 역사적 고유명사나 같은 단어라도 발음이 다른 경우 →로 표시하여 일반적 현대어로 확인할 수 있도록 하였다.

   예 아라한인(→아라칸인): 阿羅漢人
   아라칸(인): アラカネス, Arakan, Arakanese, 阿羅漢人

   3) 일반적 현대어란 네이버 오픈 사전(국어사전, 지식백과) 〉 (검색이 되지 않을 경우) 원어의 발음을 기준으로 하였으며, 지명의 경우에는 구글 지도 〉 네이버 오픈 사전 〉 원어의 발음을 기준으로 하였다.

5. 역사적 표현이나 차별어도 원저자 및 당시의 '남양' 인식을 드러내기 때문에 원어를 그대로 번역하고 필요에 따라 각주를 달아 설명하였다.

   예 지나(支那), 토인(土人), 교통(交通), 교거(僑居), 이무국(釐務局) 등

6. 각주는 기본적으로 역자주이며, 원문에 있는 본문의 주가 긴 경우에는 가독성을 고려하여 각주로 옮기고 [원주]라 표시하였다.

목차

서문

　　최근 남양의 중대성이 점점 더 부상함과 동시에 남양에 관한 저서가 하이 스피드로 서점에 나타나기 시작했다. 그것이 정당한 인식 하에 쓰여진 것인 한, 시국 상 정말로 잘된 일이다. 대일본제국의 대륙 정책과 남양 문제는 실로 깊은 관계가 있음과 동시에 그 관련성은 동아공영권의 중심이 되는 중요성을 띠고 있다. 따라서 지나 및 남양에 관한 각 방면의 전문가들의 연구가 속속 발표되는 것은 참으로 기쁜 일이다.

　　남양을 넓고 깊게 인식한다는 것은 대륙 정책을 진정으로 이해하는 것이며 동아공영의 문제를 근본적으로 이해하는 것이다. 물론 남양을 인식하는 방법에는 경제적, 정치적, 군사적 등등 여러 가지가 있다. 모두 필요한 현실적 문제이다. 나는 이런 문제에서 한 걸음 더 나아가 근본적 인식 방법으로서 민족적으로 연구를 해 보려고 마음먹었다. 지리학적, 고고학적, 인류학적, 박물학적, 풍속학적으로 조사 연구한 학자들도 많이 있다. 그러나 일본인 중에 민속학적으로 연구한 사람은 그다지 많지 않다. 본문에서도 참고삼아 거론해 두었지만, 백인 학자들이 쓴 남양 민족 연구서는 상당히 많이 있다. 그러나 내가 보기에는 그것들은 파란 눈에 야망의 안경을 쓰고 본 것이 대부분이다. 우리 일본인들과 남양 민족은 아시아성을 통한 '민족적 유대'를

지니고 있다. 특히 오늘날의 국제정세를 보면, 동아공영을 목적으로
하는 공동체 운명에 있는 우리 일본으로서는 남양 민족의 올바른 모
습을 아는 것이 요즘만큼 절실한 시대는 아마 없을 것이라 생각한다.
앞으로 세계는 어떻게 움직여갈 것인가? 이 문제는 결국 민족의 삶의
방식이나 행동 방식의 문제로 연결된다. 동아공영권에서 남방의 중
심인 남양 민족의 아시아성의 검토야말로 목하 급무라 할 수 있다.

　나는 이상과 같은 의미에서 이 책을 저술했다. 본서의 목적은 대일
본제국의 국책인 동아공영권의 확립을 중심으로 남양의 근본문제인
그 민족을 인식하는데 있다. 나는 이 책에서 선현들의 연구를 소개하
는데 지나지 않았지만, 다소 독자적 의견도 피력했다고 생각한다. 될
수 있는 한 간단하고 명료하게 남양 민족의 전체상을 그려내고자 했으
나, 부족한 점이 있다면 그것은 곧 나의 비재(非才)의 소치이다. 그러나
어쨌든 문제가 심대한 만큼 금후 연구의 필요성도 크다고 생각한다.

　나는 본서를 집필하기 위해 매우 많은 서적을 참고했다. 그러나
인용을 한 것은 일본인과 중국인들의 연구서뿐이다. 그것은 내게 생
각하는 바가 있기 때문이다. 본문에서 인용한 귀중한 문헌을 집필한
선배 학자 제 선생들에게 삼가 사의를 표하는 바이다. 또한 말필이지
만, 본 저서를 위해 여러 가지로 후원을 해 준 유태인 문제 연구의
권위인 정경학회(政經學會)의 마스다 마사오(增田正雄) 선생에게 깊은
감사를 드리는 바이다.

1941년 10월 초순
시즈오카(靜岡)에서
이토 겐

제1장
남양의 민족 문제

1. 남양 민족의 연구

최근의 세계 동향 속에 분명하고도 심각하게 클로즈업된 남양 문제, 동아공영권내 남양의 지위의 중요성에 대해서는 우리들이 상설(詳說)할 필요도 없이 제현(諸賢) 누구나 이미 숙지하고 있는 바이다.

나는 일찍이 남양의 회교도(回敎徒) 문제를 제창한 일이 있는데, 이 문제는 전문가 제 선생들께 교시를 받기로 하고 최근 뜻하는 바가 있어서 남양과 지나의 관계를 교통사(交通史)[1] 방면에서 알고자 이 방면의 연구자 빙승조(馮承鈞) 씨의 『지나 남양 교통사(支那南洋交通史)』(大東出版社版)를 번역하였으며, 그동안, 대일본이 진정으로 남양 그 자체를 이해하기 위해서는 남양 민족을 알아야 한다고 생각하게 되었다. 그래서 비재(菲才)를 돌아보지 않고 매우 늦기는 했지만 남양 민족 연구에 정진하기 시작했다.

----

1 본서에서 말하는 '교통사'란 '교류사(交流史)'를 의미한다. 이하 본서의 참고서적 등에서 '교통사'를 사용하므로 그대로 '교통사'로 번역한다.

그리하여 동서 남양 민족에 관한 문헌을 살펴보면서 크게 계발된 바가 있었지만, 그 대부분은 학구적인 것으로 이용은 할 수 있어도 내가 의도하는 남양 민족의 연구와는 상당히 거리가 있는 것이었다.

그것은 무슨 말인가? 오늘날 일본과 구미(歐美)는 모두 남양을 중요시 여겨 연구에 여념이 없지만, 그 대부분은 정치적, 경제적, 군사적인 내용이다. 특히 이 방면에서 우리 일본의 언론이나 저서는 쓸데없이 목소리만 커서, 남양의 진상을 알려주는 것은 비오는 날 밤 별만큼 적다. 이는 몹시 유감스런 일이다. 나의 좁은 소견에 의하면 이러한 잘못이 거듭되는 이유는 남양 그 자체를 근본적으로 알려하지 않기 때문이다. 이는 근본적인 문제로, 너무나 분야가 넓고 많아서 생기는 문제이다. 그러나 우선 알아야 하는 것은 역사, 지리, 민족, 풍속, 문화 분야이다.

그리고, 이들 필요한 제 문제들 중에서 상대적으로 더 일찍 알았어야 하는데 잘 알려지지 않은 것이 민족의 문제이다. 그래서 나는 무엇보다도 민족을 알고자 하는 것이다. 그 까닭은 동아공영권 운운하며 피상적인 문제만을 다루고 있는데, 근본적인 문제, 즉 민족성을 보다 잘 알고 난 후에 융화를 하고 그것을 토대로 하지 않으면 영구적 화합은 절대로 불가능하다고 생각하기 때문이다.

이상과 같은 의미에서, 급박한 남양 연구는 그 방면 조사 연구 전문가들에게 맡기기로 하고, 나는 진득하니 남양 민족을 연구해 보고자 한다.

2. 제 민족의 유래

오늘날 남양의 중대성을 모르는 사람은 없겠지만, 남양 민족을 아는 사람들은 극히 적다. 대체적으로 남양인이라고 하면 말레이인(馬來人) 정도로만 생각하는 사람들이 많다. 우선 호주인이나 파푸아(Papua)인, 네그리토(Negrito)족, 베도이드(Veddoid)족 정도의 명칭을 알고 있으면 그만으로 여기고 있다.

어느 나라나 섬 인종에게도 성쇠가 있기 마련인데, 남양도 예외가 아니다. 남양 역시 상당한 성쇠가 있어서, 그 민족의 변천도 복잡다단하다. 따라서 민족의 종류도 매우 많다.

지금 바로 책상 위에 있는 이장전(李長傳) 편저 『남양사 강요(南洋史綱要)』의 인종 부분을 펼쳐보면, 외남양(外南洋)의 후 인도만 봐도 다음과 같다. 네그리토족(=소흑인)이 그 첫 번째인데, 피부는 칠흑 혹은 암갈색이며 곱슬머리에 두꺼운 입술, 짧은 목을 한 민족으로 이 민족에는 사카이(Sakai)족, 로와(Rowa)족 등이 있다. 그들은 안다만(Andaman) 섬, 말레이 반도에 살며, 말레이에서는 세망(Semang)이라고 불리우고 있다. 안다만 섬의 아에타(Aeta)족은 필리핀을 중심으로 하고 있어, 말라카(Malacca) 반도를 중심으로 하는 세망 및 팡안(Pangan)과 짝을 이룬다.

몬(猛, Mon)족 말레이 반도 최초의 주민으로 맹인(猛人, 몬) 혹은 크메르족이라는 종이 있으며, 전자는 처음에는 면전(緬甸=미얀마)의 남부에 거주했고, 후자는 월남 남부에 살고 있었는데, 나중에 두 종족이 혼합이 되어서 몬크메르인이 되었다. 이 종족에는 현재 면전의 탈리앙(Talaing), 월남의 캄보디아 인이 속해 있다.

타이(泰, Thai)족   이는 나중에 타이에 온 몬 족을 가리키는 말로, 지금의 타이인, 라오(Lao)인, 서인(畲人), 카렌(克倫, Karen)인이 이에 속하며, 지나의 백이(白夷)와 동족이다. 지금 운남(雲南)의 타이인은 한족에 가깝지만, 순수한 타이인은 광서(廣西)의 국경 내에 모여 있고, 그 언어도 지금의 타이어와 비슷하다. 라오인은 일찍이 란창(瀾滄)을 건설하였고 서인은 일찍이 면전에 들어가 왕이 되었으며, 타이인은 일찍이 운남에 남조국(南詔國, 나차오)을 건설하였지만, 13세기에 몽골에 의해 멸망당했다. 그리고 메난 강(湄南河=차오프라야 강) 유역에 8세기에서 14세기에 걸쳐 건국을 했고, 마침내 몽골인을 정복하여 지금의 타이국을 건설한 것이라고 한다.

면전인   이는 티벳계에 속한다. 이들은 몬족이나 타이족과 많이 동화되어 있다.

아라칸(Arakan)인   이는 모간족에 속하는데 버어마의 아라칸 지방에 살고 있는 동안 버어마인에게 동화된 것이다.

안남인(安南人)   일명 교지인(交趾人=코친)이라 하며 오늘날 안남의 중기(中圻), 북기(北圻) 및 남기(南圻)[2] 지방에 거주하는 민족이다. 어디에서 온 종족인지는 확실하지 않지만, 지나 문화의 영향을 강하게 받고 역사적으로는 지나의 일부였거나 지나에 조공을 하던 나라였다.

점인(占人, 참[Tchams])   이는 말레이계에 속하며 옛날에는 안남의 주인이었다. 말레이 군도에서 왔으며, 일찍이 참파(Champa) 왕국을 건설

----

2 북기는 지금의 하노이, 남기는 지금의 사이공이며, 중기는 그 중간 지역.

했지만, 안남 왕국과 대항하다가 그로 인해 멸망하였다.

그 외에, 친(Chin)인, 코친(Kachin)인, 야오인(猺族), 모이(Moï)인 등
이 있었지만, 역사상 아무런 지위를 차지하지 못했다.

또한 위 저서는 말레이 반도에 속한 종족에 대해 이렇게 설명하고
있다.

> **네그리토** 이는 말레이 반도의 원주민이며, 지금도 여전히 말레이
> 반도 및 필리핀 제도(諸島)의 내부에 잔류하고 있다. 말레이 반도에
> 있는 종족을 세망, 사카이라고 하며, 필리핀에 있는 종족을 아에타,
> 만얀(Mangyan)이라 부른다.
>
> **파푸아인** 멜라네시아계에 속한다. 원시 말레이인은 일명 인도네시
> 아인이라고 하여 종류가 매우 많으며 수마트라(Sumatra)에 있는 종
> 족을 바타크(Batak) 족이라고 하며, 셀레베스(Celebes)[3]에 있는 종족
> 을 토라자(Toraja)라고 하고, 말라카에 사는 종족을 알프로(Alfuro)족
> 이라고 하며 보르네오에 사는 종족을 다약(Dayak, Dyak)족, 여송(呂
> 宋=루손[Luzon])에 사는 종족을 이고로트(Igorots)라고 한다. 모두 여
> 전히 문화의 정도가 낮고 지금도 여전히 개화를 이루지 못하였으며,
> 심한 곳에서는 다른 부족·부락을 습격해서 사람의 목을 베는 종교
> 의식을 행하는 풍습이 있는 등, 남양 역사상 특별히 의미 있는 지위에
> 있지는 않다.

....

3 인도네시아 술라웨시(Sulawesi) 섬의 식민지시대 호칭.

말레이인 이 민족은 말레이시아(馬來西亞)의 주인공이며 몽골의 혈통을 포함하고 있다. 말레이 반도에 사는 부족을 총칭하여 말레이인이라고 하는데, 네덜란드령 동인도에 사는 부족에(조와인(爪蛙人=자와[Java]인), 수마트라인, 부기인(Buginese), 마두라(Madura)인, 바타크인, 아체인(Achenese), 숨바와(Sumbawa)인, 반카(Bangka)인이 있으며, 필리핀에 사는 부족에 술루(Sulu)인, 필리핀인이 있다. 어디에서 왔는지는 자세하지 않지만, 토인(土人)들 자신은 수마트라의 중부 고원지대인 미낭카보우(Minangkabau)에서 왔다고도 하고, 심한 경우에는 알렉산더 대왕의 후예라고 하는 사람들도 있다. 그러나이는 신화의 견강부회에 지나지 않는다. 인종학자들의 설도 단일하지 않지만, 가장 유력한 설은 후인도의 참파인 및 캄보디아에서 온 부족이라는 설이다.

3. 아시아의 생명선

외남양 민족 중, 대표적인 것은 안다만 제도, 말레이 반도, 루손, 민다나오, 팔라완 섬, 뉴기니아 섬 등에 사는 네그리토족,[4] 실론 섬, 말레이 반도, 수마트라, 자와, 니코바르(Nicobar), 셀레베스, 엔가노(Engaño), 믄타와이(Mentawai), 인도지나에 분포되어 있던 베도이드

----

4 [원주] 이 외에 네그리토족은 인도지나 및 운남의 국경, …… 주유국(侏儒國) ……, 호남성, 안남 등에도 산 것이 증명되고 있다. [역주] '주유국'은 고대 중국의 후한서(後漢書)와 위지(魏志)에 등장하는 사마태국(邪馬台國)의 남쪽에 있다고 생각되는 소인국.

족,[5] 뉴기니아의 파푸아족, 인도네시아 및 인도지나 반도의 일부에 사는 말레이족,[6] 지나의 인도지나족[7] 등이다.

이상의 남양 민족 중에서 원시적 민족은 네그리토족, 베도이드족, 파푸아족 등이다. 특히 심한 것은 사카이, 다이야, 아에타 등일 것이다.

지나, 인도, 회교, 구주의 영향 하에서 독자적인 문화를 가지고 있는 민족은 말레이족, 몬크메르족, 티벳버어마족, 타이지나족 등이다.

이들 중, 말레이족, 몬크메르족, 티벳버어마족은 남방 몽골 종족에 속하며, 타이지나족은 남방 지나계이다. 이는 우리들에게 매우 관심을 불러일으키는 문제이다.

말레이족은 대체로 말레이어를 사용하며 이슬람교 신자로 이해되고 있는데, 원시 말레이족,[8] 수마트라의 마마크(mamak),[9] 루브족(습지, 택지의 사람), 타란(Tarahan), 크부(Kubu), 보르네오의 라우트(Laut)는 아직 문화가 발달되지 않았지만, 원 말레이족[10]은 다른 야만 민족이 수렵을 주로 하는 데 반해, 농경원예를 함과 동시에 가축도 기르고 있으며 풍속도 원시 상태보다는 두세 걸음 앞서 있고 종교 의식에도

....

5 [원주] 이 민족의 대표는 말레이의 사카이족, 셀레베스의 토라자족이라 할 수 있는데, 이와 유사한 종족에는 세노이(Senoi), 바타크, 다이야(=다약), 크부(Kubu), 이고로트 등이 있다.

6 [원주] 이와 같은 종족에 몬크메르족이 있다. 모이족은 이에 속한다.

7 [원주] 학자들은 이를 티벳버어마족과 타이지나족으로 나누고 있다.

8 [원주] 말레이 반도 해안의 자쿤(Jakun), 베시(Bessi), 안트라(Anthra).

9 [원주] 오랑(Orang).

10 [원주] 수마트라의 바타크, 대만의 고사족(高砂族), 보루네오의 다약족, 셀레베스의 토라자족, 인도지나 반도의 세이(She)족.

상당히 깊이가 있다.

원래 말레이족에 흐르는 몽고족의 피는 희박해졌지만, 인도인의 피와 문화가 일찍부터 들어왔기 때문에 인도 문화 특히 베다교[11]와 불교가 유입되게 되었다. 거기에 다시 지나 문화가 유입되었고 종국에는 회교가 들어왔다. 그러나 역시 인도 문화가 가장 큰 영향력을 행사하고 있다. 이에 평원지대를 본거지로 하는, 새로운 말레이 문화와 우리가 상식적으로 알고 있는 말레이족이 탄생한 것이다.

몬크메르족과 말레이족의 구별은 상당히 어렵다. 정치적으로는 샴(Sham=타이)과 안남에게 정복된 형국이며, 문화적으로는 말레이족의 영향 하에 있지만,[12] 민족적으로는 안남인을 포함하여 타이족하고도 친밀하다.

인도지나족은 버어마 문화와 원문화(proto-culture)를 지니고 있으며, 오늘날에는 로로(Lolo)족처럼, 오늘날에는 점차 영국 문화의 지배를 받고 있다.

타이지나족이라는 이름으로 불리는 민족은, 그 거주 분포가 광동성에서 말레이 반도에 걸쳐 있는 만큼 여러 가지 점에서 복잡하지만, 민족적으로는 남방 지나적, 타이적이며, 문화적으로는 더 지나적, 인도적이다.

우리들은 이들 민족이 크게 말하자면, 아시아적임에 유의해야 하

----

11 브라만교(바라문교·婆羅門敎·Brahmanism) 또는 베다 힌두교라 하며, 베다 시대(BC.1500~BC.500) 동안 인도 아대륙에서 '브라만'이라고 불리는 사제 계급을 중심으로 전개된 종교를 말한다.
12 [원주] 현재는 프랑스 문화의 영향 하에 있는 곳이 많다.

는데, 협의로는 몽고, 인도, 지나, 이슬람의 피와 문화가 깊이 영향을 미치고 있다는 점을 고려하여 장래의 문제를 생각해야 한다.

네덜란드, 영국, 프랑스, 미국에 의해 정복된 민족에는 기독교 문화의 영향이 크지만, 우리들은 아무래도 벗어날 수 없는 아시아성에 착목하여 남양 민족 연구를 진행해야 한다고 생각한다.

지금까지 남양 민족과 정치적, 경제적, 종교적, 문화적, 군사적으로 교섭이 있던 나라들은 지나, 스페인, 포르투갈, 네덜란드, 프랑스, 영국, 미국, 독일, 일본(대략 역사적인 순서임) 등이다.

구미의 남양 진출은 17세기 초엽 네덜란드의 식민지 지배 때부터인데, 이후 남양은 변화무쌍한 국제관계사의 축소판이었으며, 구미 열강의 남양 발전사였고 오늘날에는 미국, 영국의 대일공작(對日工作)의 중심지이다.

참으로 남양이야말로 아시아공영권의 요충지임과 동시에 생명선이다. 진정 이를 방위하고 발전시킬 수 있는 것은 일본뿐이다. 일본의 사명, 실로 심대하다. 바야흐로 지금 우리들은 그저 공허한 남양론이 아니라 진정으로 남양의 과거와 현실을 남김없이 알아야 한다.

남양 민족의 연구도 그 급무 중 하나이다.

제2장
남양의 범위와 본서의 목적

1. 남양의 범위

남양이라고 하면 바로 어느 정도의 범위인지 뚜렷하게 떠오를 것 같지만, 사람들은 제각각 다르게 해석을 하고 있어서 이상하게도 그 지시하는 바가 일치하지는 않는다.

물론 그것은 주로 정치적으로 보거나 산업상으로 보거나 혹은 군사적으로 보는 등, 각각 관점이 다르기 때문이겠지만, 여기에서는 일단 지리적으로 보고 싶다. 예를 들어 이이즈카 시게루(飯塚茂, 1889~1945)[1] 씨의 『남양의 웅자(南洋の雄姿)』를 보자.

남양은 서양, 동양에 비해 그 범위는 좁은 것 같지만, 우리들이 남양이라고 하는 것은 산업상에서 보는 남양으로, 오늘날 연구해야 하는 남양의 범위는 해협식민지 및 영국 보호령, 섬라(暹羅=샴), 프랑스령 인도지나, 네덜란드령으로 하고 싶다. 1년 365일 천혜의 혜택

---

1 일본의 실업가, 정치가, 중의원 의원.

을 받는 나라들이다.

이이즈카는 이렇게 말하고 있는데, 이는 거의 산업적 입장에서 하는 말이다. 또한 마부치 도이치(馬淵東一, 1909~1988)[2] 씨는 『아시아 문제 강좌(アジア問題講座)』의 〈남양 민족〉에서 다음과 같이 언급하고 있다.

> 남양이라는 말은 광의와 협의 여러 가지로 사용되고 있다. 그러나 여기에서는 대략 대만, 필리핀, 동인도 제도, 그리고 말레이 반도를 포함하는 범위로 한정하고 싶다. 그것은 지역적 및 문화적으로 봐서 대부분은 소위 아시아적 남양 제도로 간주할 수 있으며, 보통 인도네시아 혹은 말레이시아라고 하는 지역에 해당한다.

이 설은 지역적 방면에서 본 것이다. 그리고 우치다 간이치(內田寬一) 씨의 「남양에 있어 구미열국의 쟁패(南洋における歐米列國の爭霸)」(『地理敎育』南洋硏究號)에는 다음과 같이 기술되어 있다.

> 남양이란 어느 범위를 말하는가? 본론에 들어가기 전에 우선 그것을 한번 생각해 볼 필요가 있다고 생각한다. 구미 제국에서는 바스코 발보아(Vasco Nunez de Balboa, 1475~1519)[3]가 태평양 발견(1513년)

----

2 일본의 민속학자. 지바현(千葉縣) 출신으로 1931년 타이페이제국대학(台北帝國大學) 문학부 사학과를 졸업한 후, 동 학교에서 조교수로 교편을 잡으며 대만 선주민을 연구했다.

당시 명명한 남쪽의 바다(또는 남양)에 의해 태평양의 이름으로 불리게 되었다. 태평양을 남양 또는 남양이라 부르는 것은 일견 불합리하다고 생각되기도 하지만, 실은 발보아가 태평양을 발견한 장소인 중미의 산에서 보면, 정확히 이 대양이 남쪽 방향으로 아득히 멀리 전개되고 있기 때문에 그 위치에서 불린 명칭이다. 그 후 태평양에 대한 인식이 진전되어 그 위치가 중미에서 남쪽에 해당되는 것은 국부적인 것으로, 북쪽으로도 남쪽으로도 전개되고 있다는 사실이 확인되어 이를 남해 또는 남양이라고 부르는 것은 실제에 부합하지 않게 되었지만, 명칭의 존속성은 여기에서도 발휘되어 중미 중심의 방향을 바탕으로 하는 어원이라는 사실은 제쳐두고 최초의 이름이 태평양의 별명으로 사용되게 된 것이다. 그곳에 고유명사의 강점이 있다. 마치 마젤란(Ferdinand Magellan, 1480? ~1521)이 처음으로 태평양을 항해할 무렵 우연히 바다의 물결이 잔잔했기 때문에 그 바다를 파도가 조용한 대양, 즉 태평양이라고 부른데서 유래한 이래, 지금도 이 명칭을 사용하여, 실제로는 노도(怒濤)가 휘몰아쳐도 명칭을 정정하지 않고 그대로 사용하는 것과 같은 이치이다. 물론 사람에 따라서는 남양의 남쪽이 신경 쓰이는지 태평양 남부 적도 이남 즉 남태평양만을 의미하는 것으로 사용한 예도 없지 않지만, 그것은 오히려 이례적인 것이라 해야 할 것이다. 우리 일본에서는 어떤가 하면, 우리나라에서 봐서 남쪽의 바다 즉 남해라는 말이 예부터 있어왔지만, 도쿠가

----

3 스페인 출신의 탐험가·총독·정복자로 1500년대 초 신대륙을 탐험, 오늘날의 파나마 지역에 있는 다리엔을 발견하고 남아메리카 최초의 유럽 이주민 정착촌을 건설했다. 1513년 유럽인 최초로 남태평양을 발견했다.

와시대(德川時代, 1603~ 1868)에는 지나의 지리서에 의해 지나 중심
의 방향에서 태평양을 대동양(大東洋), 소동양, 남양[4] 등으로 호칭하
는 지식이 유입되었고, 유신 후에는 구미의 지리서를 바탕으로 하는
것이 많았던 관계로, 남양이라는 명칭을 지나식으로 채용하면서도
그 지시하는 범위는 구미식으로 태평양으로 하는 경우도 적지 않았던
것으로 생각된다. 그러나 최근 일본 중심의 방향에 근거한 호칭이
점차 대두하면서 일본 내지의 남쪽 해양이라는 의미가 강해져서 일본
이남의 서부 태평양의 의미로 바뀌었고, 때에 따라서는 인도 남양까
지도 포함하는 경우도 있다. 또한 때에 따라서는 일본은 우리 일본
남쪽 근해를 남해라고 하고 원양(遠洋)을 남양이라고 구별한 예도
있다. 이렇게 남양의 명칭과 그것이 지시하는 범위는 나라에 따라
시대에 따라 다르기 때문에 연구상 그 지역을 명확히 하는 것이 중요
한데, 여기에서는 그것을 평론할 여유가 없기 때문에,[5] 그냥 이 글을
쓰는데 있어 편의상 남양의 범위를 가정해 둘 필요가 있다. 본지 편집
국에서 이 특집호를 발행하는 데 있어, 남양의 범위로 상정한 것은
말레이, 태국, 인도지나, 네덜란드령 인도, 영국령 보루네오, 필리핀
및 우리 남양 군도가 된다. 우리 일본이 남양 군도에 정권을 수립하고
나서 우리 정권 밖에 있는 남양과 구별하기 위해, 한때는 남양을 이남
양(裏南洋)이라 칭하고 그 외를 표남양(表南洋)이라 부른 적이 있었
다. 그러나, 표리라는 말로 구별하는 것은 우리 일본인들의 감정상
바람직하지 않다는 이유에서 최근에는 이남양을 내남양으로 고치고

----

4 [원주] 말레이 다도해 주변을 말함.
5 [원주] 졸고 「남양의 의의(南洋の意義)」 『사림(史林)』 1916.4 참조.

표남양을 외남양으로 고쳐 남양을 내외로 구별하는 것이 일본에서는
일반적인 것이 되었다.

이러한 구분은 매우 편의적인 것이라 생각된다. 또한 『대백과사전
(大百科辭典)』에는 다음과 같이 나와 있다.

유럽에서는 일찍이 태평양을 일컬어 이렇게 불렀고, 독국(獨國=독
일)인은 지금도 경우에 따라서는 '쥐트제(Südsee)'[6]라 부른다. 원래
스페인 탐험가 바스코 발보아가 중미의 지협(地峽)을 넘어 태평양을
바라보았을 때, '마르 델 수르(Mar del sur=남양)'[7]라고 부른데서 시작
한다. 지나에서는 양자강 이남의 해안 지방을 남양이라고 부르는데,
그 범위는 시대와 함께 변화했다. 오늘날 일본에서 남양이라고 칭하
는 지역은 통상 일본의 위임통치 하에 있는 마리아나(Mariana), 마샬
(Marshall), 캐롤라인(Caroline), 팔라우(Palau)의 제군도(諸群島)[8]와
필리핀, 셀레베스, 보루네오, 수마트라 등의 말레이 군도[9]이다.

이것 역시 사뭇 타당하다고 생각하여, 나는 남양의 범위를 우치다
(內田) 씨 설과 아사이(淺井) 씨의 『대백과사전』에 따르기로 했다.
아울러 남양 제도라는 것은 적도 이북의 태평양 상에 산재하는 천

----

6 원문의 오식 'Südsce'를 바로잡음.
7 원문의 오식 'Mar dee Sur'를 바로잡음.
8 [원주] 이를 통상 이남양(裏南洋)이라 한다.
9 [원주] 이를 통상 표남양(表南洋)이라 한다.

여 개의 도서(島嶼)를 칭하며, 대부분 독국에 속해 있지만, 1914년 세
계 대전이 시작되자, 우리 해군은 마샬 섬을 비롯하여 전 독국령을
점령하여 강화조약 결과 국제연맹으로부터 나우르(Nauru) 섬을 제외
한 전 독국령 통치를 위임받았고, 팔라우 섬 중 코로르(Koror) 섬에
남양청을 두고 이를 통치하고 있다. 면적은 2136 평방km로 도쿄부(東
京府) 정도에 지나지 않지만, 오가사와라(小笠原) 제도 이남 적도까지,
태평양상에 남북 2천 수백km, 동서 4천 수백km의 광대한 범위를 영
유하여 군사상 중요한 의미를 가지며, 마리아나, 마샬, 캐롤라인, 팔
라우 등의 제도로 이루어졌다. 마리아나 군도는 동경 144-146도, 북
위 14-22도의 범위에 가로놓여 있고, 북에서 남으로 일렬로 점재하
며, 남쪽으로 가면서 남서로 굽어진 끝에 캐롤라인 군도로 이어진다.
주요 섬은 북쪽에서부터 우라카스(Uracas), 마우그(Måug), 앗순시온
(Asuncion), 파간(Pågan), 아그리한(Agrihan), 알라마간(Alamågan), 사
리간(Sarigan), 아나타한(Anatåhån), 사이판(Sa'ipan), 티니안(Tini'an),
로타(Luta) 등의 제도로, 로타 섬 남쪽에는 북미합중국 지배에 속하는
괌 섬이 있다. 섬의 수는 14개이고 면적은 도합 63,889평방km에 지
나지 않는다. 최대 섬은 사이판 섬인데, 면적은 185평방km로 사도가
섬(佐渡島)의 3분의 1정도이며, 티니안 섬, 로타 섬이 그 다음으로 크
다. 마샬 군도는 우리 위임통치지의 동단에 위치하며 북위 4도 30분
-15도, 동경 165-14도의 적도 태평양상에 있다. 총면적은 불과 170
평방km에 지나지 않지만, 섬수는 32개, 그리고 867개의 암초가 있으
며 이들은 툭 튀어나온 부분이 북쪽으로 향하면서 서북-동남으로 달
리는 두 줄의 호상(弧狀) 열도로 이루어진다. 동북열은 일출을 의미하
며 라타크(Ratak) 열도, 서남열은 일몰을 의미하는 랄리크(Ralik) 열도

로 불리우며 모두 산호초 섬이다. 표식이 되는 환초(環礁)로서는 라타
크 열도의 에네웨탁(Enewetak) 섬, 비키니(Bikini) 섬, 론젤랍(Rongelap)
섬, 론게릭(Rongerik) 섬, 유트릭(Utirik) 섬, 제모(Jemo) 섬, 워트제
(Wotje) 섬, 말로에라프(Maloelap) 섬, 아루노(Arno) 섬, 밀리(Mili) 섬 등
을 들 수 있으며, 랄리크 열도에서는 콰잘레인(Kwajalein) 섬, 자밧
(Jabwot) 섬, 에일링랩랩(Ailinglaplap) 섬, 잴루잇(Jaluit) 섬(군도 중 최대
섬, 면적은 8평방km), 에본(Ebon) 섬 등을 들 수 있다.

캐롤라인 군도는 동경 130-161도, 북위 0-11도의 광범위 내에 뉴기
니아를 중심으로 하는 일대 원호(圓弧)를 그리며 길게 늘어선 군도로,
동경 148도를 경계로 하여 동서 캐롤라인 군도로 나뉜다. 또한 서
캐롤라인 군도는 남북으로 달리는 두 해구(海溝)에 의해 분리되어 서부
의 팔라우 제도, 중앙의 야프(Yap) 제도, 동부의 트룩(Truk) 제도 세
줄의 열도로 보이며, 북쪽 줄에는 나먼이트(Namonuit), 할(Hall), 보나
페(Pnhnpei), 쿠사이(Kusaie)[10] 제도, 가운데 줄에는 트룩, 그리고 나티
크(Ngatik)의 제도, 남쪽 줄에는 스나루테루, 나우르, 구루(Ngulu) 제도
를 포함한다. 섬의 수는 577개나 되는데, 최대 섬인 폰페이는 376평방
km, 팔라우(가장 가까운 속도 포함)는 370평방km, 그 다음으로 코스라
에가 116평방km, 트룩(가장 가까운 속도 포함)이 99평방km, 인광(燐礦)
산지로 유명한 앙가우르(Ngeaur)는 8평방km에 지나지 않으며 모두
작은 섬이다. 면적은 불과 1,339평방km로 나가노현(長野縣)의 10분의
1에 상당한다. 팔라우 군도는 남양 캐롤라인 제도 서부의 군도. 우리의

------

10 코스라에(Kosrae)의 구칭.

위임통치에 속한다. 주도 바벨다오브(Babeldaob, 팔라우 본도)와 그 남쪽
으로 이어지는 코로르(Koror) 섬, 우르크타벨(Ngeruktabel) 섬, 펠렐리
우(Peleliu) 섬, 앙가우르 섬 등 비교적 큰 일곱 개의 섬과 무인의 소도서
20개로 이루어진다. 총면적 약 400평방km, 모두 산호초로 둘러쌓여
있으며, 전체는 앙가우르 섬을 제외하고 거의 연속된 광대한 보초(堡
礁)[11]로 둘러쌓여 있고 초호(礁湖) 내는 파도가 조용하여 마음대로 독목
주(獨木舟)로 교통할 수가 있다. 바벨다오브 섬은 본 제도 면적의 3분
의 2를 차지하며 안산암 및 집괴암(集塊巖)으로 이루어져 있다. 대개
파상(波狀)의 대지에 군데군데 기형(奇形)의 첨봉이 준립하고 있다.(최
고는 660m) 앙가우르 섬은 우리의 남양 위임 통치지인 팔라우 제도의
남단에 있는 융기 산호초로 남북 15km 남짓에, 동서는 약 15km, 넓이
는 8평방 km, 높이 30 내지 40m, 섬내 수개소에 3m 내지 6m 넓이의
인광층이 있다.

2. 일본과 남양의 교통

일본과 남양의 교통도 오래되어 우리의 덴쇼(天正, 1573~1593), 분
로쿠(文祿, 1593~1596) 시대에는 이미 샴(태국)에 야마다 나가마사(山田
長政, 1590~1630)가 건너가서 일본인 무용전(武勇傳)을 발휘하고 있다.
덴지쿠 도쿠베(天竺德兵衞, 1612~?)도 1634년에 마가타국(摩珂陀國,

---

11 해안에서 약간 떨어진 바다에 있는 산호초.

Magadha)에 갔다. 그보다 전에 하마다 야효에(浜田屋彌兵衛)[12]는 대만
으로 건너가서 해외에서 용맹을 떨쳤다.

　그러나 근대에 이르러서는 청일전쟁 직후에 '북수남진론(北守南進
論)'이 제창되었고, 러일전쟁 후에는 상인들이 앞다투어 남양으로 건
너가 큰 돈을 벌었다. 당시에는 자전거, 자동차 공업의 발흥시대였기
때문에, 말레이 반도의 일본인 고무 사업도 상당히 번성하였고, 마
(麻)를 중심으로 하는 필리핀의 농업도 그 출발을 알렸다. 또한 1887
년 이래 수산업, 특히 진주조개 채취는 매우 특수한 지위를 차지했다.

　이야기는 갑자기 제1차 세계 대전으로 넘어오는데, 당시의 무역,
상업, 농업 등은 공전의 번성을 이루었다. 예를 들어 다바오(Davao)의
일본인들은 전쟁 중 8천여 명이었다고 한다. 그러니 얼마나 번성하였
는지 상상할 수 있다. 그러나 그 반동은 매우 뼈아파서, 겨우 목숨을
부지해서 귀국하는 사람들이 속출하였고 1922년에는 겨우 2천 명 정
도로 줄었다.

　그 후에는 계속 화교들에게 시달리며 살아왔다 해도 과언이 아닌
것 같다. 그 일에 대해서는 화교의 장에서 언급하겠지만, 당시 일본
인들의 비참함은 말로 다 할 수가 없을 정도였다.

　그것은 나중에 문제 삼기로 하고, 남양의 범위에 대해 중화 역사상
참고가 될 만한 문헌이 있어서 다음에 소개한다. 그 이유는 고래의
남양에 대한 동양인들의 인식을 잘 알 수 있기 때문이다.

──────────

12 생몰연도 미상. 에도시대 초기 주인선(朱印船)의 선장. 나가사키(長崎) 출신. 1627년
　에 발생한 타이오완 사건의 실행자. 1915년 종5위 품계를 받음.

3. 지나와 남양의 관계

지나와 남양의 교통은 아주 오래되었지만, 문헌에 이를 기록한 것은 『한서지리지(漢書地理志)』로 거슬러 올라간다. 즉 「한서」의 권28 광동(廣東) 항목에 이렇게 나와 있다.

제문(際聞), 함포(含浦)에서 해로로 5개월 간 곳에 도원국(都元國)[13] 이 있고 또 4개월을 항해하니 파로메국(パロメ國=邑盧沒國)이 있으며 또 이틀여 항행하니 체리국(チエリ國)[14]에 이르렀다. 육로로 열흘 가니 부칸다르(Buchandar)국이 있다. 부감도려국(夫甘都盧國=부칸다르)[15]에서 2개월여 가니 황지국(潢支國)[16]이 있다. 백성들의 풍속은 거의 주애(珠厓)와 비슷하다. 그 주는 광대하고 인구는 많으며, 이물(異物)이 많다는 사실은 무제(武帝, BC.140~BC.87) 이후 문헌에 보인다. 황문(黃門)[17]에 속하는 역사(譯使)들이 있어서 그들 중 바다를 건너가는 사람들은 황금과 여러 가지 그림을 가지고 갔다가, 돌아올 때는 명주(明珠),[18] 벽(璧),[19] 유리, 기석(奇石), 이물을 사온다. 그들

13 말레이시아를 말함.
14 심리국(諶離國)으로 태국을 말함.
15 미얀마를 말함.
16 칸치푸라(Kanchipura). 현 동남 인도의 칸치푸람.
17 환관(宦官)의 이칭. 중국 후한(後漢) 시대에 황문령(黃門令), 중황문(中黃門)의 여러 관직에 모두 환자(宦者)를 임명하였기 때문에 생겨난 말이라고 함.
18 산스크리트어 마니 란타(maṇi-ratna) 아름다운 보배 구슬.
19 고대 중국의 옥기(玉器)의 일종. 중앙에 둥근 구멍이 있는 원반 모양의 연옥(軟玉) 제품.

이 도착한 나라들은 모두 먹을 것을 마련하기 위해 경작을 한다. 만이 (蠻夷)의 상선이 이것을 운송한다. 어떤 이는 교역을 독점하고 사람들을 도살(盜殺)한다. 어떤 이는 풍파를 만나 고생을 하다가 익사한다. 그렇지 않은 자는 수년 지나 귀래한다. 가지고 온 진주의 둘레로 말할 것 같으면 두 치 이하는 없다. 평제(平帝) 원년 왕망(王莽)이 정권을 잡고 위덕을 빛나게 하고자 하여 후히 황지왕에게 사신을 파견하여 명하기를 살아있는 물소를 헌상하게 하였다. 황지에서 배로 8개월 가면 피종(皮宗)[20]에 이르르며, 2개월 항해를 하여 일남(日南),[21] 상림 (象林)[22] 지역에 달한다. 황지 남쪽에 사정불국(巳程不國)[23]이 있고, 한(漢)의 역사(譯使)는 이곳에서 돌아온다.

이 글은 간명하지만, 한대(漢代)의 남양 교통의 개략을 고찰하기에 충분하다.

기원전, 남인도의 옛 나라들 중 저명한 곳이 두 군데 있다. 하나는 주라(周羅)로 티루치라팔리(Tiruchirapalli)[24] 성과 탄자부르(Thanjavur) 성 사이에 건설된 것이고, 또 하나는 반차(般茶)로 마두라이(Madurai) 성 일대를 소유한 나라이다. 발라파(拔羅婆, 파라다)조 시대로 들어서

----

20 이곳이 현재 어느 지역에 해당되는지에 대해서는 (1) 현재 싱가포르 서쪽의 플라우 피상(Pulau Pi-Sang), (2) 동쪽의 콴탄(Kuantan) 강 하구에 있는 피상(Pisang), 인도네시아 수마트라의 일부, (3) 현재의 수마트라 섬의 북부, (4) 현재 말레이 반도의 크라 지협에 있는 파케한(Pakehan) 입구 등으로 이설이 있음.
21 오늘날의 베트남을 말함.
22 오늘날 베트남의 나트랑(Nha Trang) 주변.
23 오늘날의 스리랑카(Sri Lanka).
24 오늘날 트리치노폴리(Trichinopoly)를 영국령 시대에 부르던 명칭.

자 안연라국(案連羅國, 안다라)이 대신 들어섰으며, 이 두 나라를 정복하여 건지보라(建志補羅=칸치푸람)에 도읍을 세우고 문화가 매우 번성했다. 『한서지리지』에 있는 황지란 이 나라를 일컫는 것 같다. 즉 기원전 12세기에 한의 사신은 이미 남인도에 인적(印跡)을 남긴 것이다.

기원 후, 서남 해외제국과 지나의 교통에 대해 『후한서(後漢書)』에 기록된 것은 네 곳이며, 116권 「남만서남이전(南蠻西南夷傳)」에는 다음과 같이 나와 있다.

> 영녕(永寧) 원년(120) 탄국왕(撣國王)[25] 옹유조(雍由調)는 다시 사신을 보내 조공을 진상하게 하였고, (왕은) 스스로 자신을 해서인(海西人)이라고 칭했다. 해서는 즉 대진(大秦)[26]이며, 탄국의 서남은 대진으로 통한다.

그리고 6권 「본기(本紀)」에는 다음과 같이 나와 있다.

> 영건(永建) 6년(131) 12월 일남은 국외의 엽조국(葉調國),[27] 탄국에 사신을 보내 공물을 바치게 했다.

118권 「서역천축전(西域天竺傳)」에는 이렇게 기록되어 있다.

----

25 [원주] 지리상 지금의 면전(緬甸=미얀마)에 해당.
26 한(漢)나라 때의 중국에서 로마를 가리킨 말.
27 [원주] 자바(ジャバ)로 추정됨.

천축국(天竺國, 인도), 다른 이름으로 신독(身毒, 힌두스)은 월지국
(月氏國)의 동남으로 수천 리 간 곳에 있다. 풍속은 월지와 같고 온기
가 강하여 덥다. 그 나라는 큰 강에 임하고 있으며 전쟁에는 코끼리를
사용하고 국민은 월지보다 약하며 불교를 믿어 살육이 적은 것이
습속이다. 월지에서 고부국(古附國)의 서남은 서해에 이르르고, 동쪽
은 반월국(磐越國)에 이르기까지 모두 신독의 땅이다. 당시에는 모두
월지에 속했으며, 월지는 신독 지역의 왕을 죽이고 장군을 두어 그
국민을 통치하게 하였다. 그 지역에서는 상아, 대모(瑇瑁), 향료, 석
밀(石密), 후추, 납, 주석 등이 산출되었고, 서쪽은 대진으로 통했다.
─화제(和帝, 89~105) 때, 수차례 사신을 보내 공물을 바치게 했지
만, 서역(西域)의 반란 이후 끊겼다. 환제(桓帝) 연희(延熹) 2년(159),
4년(161)에 이르러 일남에서 공물을 바쳤다.

이들 고증으로부터 추측컨대, 이 야파도(耶婆島)란 탈열미(脫烈美)[28]
의 책에서 말하는 대맥도(大麥島)이며, 이는 곧 현재의 자와이다. 자
와, 수마트라 두 섬이 인접하므로 두 섬을 합하여 야파도비바라고
부르는 경우도 있다. 마르코 폴로의 책에 대자와, 소자와라고 나와
있는 것도 그 예이다.
기원전 인도는 동방으로 이민을 보냈기 때문에 문화는 동진(東進)
했고, 수마트라, 자와, 말레이 반도, 월남 반도는 모두 인도 문화의

---

28 고대 그리스의 천문학자이자 수학자인 프톨레마이오스(Ptolemaeus, 85?~165?)의 한
자 음역. 뛰어난 인물이었지만 천동설을 주장한 대표적인 인물로 알려져 있으며, 콜롬
버스는 그의 저서 『지리학 안내』에 따라 인도를 목표로 항해했지만, 아메리카 대륙을
발견하였다.

전파지이다. 엽조국의 사신이 지나에 입조한 것도 문화적 의미가 있다. 그 행정(行程)을 보면, 팽가(彭家)를 돌아 수마트라, 말레이 반도, 월남 반도를 경유하여 구광(究廣)에 이르고 있다. 말레이 군도 사람들의 조상은 항하(恆河)[29]에서 동남자와해를 따라 갔지만, 이 역시 옛날의 행정이다.

지나가 천축을 알고, 천축이 지나를 알게 된 역사는 깊다. 한(漢) 화제(和帝) 시대의 공헌(貢獻)을 그 최초로 여기는데, 양국 간 교통은 사실 그보다 훨씬 더 오래되었다. 당시 상호 교통로는 두 가지가 있어서, 하나는 서역도(西域道)이고, 다른 하나는 남해도이다. 그리고 후자의 개벽은 전자보다 훨씬 오래된 것 같다.

삼국시대, 손권(孫權) 몇 번이나 해외에 사람을 파견하였는데, 그 첫 번째는 황룡(黃龍) 2년(230) 정월이었고, 이 때는 단주(亶洲),[30] 이주(夷洲)[31]에 갔다. 손권은 제2차로 사신을 파견하여 해외에서 그 권력을 발휘하였다. 『삼국지』, 『오지(吳志)』에는 적조(赤鳥) 5년(242) 7월 '장군 굉우(轟友), 교위(校尉) 육개(陸凱)는 병사 3만을 이끌고 주애(珠崖), 담이(儋耳)를 토벌했다'고 나와 있다. 즉 병사를 경주(瓊州)[32]까지 진출시킨 것이다. 다음해 12월 '부남왕(扶南王)[33] 원전(苑旃)은 사신을 보내어 공헌했고, 악인(樂人) 및 방물(方物, 특산물)을 바쳤다'라고 나와 있다. 이상의 일은 관련이 없다고 할 수 없지만, 그 공적은 모두

----

29 오늘날의 갠지즈 강.
30 현재 위치 미상.
31 [원주] 현재의 류큐(琉球)라는 설이 있다.
32 주애, 담이, 경주 모두 한(漢)에서 당(唐) 시대에 현재의 해남도(海南島)에 위치.
33 부남국(扶南國)은 고대 중국에서, 지금의 캄보디아를 이르던 말.

주응(朱應), 강태(康泰) 등의 덕정(德政)만 못지않게, 해남 제도로서는
중요한 일이다.

　이에 대해『삼국지』에는 기록이 없지만,『양서(梁書)』[34] 권54의
「해남제국전(海南諸國傳)」에 간단하게 기록되어 있다. 그 총서(總序)
를 보자.

　　해남 제국은 대부분 교주(交洲)[35] 남방 및 서남 대해의 섬에 있다.
　가까운 것은 35천 리, 먼 것은 23만 리 떨어져 있다. 그 서쪽은 서역
　제국과 접한다. 한(漢)의 원정(元鼎)은 서쪽으로 장군 노박덕(路博德)
　을 파견하여 백월(百越)[36]을 열었고, 일남군(日南郡)을 열었다. 그 외
　의 제(諸) 외국도 무제 이후 조공을 하였으며, 후한의 환제(桓帝) 때
　대진, 천축은 모두 이 도로로 사신을 파견하고 공헌을 했다. 오(吳)의
　손권 때, 주응과 중랑(中郎) 강태를 보내 선화(宣化)시키고 교통을
　열었다. 그 교통로는 백수십 개국이 있음이 기록되어 있다. 진대(晉
　代)에는 지나에 오는 자가 적어서 사관은 이를 기록하지 않았지만,
　송대에 이르러 오는 자가 10여 개국에 이르니 비로소 이를 기록하였
　다. 양(梁)부터 교통이 점점 더 열려 정삭(正朔)을 받들고 공헌도 다시
　했다. 항해도 해가 감에 따라 열려서 전대(前代)를 넘어섰다.

34 629년 당나라 요사렴이 편찬한 양나라의 정사. 총 56권. 본기(本紀) 4(6권). 열전(列
　　傳) 49(50권). 중국의 24사(史) 중의 하나로서 남조(南朝) 양나라의 사대사적(四代事
　　蹟)을 기록한 사서(史書).
35 현재의 베트남 북부 및 광서 장족 자치구(廣西壯族自治區)의 일부.
36 중국 저장성 부근에서 베트남까지의 옛 명칭.

강태의 행정에 대해서는 여러 가지 설이 있지만, 일본의 학자 고마이 요시아키(駒井義明)는 다음과 같이 10개국의 나라이름에 대해 언급하고 있다. (1) 포라중국(浦羅中國), (2) 우발국(優鈸國), (3) 횡부국(橫跌國), (4) 비로국(比擄國), (5) 마오주(馬五州), (6) 박탄주(薄歎洲), (7) 피란주(被蘭洲), (8) 거연주(巨延洲),[37] (9) 빈나전국(濱那專國), (10) 오문국(烏文國), (11) 사조국(斯調國), (12) 임양국(林陽國).

그의 책은 편집도 완전하지 않고, 또 광범위에 걸쳐서 교정도 해야 할 필요가 있으며, 특히 강태의 행정에 관해서는 억측이 많다. 그 결론을 보면, 강태 등은 안남을 남하하여 부남국, 빈나전국, 임양국(林陽國, 샴)을 거쳐 금린(金隣, 샴)의 대만(大灣)을 건넜으며, 오문국(烏文國, 말레이)을 따라 조호르(Johor), 빈탄(Bintan), 팔렘방(Palembang), 반카(Bangka), 벨리퉁(Belitung), 보루네오를 거쳐 다시 북쪽을 향해 우발, 횡부도명(橫跌道明) 등의 나라(버어마 연안)를 지나 항하에 이르러 남하하여 세이론(실론)에 도착했다가 귀환한 것이 된다. 하지만, 강태의 책에 기록된 나라이름을 고찰하면, 이곳에 있는 나라만이 아니라 그 외에 가영국(加營國)도 있다. 이는 『태평어람(太平御覽)』 권359 강태의 「오시외국전(吳時外國傳)」에도 있으며, 동서 권 771에도 가나조주국(加那調洲國)이 보인다.

한(漢)에서 진(晉)에 이르기까지 불교는 성행했지만, 그 전래 도로는 서역, 남양 양도였던 것이다.

그러나 생각건대, 그 행정은 고찰하기 어렵다. 이를 고찰하고자 하

[37] 필리핀 제도를 말함.

면, 동진(東晉) 일대(一代)에 한해 법현(法顯)으로 거슬러 올라가야 할
것이다. 법현은 진의 융안(隆安) 3년(399) 수명의 종자를 데리고 장안을
출발하여 외국에 15년 거주하고, 의희(義熙) 10년(414) 청주(靑州)로 돌
아갔다. 그 행동을 기록한 것으로는, 많은 경서(經書), 기록 및 『수서(隋
書)』,[38] 『경적지(經籍志)』, 혹은 『역유천축기전(歷遊天竺記傳)』, 『불국
기(佛國記)』, 『법현전(法顯傳)』 등의 글이 있지만, 현재는 『불국기』 한
권만 겨우 세상에 전해질 뿐이다. 법현의 왕로(往路)는 육로에 의하고,
귀로는 해로에 의하는 것이었다. 지금 여기에 그 귀로를 잠깐 기술하
겠다.(『법현행전(法顯行傳)』에 의함)

위 기술에 의하면, 법현은 옛날에 탐랄립티항(Tamralipti港)에서 상
인들의 대선(大船)[39]으로, 초겨울 순풍을 타고 서안으로 가기를 14일
되어서 옛날의 사자국(獅子國),[40] 지금의 석란도(錫蘭島=실론)[41]에 이르
러 그곳에 머물기를 2년, 다시 상인들의 대선을 타고 순풍에 힘입어
동진하기를 이틀, 대풍을 만나 13일간 표류하다가 어느 섬에 도착하
여 배를 수리하고 항해하기를 90일, 옛 야파제(耶婆提), 지금의 자와
혹은 수마트라에 도착하여 그곳에 머물기를 5개월, 다시 같은 배로
50일 간의 양식을 싣고 4월 16일 출범하여 동북으로 가서 광주(廣州)
로 향했다. 1개월 여 후 밤 2시 대폭풍우를 만나 선장이 진로를 잘못

----

38 중국 수(隋)나라의 역사를 기록한 정사(正史). 85권. 636년(태종[太宗] 10) 당 나라에
　　서 장손무기(長孫無忌), 위징(魏徵) 등이 태종의 명을 받아 제기(帝紀) 5권, 열전(列
　　傳) 50권, 지(志) 30권으로 나누어 편찬했음.
39 [원주] 당시 선박은 지나, 인도, 페르시아 및 부남의 선박이었다.
40 오늘날의 스리랑카(Sri Lanka).
41 실론(Ceylon)은 영국령 당시 스리랑카의 지명.

잡아 70여일이나 해안을 보지 못했기 때문에 서북으로 해안을 찾아 배를 몰아 20일째 산동성 뇌산만(牟山灣) 남안에 도착했다. 때는 7월 14일이었다.

석란을 출발했을 때 의희 9년 여름, 가을이었으니까 아마 여름, 가을 두 계절은 서남 무역풍이 있는 때이며, 겨울, 봄 두 계절은 동북 무역풍이 부는 계절일 것이다. 범선으로 남양을 왕래하는 사람들은 모두 이 두 무역풍을 이용한 것이었다. 『법현행전(行傳)』에서는 '상인들이 이야기하기를 통상은 50일 걸려 광주에 도착하는 것 같다'와 같이, 당시 광주, 자와 사이에 상선들의 왕래가 잦았다는 것을 뒷받침하고 있다.

남북조시대에 남양과 왕래한 승려는 10명 있었다. 그 모든 승려들의 족적을 대략 고찰해 보면, 구나발마(求那跋摩)[42]는 석란, 자와, 점성(占城=참파)을 거쳐 광주에 이른다. 구나라타(拘那羅陀)[43]는 랑아수(狼牙修, 랑카스카), 부남을 거쳐 광주에 다다른 경로도 있다.

수의 양제(煬帝)는 그 웅지를 펼치기 위해 상준(常駿) 등에게 적토(赤土)를 방문하게 하였다. 『수서』의 「적토전(赤土傳)」에는 다음과 같이 기록되어 있다.

　　적토국은 부남의 별명이다. 남해 연안에 있으며 배로 백여 일에 도착한다. 이 지역의 흙은 모두 붉으며 그에 따라 이 칭호가 생겼다. 동쪽으로는 페르시아, 서쪽으로는 파라스국(波羅斯國), 남쪽으로는

....
42 왕족 출신으로 중국에 건너가 역경(譯經) 사업에 종사한 인도의 학승.
43 산스크리트어 쿠라나타(kulanātha)의 음사. 친의(親依)라고 번역. 진제(眞諦)의 별명.

가라단국(訶羅旦國),[44] 북쪽으로는 대해에 이른다. 면적은 수천만 방
리(方里).

이로써 적토의 방위를 고찰하면, 이 나라는 임읍(林邑, 안남)의 서
쪽, 샴만의 남쪽에 해당하며, 인종은 몬크메르에 속한다는 사실을 겨
우 알 수 있다.

상준 등이 여행한 행정을 돌아보면 랑아수(狼牙須, 랑카스카)국의 산
이라고 되어 있으므로, 이 낭아수는 『양서(梁書)』의 랑아수에 해당하
며, 「속고승전(續高僧傳)」의 능가수(棱伽修, 랑카스카)의 동명 이역이라
고 생각된다. 의정(義淨)의 『남해기귀내법전(南海奇歸內法傳)』 권1의
주에는 다음과 같이 나와 있다.

나란타(那爛陀)에서 동(東)으로 가기를 5백 역(驛), 모두 변두리라
할 수 있다. 그대로 쭉 가면 대흑산(大黑山)이 있다. 아마 토번(土蕃,
티벳)의 남안에 해당될 것이다. 또한 전(傳)에서 이르기를, 강 하나를
따라 서남쪽으로 한 달여 가면 산을 만난다. 그 다음에 그 남안은
근해의 절벽으로 통하며, 실리찰저라(室利察咀羅, 스리크세트라)[45]국
이 나오고, 이어서 그 동남쪽에 낭가술(郎迦戌, 랑카스카)이 있다.
그 동쪽에 두화발저국(杜和鉢底國)이 있다. 이렇게 해서 동쪽 끝은
임읍국(臨邑國)에 이른다.

....

44 현재 말레이시아의 캐란탄(Kelantan).
45 버어마의 유적지로 산스크리트어로 '길상살토(吉祥殺土)'의 뜻.

의정의 낭가술국 역시 낭아수의 동명이역이며, 실리찰저라국의 동남에 위치한다고 생각한다. 이 실리찰저라국은『당서(唐書)』에서 말하는 표국(驃國)으로, 표는 즉 전칭(前稱)을 패(覇, 프로메)라고 했으며 퓨족을 말한다. 두화발저국은 메남강[46] 하류의 드바라바티(Dvaravati)이다. 임읍(臨邑)은 곧 임읍(林邑)의 별명으로 현재 안남의 중기이다. 이렇게 생각하면, 랑카스카의 위치는 표국의 남쪽에 있으며, 적토 역시 이 랑카스카의 남쪽에 있는 나라 이름이다. 상준들은 광주에서 출발하여 안남 연안을 통과하여 샴만으로 들어가 진랍(眞臘),[47] 면전(緬甸) 해안을 통해 말레이 반도 북부 동안에 이르러 랑카스카국의 산을 전망하고, 남행하여 말레이 반도 동안의 한 섬을 통과하면서 그곳에 계롱도(鷄籠島)라는 명칭을 부여한 후, 적토국에 다다른 것이다. 즉 적토국은 말레이 반도에 있는 것으로, 옛 고찰에서 샴국에 있다고 생각한 것은 잘못이다. —그리고 당대(唐代)에 들어서면 남양과의 교통은 더욱더 성행하게 된다.

또한 왕효통(王孝通)의『지나상업사(支那商業史)』를 보면, 한 무제가 서역 및 인도와 처음으로 무역을 했고, 동한(東漢)에 이르면, 이주(夷州), 일본, 남쪽의 만료(蠻獠),[48] 페르시아, 로마와 교역한 사실이 언급되어 있다. 그리고, 육조시대에는 임읍(안남), 부남과 활발하게 교통했음을 설명한 후, 당(唐)의 상인, 특히 복건(福建)과 광주의 남양 진출 상황에 대해 다음과 같이 기록하고 있다.

....

46 방콕의 중심으로 흐르는 차오프라야(Chao Phraya) 강의 옛 명칭.
47 현재의 캄보디아를 이르는 말.
48 중국 남서쪽 지방의 계곡에 사는 오랑캐의 족속.

민(閩, 복건), 월(粤, 광주)의 행상으로, 수로로 인도양 해안에서
페르시아만으로 들어가는 자, 혹은 아라비아해에서 홍해의 아덴
(Aden)으로 들어가는 자, 또 당시 동서 교통의 중심지인 사자국(지금
의 실론)에 육로로 도달하는 자, 아시아 천산남로(天山南路)에서 파사
(波斯),[49] 인도에 도달하는 자 등이 있었다.

당시, 농편(籠編, 하노이)은 안남의 수부(首府)였지만, 지나는 이곳
에 안남 도호(都護)를 설치하였고, 타지크(Tājīk)인, 페르시아인, 유
대인들은 이곳을 중심으로 지나와 무역을 했다. 또한 광주, 양주(揚
州), 하노이, 천주(泉州)가 당대의 주요 항구였지만, 그중에서도 광주
는 서남 양제국들과의 무역항이었다. 천주에 대해서 마르코폴로는,
'인도 상선이 빈번하게 천주 항구에 와서 향료 및 기타 진기한 것들을
수입한다. 지나 남부의 상인들이 모여들었고, 국외의 향료, 주옥은
마찬가지로 그들에 의해 남부 각지로 분배되었다. 나는 감히 단언한
다. 알렉산드리아 항구는 다른 상항(商港)에서 후추선 한 척이 입항하
면 기독교국에 공급하지만, 이 천주에는 반드시 백 척의 후추선이
입항하는 세계 최대의 무역항 중의 하나이다'라고 하고 있다.

또한 제14장, 〈명대(明代)의 중외호시(中外互市)〉에서는 정화(鄭和,
1371~1434)[50]의 서양행에 대해 다음과 같이 기록하고 있다.

....

49 페르시아를 이르는 말.
50 중국 명(明)나라 성조(成祖) 때의 환관(宦官). 회교도 대선단(大船團)을 거느리고 인도
   양, 남양 방면에서 활약. 통상, 무역에 크게 공헌했음.

역사에 의하면 삼보태감(三保太監) 정화는 영락(永樂) 3년 6월, 성조(成祖)의 명을 받아 서양에 파견되었다. 정화는 사졸 2만 7천 8백여 명을 이끌고 금폐(金幣)를 지니고 큰 배를 지어 소주(蘇州)의 유가하(劉家河) 연안 바다를 출발하여 복건의 오호문(五虎門)을 지나 점성에 도착, 제국(諸國)을 편력하며 천자의 조칙을 전달하여 따르지 않는 자는 무력으로 굴복시켰다. 그리고 영락 5년 9월, 제국의 사자(使者)들을 이끌고 귀국했다. 동 6년 9월 다시 실론으로 향했지만, 실론왕 아열고나아(亞烈苦奈兒)는 정화를 유인하여 금폐를 빼앗으려 했다. 정화는 그것을 간파하고 성을 부수고 아열고나아를 붙잡았다. 동 5(1411)년 6월 그 포로를 조정으로 보냈지만, 황제는 그를 용서하고 귀국시켰다. 당시 교지(交趾)는 이미 멸망했기 때문에 동 국민의 대부분은 지나에 와서 투항했다. 영락 10년 11월, 정화는 다시 명을 받아 소문답라(蘇門答剌)[51]에 이르러 위왕자(僞王子) 소간리(蘇幹利)와 싸워 그를 붙잡은 후 13년 7월 귀국했다. 14년 겨울 다시 말라카, 캘커타(Calcutta) 등 19개국에 다다렀고, 17년에 귀국했다가, 19년 봄에 다시 가서 8월에 귀국했다. 이와 같이 정화는 제국(諸國)에 사신으로 갔다. 정화는 3대 조정에 걸쳐 칙명을 받들어 외국에 부임했다. 그가 거쳐간 곳은 점성(占城, 참파), 조와(爪蛙, 자와), 진랍(眞臘, 캄보디아), 구항(舊港, 팔렘방), 샴(타이), 고리(古里, 캘커타), 발니(渤泥, 보루네오), 만라가(滿剌加, 말라카), 소문답라(수마트라), 아로(阿魯, 수마트라의 아루), 가지(柯枝, 남인도 코친), 대갈란(大葛蘭, 인도 퀼른), 소갈란(小葛蘭, 퀼른), 가이륵(加異

....

51 현재의 수마트라.

勒, 카얄), 서양쇄리(西洋瑣里, 코로만델 해안 지역의 촐라), 아발파단(阿撥
把丹),[52] 남무리(南巫里, 람무리), 석란산(錫蘭山, 실론), 남발리(喃渤利,람
무리), 팽형(彭亨, 파항), 홀로모사(忽魯謨斯, 호르무즈), 비랄(比剌, 브라
바), 유산(溜山, 몰디브), 손랄(孫剌, 순다), 목골도속(木骨都束, 모가디슈),
마림(麻林, 말린디), 랄살(剌撒, 라자),[53] 조법아(祖法兒, 조호르),[54] 사리만
니(沙里灣泥, 인도반도 남단 동해안), 죽보(竹步, 주보),[55] 방갈리(榜葛利,
벵갈), 천방(天方, 메카), 여대(黎伐, 리데), 나고아(那孤兒, 바타크) 등의
30여 개국에 이르렀다. 정화의 제국 방문에 의해 얻은 보물은 셀 수가
없었다고 한다. 정화의 봉사(奉使)에서 보면, 그 목적은 통상에 있는
것으로 보인다.

또 백수이(白壽彝)가 쓴 『지나교통사(支那交通史)』에는 다음과 같이
기록되어 있다.

　　남해 방면과의 교통은 위, 진, 남북조 시대에는 서역, 동이와의
　　교통에 비해 발전을 보았다. 『양서』의 「제이전(諸夷傳)」에는 ― 해남
　　제국 대부분은 교주(交州)의 남쪽 및 서남 대해 중에 있다. 가까운
　　곳은 3~5천 리, 먼 곳은 2~3만 리, 그 서쪽은 서역 제국과 인접하고

52　현재 인도의 아메다바드(Ahmedabad)으로 추정.
53　아라비아 반도 남쪽 무칼라(Mukalla)의 라자(Lasa).
54　본서에서는 조법아(祖法兒)에 대해 말레이 반도 남단의 조호르(ジョホール, Johor)라고
　　표기하고 있으나, 일반적으로 조법아는 오만(Oman) 남부의 주 도파르(Dhofar=Zufar)
　　로 알려져 있다.
55　소말리아의 주보(Jubo).

있다. ― 오의 손권 때에 주응이나 강태를 보내 선화(宣化)를 하게
했다. 그들이 경험하고 들은 바에 의하면 백수십 개의 나라가 있다고
기록하고 있다. 백수십 개국 중 진(晉) 시대에는 지나와 교통하는
나라가 적지 않았지만, 정식 교통은 아니었다. 사관은 그들과의 교통
을 기록하지 않았다. 송제(宋齊) 시대가 되자 지나에 교통을 하러
오는 나라가 10여국 있었다고 하며, 처음으로 이를 기록하였다. 양
(梁) 시대에 이르자 매우 번성해서 그 교통도 전대를 훨씬 뛰어넘는
곳이 있었다.

　이로써 남해 교통의 발전을 알 수 있을 것이다. 손권 시대에 주응과
강태가 경과하고 견문한 나라들은 백수십 곳이나 되었지만, 정식으
로 지나와 교통왕래를 한 것은 극히 적었다. 진송제(晉宋齊) 각 시대를
거쳐 남양 제국과 양자강 연안 제국과의 교통은 더욱더 활발해졌다.
　이연수(李延壽)[56]는『남사 이맥전((南史夷狢傳)』3책을 지었는데, 그
중 각 한 항목을 설정하여 기록하고 있는 것은 다음 14개국이다. (1)
임읍국(점파[占婆], 현재의 안남 중기[中圻]), (2) 부남국(현재의 캄보디아),
(3) 가라타국(訶羅陀國),[57] (4) 가라단국(呵羅單國),[58] (5) 파황국(婆皇
國),[59] (6) 파달국(婆達國), (7) 도파달국(闍婆達國),[60] (8) 영반국(榮盤

56 중국 당(唐)의 역사가로서 남북조시대 각 국가의 사서(史書)들을 정선(精選)하여『남
　사(南史)』와『북사(北史)』를 편찬.
57 지금의 인도네시아 자와 섬 서쪽에 있던 나라.
58 [원주] 현재 수마트라의 일부. [역주] 가라단국(呵羅單國)과 가라타국(訶羅陀國)과의
　관계에 대해서『송서(宋書)』에서는 분명하게 구분하고 있는데, 그 사실 관계는 불분명
　하다.

國),[61] (9) 단단국(丹丹國),[62] (10) 간타리국(干陀利國),[63] (11) 낭아수국
(狼牙修國),[64] (12) 파리국(婆利國),[65] (13) 중천축국(中天竺國),[66] (14) 천
축가비려국(天竺迦毗黎國),[67] (15) 사자국(師子國)[68]

『송서』「이만전(夷蠻傳)」 및 『남제서(南齊書)』「만이전(蠻夷傳)」에는
모두 남해 무역의 성황을 기록하고 있는데, 특히 '로마, 인도로의 항
해는 극히 어려움이 많음에도 불구하고, 다수의 상선이 무역을 따랐
다. 그것은 남해에는 산침수보(山琛水寶)가 엄청나게 많이 생산되고,
서각(犀角), 사주(蛇珠), 화포 등 천명만품(千名萬品)으로 사람들의 마
음을 끄는 것이 있었기 때문이다. 남해의 주민들은 섬마다 나라를
만들고 통일하지 않은 채 보물을 산에 숨기고 바다에 감추었기 때문
에, 무역을 따르는 상선의 이익은 막대하였으며, 업자들의 부는 왕부
(王府)를 능가하는 것이었다고 기술되어 있다.[69]

....

59 [원주] 현재의 말레이 반도 파항.
60 [원주] 『송서』에는 도파파달(闍婆婆達)로 되어 있는데, 도파와 파달을 잘못 이어 쓴
   것으로 보인다.
61 [원주] 현재의 말레이 반도의 일부.
62 [원주] 현재의 돈킨(東京=하노이)과 발리의 중간 구역.
63 [원주] 수마트라 섬의 일부.
64 [원주] 말레이 반도의 랑카스카.
65 [원주] 자와 동쪽의 발리 섬.
66 [원주] 현재 인도의 일부.
67 [원주] 현재 인도의 일부.
68 [원주] 현재의 실론 섬.
69 [원주] 우시지마 슌사쿠(牛島俊作) 번역.

4. 본서의 목적

본서가 목적으로 하는 바는 동아공영권내의 내남양, 외남양의 토착 민족을 규명하여 일본의 남방 정책과의 관련에 있어 그 근본적 아시아의 성격을 파악하고 남양 민족 본래의 생리, 생활, 사회, 정치, 경제, 문화 등을 밝혀, 그들의 사명을 이해하는데 있다. 여기에서 사명이라 하는 것은 남양 민족이 백인의 식민 정책의 억압과 착취에서 해방되어 민족 자결의 결실을 맺고 남양의 민족 문화를 새로이 건설하는 것을 말하는 것이다.

그러나 한 민족의 역사, 문화, 사명을 명확히 아는 것은 용이한 일이 아니다. 하물며 그것을 지도하는 것은 얼마나 어려울까? 하지만 어떤 어려움을 무릅쓰고서라도 해야만 한다.

대부분의 남양 민족은 아직 문화의 정도가 낮고 미개한 상황 속에서 저미하고 있는 식민지성 때문에 경제적 발전도도 낮고, 정치적으로도 늘 강압과 거세와 제어 속에 있지만 민족 그 자체와 역사에는 귀한 가치가 있다.

그들의 피 속에는 몽골, 지나, 일본, 인도, 터키, 아라비아 등의 피가 흐르며 아시아 정신이 맥박을 치고 있다. 내가 남양 민족 문제를 이 사변 중에 다루어 연구해 보고자 한 것은 이 피의 흐름의 동천공화 (同泉共和)를 위해서이다.

일본의 대륙 정책과 남양 정책은 단순히 관련이 있는 것 이상으로 깊은 인과관계에 있다. 나는 이번 사변의 해결이야말로 대륙, 남방 문제의 해결과 연결된다고 생각한다. 이런 의미에서 남양 민족의 연구는 사변 해결에 일조할 것이라 믿어 의심치 않는다.

다른 장에서 이야기하겠지만, 남양 민족은 이미 4백년에 걸쳐 구미 즉 포르투갈, 네덜란드, 프랑스, 독국, 미국 등에 의해 식민지화되어 왔다. 또한 최근에는 기회가 있을 때마다 적화사상이 잠입해 오고 있다. 불쌍한 남양은 구미의 태평양 정책과 동아 침략의 기지가 되었고, 그 거칠고 순진한 아시아 민족은 기독교를 촉수로 내세우고 유태주의를 본성으로 하는 구미 민주주의 국가들의 책모에 걸려들고 말았다.

태평양 식민지의 패자(霸者)인 영미불란(英美佛蘭)은 남양 민족을 대부분 착취의 도구로 삼아 태평양 정책에 이용하며, 민족의 아시아 정신과 풍속의 아름다움을 억지로 박멸하려 하고 있다. 남양을 보는 백인들의 안중에는 그저 태평양 정책 기지로서의 가치나 착취 대상 이외에는 아무것도 없다.

남양 민족이 구미의 식민지화 때문에 얼마나 힘들어 하는지는 전혀 문제가 되지 않는다. 그것은 근본적인 문제로, 아무런 피의 연결이 없기 때문이다. 아무 인연이 없는 우둔한 민중에 불과하기 때문이다.

예를 들어, 영국의 한없이 탐욕스런 남양 식민 정책과 일본의 실력에 대한 두려움으로 인한 군비 확장, 그리고 미국의 불필요하고 거침없는 적극적인 태평양 정책 등으로 인해 남양 민족은 얼마나 많은 희생을 치루었고 얼마나 많은 고통을 맛보고 있는가? 그것은 남양의 현실을 여실히 보여주고 있다.

자연 속의 평화로운 남양은 구미에 의해 여러 가지로 왜곡되어 본래의 아름다움과 올바름을 잃고 유린되고 있다. 이와 같은 현상과 참상이 그대로 간다면 남양 민족은 구미로 인해 광란의 상태에 빠지고 유아와 노쇠의 나라가 되어 버릴 것이다.

유태인의 음모 중에는 세계의 다른 민족의 멸망—산아 제한, 전쟁, 악질(惡疾), 참학(慘虐)—과 문화적 몰락, 민족적 몰락 등등이 있다. 유태인들의 소굴이 된 영미(소련)는 남양에서 그것을 급속도로 교묘하게 실현하고 있다.

남양 민족의 위기라고 해도 결코 과언이 아닐 것이다.

지금 남양 민족을 구제하지 않는다면, 남양 민족은 형체도 없이 사라질 것이다. 이것을 구제하는 것이 아시아의 운명으로서 일본에 부과된 사명이며, 그렇기 때문에 바로 일본은 지나사변을 일으켜 대륙 정책을 감행하고 남방 정책을 강화하여 태평양의 평화를 초래하려고 노력하고 있는 것이다. 그러니 일면 남양 민족은 일본을 신뢰하고 일본에 호응하여 일어설 사명이 있다.

일본의 러일전쟁 대승리에 대한 감격, 그에 따른 민족적 분기(奮起), 그리고 또 제1차 세계 대전에 따른 아시아 민족의 반제국주의적 궐기는 남양 민족으로 하여금 민족 해방과 자결을 각성하게 하고 민족 해방을 하게 했다.

제2차 구주 대전은 급기야 제1차보다 더 광대하게 전 세계 대전이 되려고 하고 있다. 이 대전의 큰 죄악은 구미, 소련의 아시아 침략주의이다.

하지만, 그만큼 아시아 전 민족은 제1차 대전 때보다 더 강하고 널리 분기해야 할 것이다. 동아공영권 내의 남양 민족이 각성하지 않을 리가 없으며, 일어서지 않을 이유가 없다. 아시아 민족의 손에 의해 아시아의 평화를 확립한다고 하는 남양 민족의 사명은 위대하다.

남양 민족은 4백 년 동안 구미에 의해 공략당해 왔다. 하지만 여전히 아시아적인 불굴의 정신이 있어서, 그 근본적인 정신 생활과 민족적 이상에 대한 선망은 절대로 잃어버리지 않았다. 그것은 예를 들자면 기독교 문화의 강요 하에 있는 민족들조차 미소기적 아시아 정신은 버리지 않는 것을 보면 알 수 있다. 하물며 이슬람교도나 불교도에 있어서랴.

제3장
남양 민족론

1. 일본 제국과 남양 민족의 관계

남양 민족 중 말레이족, 몬크메르족, 티벳버어마족이 남방 몽고종에 속하며, 타이지나족이 남방 지나계라는 것은 우리들에게 매우 흥미롭다.

몽고 민족이란 어떤 민족인가?

이것은 아시아 민족의 전모를 아는데 있어서 매우 중요한 문제임과 동시에 우리 일본 민족의 조상을 아는데 있어서 반드시 알아두어야 할 문제이다.

민족학자가 아시아 민족을 자연적 요소(토지와 자연에서 받는 신체적 방면의 영향)와 문화적 요소로 관찰하여 과학적으로 (즉 언어학, 지질학, 고고학, 인류학, 신화학) 실증한 바에 의하면, 남방계와 북방계로 나뉘며, 전자에 속한 것을 지나족, 교지지나족(交趾支那族),[1] 서장[2]면전족

---

1 프랑스 통치시대 베트남 남부에 대한 호칭.
2 서장(西藏)은 티벳을 말함.

(西藏緬甸族)이 되고 후자에 속한 것을 통고사족(通古斯族), 몽고족, 터키타타르족, 핀우그리아족, 사모예드족이라 한다.

이 남북아시아 민족은 수십 세기 동안 대립과 항쟁을 하며 문화의 성쇠와 파동을 거쳐 오늘날에 이르렀다. 그것은 역사적으로는 지능만으로는 가늠할 수 없는 민족 고유의 정신력의 끊임없는 발자취이다.

민족이란, '일정한 다수의 인간들이 거주지, 종족, 언어, 종교, 정부, 역사, 전설, 풍속, 습관에 있어 동질 또는 유사성을 갖고 서로 모여 공동 생활을 하고 자각적으로 그 구성원이 단결을 하는 공동사회를 지칭한다'[3]라고 학자들은 말한다.

그래서 '민족이 충분히 그 존재를 인식하기에 이르렀을 때는, 이미 그 구성원 간에 상응하는 동류 의식이 발달했을 때이기 때문에, 환언하면, 한편으로는 혈연시대의 협소한 배타 사상이 어느 정도 여전히 잔존하고 있음에도 불구하고 다른 한편으로는 물질적, 육체적 세력 이상의 문화적 세력이 점점 더 위력을 발휘하게 되었을 때이기 때문에, 민족이라는 것은 이제 절대 단순한 협의의 자연적 관념으로 생각해서는 안 된다. 말할 필요도 없이 하나의 역사적 의미를 포함하는 관념이어야 한다. 때문에 인류 그 자체가 지금 만약 무수한 부족, 민족 내지 국민 등으로 분열되었다고 가정하면, 우리들은 과연 어떤 부족, 어떤 민족, 또는 어떤 국민에 대해 가장 많은 친밀감과 애모와 신뢰와 동정을 느낄 것인가 하는 질문을 받았을 때, 말할 것도 없이 자신과 가장 유사하고 자신과 가장 접촉을 많이 하는 그룹 즉 자기가

----

3 [원주] 스야마 다쿠(須山卓) 『아시아 민족의 연구(亞細亞民族の研究)』, pp.1~2.

속한 부족이 답이 될 것이다. 그 다음에 그 부족이 속한 민족, 그리고
그 민족이 속한 정치적, 지리적 상황 내지는 기타 모든 것에 많은
감흥을 가지고 있을 것이다. 이렇게 같은 민족이 동일 문화 중심으로
끌리는 애착심을 우리들은 민족의 혼일성(渾一性)이라 부른다'4라고
한다. 이에 저 헝가리에서 일어난 트란(Turan) 민족 운동5의 출발점이
있는 것이다.

  학자들은 시베리아, 만몽(滿蒙), 조선, 일본은 동일 동물의 발전지
이므로, 일본의 아시아 대륙과의 관련을 상상하며 동일 민족이었다
고 주장한다. 즉 퉁구스 민족이라고 하고 있다. 같은 아시아에서 발
생한 민족이라도 유태 민족은 그 민족의 성격 때문에 세계 각지에
분포하게 되었지만, 그 외 아시아 민족은 소위 민족혼일체가 되어
정도의 차이는 있지만, 계속하여 아시아 민족적 친화라는 특성을 발
휘해 오고 있다.

  퉁구스 민족은 신 시베리아족이라고도 하며, 알타이족에 속한다.
이에는 몽고족, 터키족이 직접 속해 있고, 에벤(Even), 우그리아
(Ugric), 사모예드 등의 우랄족을 포함하여 우랄알타이족이라고 칭해
져 왔다. 그리고 이를 백색 인종에 대하여 황색 인종이라고 하기도
한다. 우랄알타이 민족이라고 할 경우는 그 언어를 가지고 나눈 경우
이다.

  퉁구스를 지역적으로 보면, 시베리아(북부), 만주(중앙), 몽고(중앙),

----

4 [원주] 스야마 다쿠, 동저, p.8.
5 [원주] 야마토(大和) 민족과 협화하는 것을 전제로 하는 아시아 북방 민족의 혼일주의
    운동.

황하(서부), 일본, 조선(남부)이 된다.

또한 이를 인종 발생 발원지로 보면, 백색 인종의 발원지인 유라시아 북부 및 흑색 인종의 발원지인 남방아시아에 대해 황색 인종과 아메리카인디안의 발원지인 동부아시아 민족이 된다.

인종학자는 아시아 민족을 대략 11종으로 대별하는데, 퉁구스를 가장 우수 인종으로 구별하고 있으며, 그 대표는 야마토(大和) 민족이다.

이 문제의 몽고 민족은 지나 고대에 흉노, 융적(戎狄), 험윤(獫狁), 훈죽(獯鬻) 등이라고 하는, 이지적인 눈을 한 용맹하고 진보적인 민족으로, 흉노를 선조로 하는 것[6]으로 추측되며, 할하족(Khalkha族, 고유 몽고족), 브리야드(Buryad), 혹은 브리야드 몽골(북부몽고족), 칼미크(Kalmyk) 또는 오이라트(Oirat) 몽골(서부몽고족), 오량해족(烏梁海族)으로 대별되는 유목 민족이다. 그리하여 몽고의 명칭에는 멩구, 몽구, 타타르(韃靼) 등이 있다.

알프레드 폴케(Alfred Forke, 1925~1935) 저, 다카야마 요키치(高山洋吉) 역『지나 민족(支那民族)』(生活社, 1939)에는 다음과 같이 나와 있다.

지나 제국의 주민은 모두 몽골 종족에 속한다. 그것은 아시아 및 중앙아시아, 서아시아 초원, 인도지나 및 북국에 분포하고 있는 아시아 최대의 인종이다. 몽골 종족의 발상지는 아마 중앙아시아 초원 지역일 것이다. 적어도 이런 가설을 세울 수 있다. 중앙아시아의 오

---

6 [원주] 사카(Saka)족설, 새족(塞族)설이 있음.

아시스에서는 몽골인의 조상이 유목 생활 상태[7]에서 농경 상태로 옮아갔다고 한다. 몽골 민족은 최고(最古)의 시대 이래 이 발상지에서 출발하여 주위 나라로 퍼져갔다. 그들은 야만스런 기마 집단으로서 유럽 및 인도에 왔고, 예절을 아는 농경민으로서 지나의 저지대로 왔으며, 일본이나 인도지나에 왔다. 그러나 원시 몽골인의 이동에 대해서는 그것을 증명할 역사적 증거가 없다. 이 점은, 각국 학자들에 따라 그렇게나 다양한 발상지를 가지고 있는 아리안(Aryan)인들의 이동과 같다.

문화의 정도에 따라 몽골 인종은 보통 개화 민족, 반개 민족, 순유목민 및 자연 민족의 네 단계로 나눌 수 있다. 개화 민족에 속하는 것은 지나인, 일본인, 조선인 및 인도지나인이다. 반개 민족은 몽고인 및 서장인(西藏人)이며, 순유목인은 투르크(Turk) 부족, 키르기스(Kirghiz), 투르코만(Tur-koman)이고, 자연 민족은 퉁구스인, 사모예드인, 캄차달(Kamchadal)인 외, 러시아령 동시베리아에 사는 부족이다. 언어를 구별 표식으로 하면, 전혀 다른 편성이 보이며, 몽골 종족 중의 민족으로 우리와 같이 변화어[8]를 갖는 것은 하나도 없으며, 그들의 언어는 어떤 것은 단철어(單綴語)이며, 어떤 것은 교착어이다. 단철어, 교착어 및 변화어 사이의 차이는 주지하는 바와 같이 다음과 같은 점을 말한다. ―즉, 단철어는 지나어와 같이 변화하지 않고 불변의 어원만으로 사용이 된다. 교착어는 터키어와 같이 근원은 불변인 채 서로 접합시켜 변화시킨다.

7 [원주] 이 민족의 일부는 오늘날에도 여전히 이 상태에 있다.
8 [원주] 어미 등이 변화하는 언어.

그리고 단철어를 갖고 있는 것은 소위 인도지나 민족, 즉 지나인, 인도지나인 및 서장인인데, 이에 반해 교착어는 우랄알타이 민족[9]의 언어이다.

몽고인은 몽골 인종이라 불리는 인종의 전형적인 대표자이다. 그들이 지나인과 다른 점은 넓데데한 얼굴과 큰 머리이다. 그들은 대부분 주먹코와 비스듬하게 찢어진 눈을 하고 있으며, 다부진 체격을 하고 있지만, 별로 균형이 잡혀 있지는 않다. 또한 노천 생활과 건강한 유제품으로 근육이 매우 발달했으며, 튼튼한 가슴과 높고 넓은 어깨를 가지고 있다. 턱은 뾰족하고 앞으로 돌출되어 있다. 목은 짧고 굵다. 그들의 주요 특성은 개방성, 지둔성(遲鈍性), 조야한 순박함, 태만, 어느 정도의 우둔성 및 겁 많고 나약한 성격을 들 수 있다. 그들의 조상은 대담함과 활동성, 그리고 육체적 능력에 의해 종종 전 아시아 및 유럽을 뒤흔든 탁월한 특질을 지녔지만, 그런 특질들 중 그들이 물려받은 것은 거의 없다. 그들은 정의감, 타국인에 대한 호의 및 동족에 대한 친절만을 보유하고 있다.

중세 말기에 몽고 제국의 광휘는 그 정점에 달했다. 징기스칸(1162~1227)과 티무르(Tīmūr) 혹은 타멜랑(Tamburlaine, 1370~ 1404)은 아시아 대부분을 침략하여 황폐화시켰다. 티무르와 그 후계자들은 사마르칸트(Samarkand)에서 서아시아에 걸쳐 특히 페르시아도 포함하는 일대 제국을 지배했다. 티무르의 증손 술탄 바부르(Babur)는 16세기 초 북인도에 대모굴 제국을 창시했다. 모굴이라는 것은

----

9 [원주] 몽고인, 만주인, 타타르인 및 투르크 부족, 일본인 및 조선인이 그에 해당한다.

몽골과 같은 말이다. 그러나 모굴은 그 조상들로부터 그 이름 말고는
거의 아무것도 물려받지 않았다. 그들은 회교를 신봉하는 인도인이
되었고, 인도에서 회교예술을 전성시켰다.(다카야마 요키치[高山洋
吉] 역『지나 민족론』, pp.5~57)

남양인과의 관계에 대해서는『몽고대관(蒙古大觀)』(선린협회 편찬)에
이렇게 기록되어 있다.

　　'몽고 인종(蒙古人種)'이라는 말은 때로는 매우 광범위하게 사용되
　는 경우가 있다. 몽고인, 터키인(土耳古人), 퉁구스 등을 중심으로
　지나인, 말레이인, 안남인, 서장인에서 북쪽으로는 축치인(Chukchi),
　길랴크인(Gilyak), 코랴크인(Koryak), 유카기르인(Yukagir), 오스티
　야크인(Ostyak), 핀인(Finn)뿐만이 아니라, 조선, 일본도 이에 포함
　되며, 또 베링해를 넘어 퍼져 있는 에스키모에서 아메리카인디언까지
　도 이 말에 포함시켜 사용하는 사람들이 있다. 몽고 제국시대의 신랄
　한 구주 침략은 어느새 구주인들에게 극동 인종 즉 몽고 인종이라는
　각인을 남겨 놓은 것으로 생각된다. 때문에 구주인이 배로 말레이
　지방, 남지나, 일본 등에 오면서 접하게 되는 이민족은 그들에게 있어
　모두 몽고 인종이었던 것이다. 일본인도 몽고 인종의 일례로서 벨츠
　(Erwin von Bälz, 1849~1913)[10]에 의해 기록되었다. 우리 극동 주민들
　은 구주인이 말하는『몽고 인종』이라는 말과 개념에 대해 늘 주의를

----

10 독일 제국의 의사로 메이지시대(明治時代)에 일본에 초빙되었으며, 27년 간 의학을
　가르쳐 일본 의학에 큰 영향을 미침.

기울일 필요가 있다. 지금 여기에서 기술하고자 하는 것은, 이상 기술
한 것 중에서 외몽고를 중심으로 하는 소위 몽고어족으로서의 몽고인
으로, 좁고 순수한 의미로서의 인종적 특징과는 대칭적인 것이다.

몽고인의 신장은 163cm 내지 164cm이다. 세계의 인종을 전부
총괄해 보면 165cm가 딱 중간 정도의 신장에 해당한다. 따라서 몽고
인의 신장은 이 중등대의 하한 정도로, 지중해 연안이나 알프스 산속
구주인에 가깝다. 북지나인은 이보다 확실히 신장이 크며, 또 말레이
인은 오히려 그 반대로 작다.

다음으로 머리의 최대 길이나 최대 둘레폭을 보면 모두 큰 편이다.
최대 길이는 19cm 남짓으로 세계 인종들 중에서 큰 편이다. 그러나
이 정도 크기는 구주에서도 북방에서는 보통이며, 최대폭은 확실히
다른 예는 찾아보기 힘들다. 평균치로 약 60cm나 된다. 구주(단 일부
를 제외)에서도 남양에서도 이 정도로 넓은 폭을 가진 인종은 없다.
일본인도 지나인도 말레이인도 이 정도로 넓지는 않다. 다만 몽고인
의 인접 민족인 투르크족이나 퉁구스에서는 딱 그에 필적할 정도로
큰 최대폭이 보인다. 투르크족 중에서는 키르기스와 같은데, 이란
지방에 모여 있는 직모가 아니라 파상(波狀)의 모발을 갖는 투르크족
에서는 그 정도 머리폭은 보이지 않는다. 아메리카인디언 중에서도
드문 것 같다. 대체로 고비 사막 지역 주민 특유의 특징이다. 단 퉁구
스는 머리 폭이 꼭 이렇게 넓은 것은 아니다. 꽤 좁은 경우도 있어서
단순히 퉁구스 어족이라 해도 두형이나 신장이 상당히 다른 경우가
있음은 주목해야 한다.

머리의 최대 폭에 대한 이러한 사실과 관련하여 안면의 최대폭에
대해서도 같은 말을 할 수 있다. 몽고인들의 얼굴 폭은 약 15cm에

가까워 현저하게 넓은 얼굴의 폭은 세계 다른 인종을 압도한다. 이
정도로 넓은 폭은 역시 키르기스나 어느 특정 지역의 퉁구스에게서만
볼 수 있는 것으로, 지나인, 말레이인 내지는 일본인에게서는 볼 수
가 없다. 그 정도로 폭이 넓기 때문에 얼굴이 세로 방향으로 매우
짧은가 하면 반드시 그렇지도 않다. 우리들은 말레이 지방의 어느
종족의 주민이 현저하게 세로로 짧고 폭이 넓다는 사실을 알고 있지
만, 그 정도로 짧게 느껴지지는 않는다. 즉 몽고인들은 폭이 넓고
사각형 모양을 하고 있다. ─두부의 장폭(長幅) 양경(兩徑)으로 계산
되는 두시수(頭示數)[11]로 보면, 몽고인은 전형적인 단두인종(短頭人
種)으로 판단된다. 그 시수 평균은 83 내지 85 정도로 브리야드 몽고
인은 그중 가장 큰 무리를 이룬다.

마찬가지로 말레이인도 일반적으로는 단두인종으로 알려져 있으
며, 남지나인은 현저하게 말레이인에 가까운데, 이렇게 되면 일반적
으로 장폭경의 발달은 확실히 약하다고 할 수 있다. 다만 이것들로는
두부의 움직임이 반드시 떨어진다고 할 수는 없으며, 몽고인은 비교
적 높이가 떨어진다고 할 수 있다. 또한 몽고인들은 비교적 전두부(前
頭部)가 후퇴한 사람들이 많다.

몽고인의 두발은 검고 뻣뻣하다. 검다고 해도 흑갈색으로 투르크,
퉁구스, 일본, 말레이, 그리고 시베리아 제 민족, 아메리카 토인 등
모두 유사하다. 그러나 모두 직모에 속한다. 이것이 더 한층 부드러
워지면 파상 혹은 곱슬머리가 된다. 파상 인종으로서는 호주의 토인,

----

11 머리의 길이에 대한 나비의 비(比)를 100배 한 수. 인종의 특징 표시가 됨. 두장폭(頭長
幅) 시수(示數)·두장고(頭長高) 시수, 두폭고(頭幅高) 시수의 세 가지가 흔히 쓰임.

인도의 원주민인 드라비다족(Dravidian), 베다족(Veda), 싱할라족(Sinhalese), 그리고 힌두, 이란의 주민, 구주인으로, 일련의 유사성을 보이며, 아프리카 토인이나 남양의 특정 섬의 토인에서는 현저하게 작은 소용돌이를 그리는 곱슬머리가 보인다.

또한 인종의 분류 방법으로 피부의 색에 중점을 두는 사람들도 있다. 몽고 인종을 황색 인종의 대명사로 사용하는 사람들이 있는 것은 바로 이 때문이다. 그러나 색의 추이는 지극히 미묘하여, 명확한 한계를 정하기 어려운 경우가 많다. 소위 황갈색 인종은 지중해에서 소아시아를 거쳐 중앙아시아 이동(以東)의 시베리아, 몽고, 지나, 말레이, 폴리네시아, 미크로네시아로 퍼졌으며, 아메리카 토인도 대체적으로 이 색조를 띤다.

이에 대해 색소가 더 강한 인종군으로서는 흑색인을 들 수가 있다. 갈색을 벗어나 현저하게 흑색으로 기우는 것이다. 아프리카, 인도, 호주, 멜라네시아 등의 북방 인종에게서 볼 수 있다. 즉 황갈색 피부 색조를 갖는 것이 인류에게 보편적인 것으로 퇴색된 것이 백색인, 증색된 것이 흑색인이다. 황갈색이라 해도 시베리아나 몽고 쪽은 비교적 유백색에 가깝고 말레이나 폴리네시아에서는 상당히 어두운 색을 보이고 있다.

마찬가지로 눈 즉 홍채의 색도 갈색이 인종에 따른 기본색이다. 소위 백색인은 홍채 속에 포함된 색소 과립(顆粒) 세포가 적기 때문에, 어두운 안구저(眼球底)를 투시하면서 녹색, 회색, 청색 등 매우 복잡한 색을 띠는 것이다. 따라서 개인적으로 그 독특한 홍채 색의 뉘앙스에 끌리는 경우가 있기 때문에, 구주인들이 이것을 문제시하는 것은 당연하다.

어느 문헌이나 모두 흥미롭다. 왜냐하면, 우리들이 몽고 민족의 본체를 아는 것은 우리 자신의 근원을 아는 것임과 동시에 남양 민족에 대한 인식을 심화 확대하는 일이기 때문이다.

자신이 속한 민족의 본원을 잘 알지 못한다는 것은 매우 불행한 일이다. 그것은 자신이 소속되어 있어서 아무리 떼려야 떼버릴 수 없는 피의 연결에서 고립되는 일이며 절연되는 일이기 때문이다.

민족의 전통과 그 역사의 존엄을 아는 것은 생각 이상으로 자신의 앞길에 기초가 된다.

동아공영권 속에서 심대하게 클로즈업되고 있는 남양 민족은 바로 친애하는 우리의 조상과 동족이자 우리들 자신의 모습인 것이다.

백인의 강압과 부단한 착취, 그리고 억압으로부터 구해달라는 외침은 아무도 귀담아 듣지 않지만 아시아 선진국의 민족들은 귀담아 들어야 한다.

여기에 바로 남양 민족 연구의 현대적 의의가 있는 것이다.

남양이라는 것을 일본과 떼어놓고 생각하는 것은 처음부터 큰 잘못이다. 남양은 이미 지리적으로도 민족적으로도 문화적으로도 종교적으로도 그리고 새로운 의미에서는 경제적으로도 정치적으로도 일본의 운명과 떼려야 뗄 수 없는 친애의 땅이다.

남방 생명선, 공영 지대 그 자체라고 생각하고, 우리들은 남양 민족을 우리들 자신과 마찬지로 충실하고 진지하게 연구해야 한다.

2. 남양 민족 연구의 참고서

나는 본서를 집필하는데 있어, 다음에서 드는 것과 같은 구미인이
쓴 남양 연구서를 원저 및 역서에 의존하여 읽었다. 그러나 여기에서
는 두세 가지 이외에는 참고하지 않았다.

그 이유는 대부분의 구미인들은 남양 민족을 제대로 이해하지 못
하고 있기 때문이다. 요컨대 시각의 차이, 즉 파란 눈과 검은 눈의
차이인데, 백인의 남양 민족관의 근저를 흐르는 것은 그들의 식민지
관이나 정복 민족관이기 때문이다. 그들은 남양 민족을 정복하고 이
용하고 압박할 줄만 알고, 절대로 민족적, 인간적 입장에서 이해하고
있지 않기 때문이다.

따라서 문헌상으로는 순수한 과학자가 쓴 것(아울러 잘못된 설은 사용
하지 않았다) 이외에는 참고로 하지 않았다.

다음은 내가 읽은 순서로 정리한 것이다.[12]

> 쿠바리『팔라우의 종교(パラウの宗敎)』
>
> W.A. 르사(William A. Lessa)『야프도민의 종교관 및 습관(ヤップ島
> 民の宗敎觀及び習慣)』
>
> 파킨손(Richard Parkinson)『남양 30년(南洋30年)』
>
> 함부르후『남양 탐험기(南洋探檢記)』

----

[12] 아래 제시된 참고 문헌은 저자명의 일본어음과 제목만 제시되어 있어 정확한 서지
사항 및 원서의 제목을 알 수 없다. 다만, 최대한 조사하여 확인이 가능한 것은 구체적
서지 사항을 보완하고 본서의 저자가 번역한 일본어 제목을 그대로 두었다.

크리스티앙(Frederick William Christian)『캐롤라인 군도(カロリン群島)』

페레이로(Pereiro A. Cabeza)『보나페 섬(ボナペ島)』

엘토란도(A. Erdland)『마샬 군도(マーシャル群島)』

바스티안『태평양의 섬들(太平洋の島々)』

오거스트『마샬 군도(マーシャル群島)』

핀시『캐롤라인과 마리아나(カロリンとマリアナ)』

체리(William Thomas Cherry)『영국령 말레이시아 지리(英屬馬來亞地理)』

윗트포겔(Karl August Wittfogel)『동양 사회의 이론(東洋社會の理論)』(日本評論社,1939)

알프레드 폴케(Alfred Forke)『지나 민족(支那民族)』다카야마 요키치(高山洋吉) 역(生活社, 1939)

카펜터(Frank George Carpenter)『자바와 동인도(ジャヴと東印度)』

브로바『동인도의 지세(東印度の地勢)』

알프레드 러셀 월리스 (Alfred Russel Wallace)『말레이 군도(馬來群島)』우치다 가키치(內田嘉吉) 역(南洋協會, 1942)

브란트슈테타(Renward Brandstetter)『남양어에 대해서(南洋語について)』

에반스(Ivor Hugh Norman Evans)『말레이 반도와 보루네오(馬來半島とボルネオ)』

에반스『타이의 네그리토(タイに於けるニグリトウ)』

리살(Jose Rizal)『필리핀 단상(ヒリツピン斷想)』

풍승균(馮承鈞)『지나, 남양 교통사(支那南洋交通史)』(大東出版社, 1940)

송문병(宋文炳)『지나 민족사(支那民族史)』오구치 고로(小口五郎) 역
(大東出版社, 1944)

『우공(禹貢)』(지나 잡지, 禹貢學會, 1934.3~1937.7)「남양 연구호(南洋
硏究號)」

『신아세아(新亞細亞)』(상동) 매호

또한 일독하고 지나친 것에는 다음과 같은 것들이 있다.

류송(劉宋), 석법현(釋法顯) 저『불국기(佛國記)』

당(唐), 번작(樊綽) 저『만서(蠻書)』

송(宋), 조여괄(趙汝适) 저『제번지(諸蕃志)』

송, 주거비(周去非) 저『영외대답(嶺外代答)』

원(元), 왕대연(汪大淵) 저『도이지략(島夷志略)』

청(淸), 심증식(沈曾植) 저『도이지략 광증(島夷志略廣證)』

일본, 후지타 도요하치(藤田豊八) 저『도이지략 교주(島夷志略校注)』

원, 주달관(周達觀) 저『진랍 풍토기(眞臘風土記)』

원, 주치중(周致中) 저『이역지(異域志)』

영국, 옥이형리(玉爾亨利, Yule, M) 역주본, 법국 고적형리(法國 考狄
亨利, Cordier, M) 수정 보주본(補注本), 장성랑(張星烺) 한역 보주본
『마가패라유기(馬哥孛羅遊記)』

견무비지(見武備志)『정화해도(鄭和海圖)』

명(明), 마환(馬歡) 저『영애승람(瀛涯勝覽)』

명, 비신(費信) 저『성차승람(星嵯勝覽)』

명, 황성증(黃省曾) 저『서양조공여록(西洋朝貢餘錄)』

명, 엄종간(嚴從簡) 저 『수역주자록(殊域周諮錄)』

명, 정효(鄭曉) 저 『황명사이고(皇明四夷考)』

명, 장섭(張燮) 저 『동서양고(東西洋考)』

명, 하교원(何喬遠) 저 『명산장(名山藏)』

청, 연수(漣水) 혜저청(嵇翥靑) 저 『중국과 섬라(中國與暹羅)』

청, 이종각(李鐘珏) 『신가파 풍토기(新加坡風土記)』

청, 진사파(陳士芭) 저 『해국여지석명(海國與地釋明)』

송, 온박(蘊璞) 저 『남양영속해협식민지략(南洋英屬海峽植民志略)』

장희천(莊希泉)·여패고(余佩皋) 공저 『남양 화교 교육의 위기(南洋華僑敎育之危機)』

후홍감(侯鴻鑑) 저 『남양 여행기(南洋旅行記)』

전소증(傳紹曾) 저 『남양 견문록(南洋見聞錄)』

저자 미상 『남양지략(南洋之略)』

여국창(黎國昌) 저 『남양 실업과학 교육 고찰기(南洋實業科學敎育攷察記)』

장영복(張永福) 저 『남양과 민국의 창립(南洋與創立民國)』

왕지성(王志成) 저 『남양풍토기문록(南洋風土記聞錄)』

황경지(黃競志) 저 『남양 화교(南洋華僑)』

(동방문고 속편) 이장전(李長傳) 등 저 『남양 화교(南洋華僑)』

임유옥(林有玉) 편 『남양 실지 조사록(南洋實地調査錄)』

후지야마 라이타(藤山雷太)[13] 원저 빙유(馮攸) 역 『남양총담(南洋叢

----

13 '藤山雷泰'를 바로 잡음.

談)』

황소봉(黃素封) 저 『남천락국(南天樂國)』

청, 오대(五臺) 서계여(徐繼畬) 『영환지략(瀛環志略)』

저자 미상 『유불략술(柔佛略述)』

상동 『빈랑서 유기(檳榔嶼遊記)』

상동 『유파라주기(遊婆羅洲記)』

상동 『백랍유기(白蠟遊記)』

미국, 임락지(林樂知) 저 『동남양도기략(東南洋島紀略)』

상동 『곤륜기(崑崙記)』

청, 장주(漳州) 왕대해(王大海) 저 『해도일지(海島逸志)』

저자 미상 『갈리파전(葛利巴傳)』

상동 『남양술우(南洋述遇)』

청, 태창(太倉) 오증영(吳曾英) 저 『남양 각도 국론(南洋各島國論)』

청, 상해 요문단(姚文枬) 『안남소지(安南小志)』

청, 축계(逐溪) 이선근(李仙根) 저 『안남잡기(安南雜記)』

청, 장욱남(張煜南) 저 『해국공여집록(海國公餘輯錄)』

청, 설복성(薛福成) 저 『용암필기(庸庵筆記)』

청, 빈춘(斌椿) 저 『해국승유초(海國勝遊草)』

청, 진강(晉江) 반정규(潘鼎珪) 저 『안남기유(安南紀遊)』

저자 미상 『월남지(越南志)』

명(明), 임계(林桂) 여조양(呂調陽) 저 『동양남철로(東洋南鐵路)』

명, 서양인 애유략(艾儒略) 저 『직방외기(職方外紀)』

명, 황충(黃衷) 저 『해어(海語)』

청, 진윤형(陳倫炯) 저 『해국견문록(海國見聞錄)』

상동, 『남양기(南洋記)』

상동, 『동남양기(東南洋記)』

청, 장주(漳州) 황가수(黃可垂) 『여송기략(呂宋紀略)』

청, 장포(漳浦) 남정원(藍鼎元) 저 『남양사의론(南洋事宜論)』

청, 양병남(楊炳南) 저 『해록(海錄)』

청, 도리침(圖理琛) 저 『이역록(異域錄)』

청, 소양(邵陽) 위원(魏源) 저 『해국도지정집(海國圖志正集)』

상동, 『월남강역고(越南疆域考)』

상동, 『정무안남기(征撫安南記)』

상동, 『정면전기(征緬甸記)』

청, 임청(臨淸) 서연욱(徐延旭) 저 『월남세계연혁략(越南世系沿革略)』

청, 영청(永淸) 성경불(盛慶紱) 저 『월남지여도설(越南地輿圖說)』

저자 미상, 『월남유기(越南遊記)』

청, 임청(臨淸) 서연욱(徐延旭) 저 『월남산천략(越南山川略)』

상동, 『월남도로략(越南道路略)』

청, 조주(趙州) 사범(師範) 저 『정안남기략(征安南紀略)』

저자 미상, 『종정안남기(從征安南記)』

상동, 『면전지(緬甸志)』

청, 영파(寧波) 시채(龔柴) 저 『면전고략(緬甸考略)』

청, 전현(傳顯) 저 『면전쇄기(緬甸瑣記)』

청, 조주(趙州) 사범(師範) 저 『면사술략(緬事述略)』

저자 미상, 『면번신기(緬藩新記)』

청, 청포(靑蒲) 왕창(王昶) 저 『정면기략(征緬紀略)』

상동, 『정면기문(征緬紀聞)』

청, 조주(趙州) 사범(師範) 저『입면노정(入緬路程)』

저자 미상,『섬라고(暹羅考)』

상동,『섬라지(暹羅志)』

청, 영파(寧波) 시채(龔柴) 저『섬라고략(暹羅考略)』

청, 금궤(金匱) 이인광(李麒光) 저『섬라별기(暹羅別記)』

상동,『과학적 남양(科學的南洋)』

장상시(張相時) 저『화교 중심의 남양(華僑中心的南洋)』

(사지소총서[史地小叢書])『남양 화교사(南洋華僑史)』

이장전(李長傳) 저『남양 화교 개황(南洋華僑槪況)』

구수우(丘守愚) 저『20세기의 남양(二十世紀之南洋)』

호병웅(胡炳熊) 저『남양 화교 식민 위인전(南洋華僑植民偉人傳)』

전학(錢鶴) 편『남양 화교 학교의 조사와 통계(南洋華僑學校之調查與
通計)』

나정화(羅井花) 저『남양 여행기(南洋旅行記)』

강항호(江亢虎) 저『남유 회상기(南遊回想記)』

하사통(夏思痛) 저『남양(南洋)』

온웅비(溫雄飛) 저『남양 화교통사(南洋華僑通史)』

요지천(廖志泉) 저『네덜란드령 동인도의 지리(荷屬東印度之地理)』

영국, J.M. 브라운(Brown) 원저, 여금록(呂金錄) 역『네덜란드령 동
인도잡기(荷屬東印度雜記)』

영백이(英柏爾, Bell.H.) 저『네덜란드법 원동 식민지 행정(荷法遠東
植民地行政)』

황택창(黃澤蒼) 저, 소홍빈(蘇鴻賓), 장창기(張昌祈) 공역『네덜란드
령 말레이시아(荷屬馬來西亞)』

장유화(張維華) 저『명사 불랑기, 여송, 화란, 의대리아 사전 주석(明史佛郎機呂宋和蘭意大里亞四傳注釋)』

여가위(呂家偉) 저『화교 운동의 의의 및 그 계획(華僑運動之意義及其計劃)』

하한문(何漢文) 저『화교 개황(華僑槪況)』

왕벽진(王闢塵) 편『각국 학대 화교 가례 개요(各國虐待華僑苛例槪要)』

주국균(周國鈞) 편『말레이 반도의 상피 사업(馬來半島之橡皮事業)』

고인명(顧因明) 편『말레이 반도 토인의 생활(馬來半島土人之生活)』

영국 A.R. 월리스(Wallace) 원저, 여금록(呂金錄) 역『말래이 군도 유기(馬來群島遊記)』

유계선(劉繼宣)·속세징(束世澂) 공저『중화 민족 척식 남양사(中華民族拓殖南洋史)』

백희화(伯希和) 원저, 빙승균(馮承鈞) 역『정화하서양고(鄭和下西洋考)』

비랑(費瑯) 원저『소문답랍고국고(蘇門答臘古國考)』

M.H. 페루안디(Feruandey) 원저, 이장전(李長傳) 역『비율빈사(比律賓史)』

구와바라 지쓰조(桑原騭藏) 저, 진유청(陳裕靑) 역『포수경고(蒲壽庚考)』

이들 중화인들의 저작과 번역에는 양서(良書)도 있고, 진서(珍書)도 있으며, 쓸데없는 것도 있어서 일률적이지 않지만, 그 대부분은 백인들이 쓴 것을 참고한 것이다.

이 외에도 닥치는 대로 여러 가지를 읽었으나, 남양에 대한 인식은 역시 일본인을 당하지는 못할 것이라 생각하여 은근히 자부심이 느껴졌다.

3. 민족의 개요

남양 민족을 인종적으로 분류하면, 네그리토계, 베다계, 파푸아계, 인도네시아계가 된다.

네그리토계에 대해서는 마부치 도이치(馬淵東一) 씨가 간명하게 다음과 같이 설명하고 있다.

> **네그리토계** 전계적(典系的)으로는 곱슬머리, 단두(短頭) 내지는 중두(中頭), 광비(廣鼻), 암색 내지는 암갈색의 피부를 갖는 왜인(矮人), 신장은 1m 50cm 이하인 자가 많다. 안다만 섬 사람들, 말레이 반도의 산기슭이나 늪지에 사는 세망(파항[Pahang]), 필리핀 제도 특히 루손, 민다나오 및 팔라완 섬의 오지나 산기슭의 네그리토(아에타) 등이 이에 속한다. 수마트라 중앙동해안 시아크(Siak) 지방에 살다가 절멸 위기에 처한 어민 오랑 아키토도 네그리토로 보는 사람들도 있지만, 이는 좀 의심스럽다. 그 외에 동인도 제도 중에서도 특히 자와나 소순다 열도 주민들에게서 네그리토의 흔적을 보는 연구자들도 없지는 않지만, 이는 일반적으로 용인된 것은 아니다. 그러나 뉴기니아 중앙 산맥의 남쪽 지방에 타피로(Tapiro)나 베세무족 같은 네그리토 유사족이 있다고 보고되고 있다.(「남양 민족(南洋民族)」 『아시아 민족 강좌(アジア民族講座)』에서)

또한 베다계에 대해서는 다음과 같이 시카노 다다오(鹿野忠雄) 씨
가 유익한 연구를 발표하고 있다.

이 종족은 단신(短身), 암색의 피부, 파상모, 편평한 콧날을 보이고
있으며, 사라장에 의하면, 그가 일찍이 실론 섬에서 연구한 베다족과
흡사하다. 그는 또한 토알라(Toala)족과 유사한 종족을 셀레베스 섬
동남부의 반도, 예를 들어 토무나(トムナ) 및 토케아(トケア)에서 발
견했으며, 또한 같은 섬 중부의 노예 계급도 같은 형이라 한다. 이들
종족의 두장폭(頭長幅) 시수(示數)는 81.7을 보이며, 인도의 베다족
(장두)에서 보이는 평균 시수보다 높다. 그러나 사라장에 의하면, 토
알라족에서는 단두가 우세함에도 불구하고 당해 종족은 오히려 중두
적이라고 한다. 또한 토알라족의 피부는 베다족보다 조금 밝은 색이
며 체구 각 부분의 비율에 있어서도 차이를 보인다.
ㅡ(중략) 셀레베스 섬 다음으로 베다족 타입의 종족이 많이 보이는
곳은 말레이 반도를 들 수 있다. 그곳에는 오랑 세노이 및 오랑 사카
이 두 종족이 있으며 모두 파상모, 장두, 장신(長身), 밝은 색 피부를
하고 있고, 실론 섬의 베다족과 흡사하며, 마찬가지로 말레이 섬(馬來
半島)에 분포하는 네그리토계의 세망족과는 매우 다르다. 그러나 세
노이 및 베다 사이에는 각각 체질의 차이가 보이며, 그것은 체구 각
부분의 비율 면에서 특히 현저하다. 또한 세노이 및 사카이 두 종족은
여러 가지 점에서 셀레베스의 토알라족과는 다르며, 두형(頭形)도
마찬가지이다. 그리고 앞에서 언급한 두 종족에서 장두 내지 중두의
타입은 토알라족보다 확실히 많다. 그러나 세노이족의 안와상궁(眼
窩上弓)은 토알라족보다 돌출도가 적다.

ㅡ(중략) 베다형은 수마트라, 니아스(Nias), 조와에서도 종종 볼 수 있으며, 케이트(H.Ten Kate)는 동형이 이 지방에 일찍이 상상 이상으로 널리 분포되어 있다고 생각한다.

ㅡ(중략) 이것을 요약하면, 베다 요소는 북쪽 지방 전체에 걸쳐 현 주민의 구성에서 간과할 수 없는 역할을 하고 있는 것으로 생각된다. 그리고 이 요소가 다른 종족 요소와의 교배 혼혈에 의해 복잡해지고 있다는 것은, 일반적으로 현대의 한 가설로 승인되고 있다. 또한 인도지나의 송베 및 바스라오스 지방에서 모르베가 이 요소를 발견한 것을 생각하면, 인도의 베다족과도 관련이 있고, 베다 요소는 동남아시아에서 말라카 반도 및 필리핀 제도를 거쳐, 이 지방 전체에 분포했다고 하는 가설이 현재 가능하다 할 수 있다. (『지방 연구(地方硏究)』 남양 연구호 참조)

파푸아족과 말레이족에 대해서는 다음과 같은 문헌이 있다.

군도에는 아주 현저한 대조를 이루는 두 민족이 거주하고 있다. 두 민족이란 즉 말레이족 및 파푸아족으로, 전자는 군도 중 서쪽의 대부분을 차지하고 후자의 본거지는 뉴기니아 및 그 속도이다. 또한 이들의 중간으로 보이는 특징을 지닌 민족이 제 지방에 거주하고 있어서, 양자 중 어디에 속하는지 혹은 양자의 혼혈인지를 판정하는 것이 어려운 경우가 왕왕 있다.

ㅡ이들 두 민족 중 말레이족은 의심할 여지도 없이 가장 중요한 민족으로 문화의 정도 역시 가장 높으며, 서구인들과의 접촉도 많기 때문에, 군도 중에서 역사상 어떤 형태로든 지위를 차지하는 것은

모두 그들뿐이다. 단순히 그 국어 안에 말레이어 분자를 가지고 있는 민족과 진정한 말레이족과는 그 언어 및 문화의 정도에 있어 큰 차이는 있어도, 체격 및 정신상의 특징에 이르러서는 완전히 공통점을 보이고 있다.

― 그들은 4대 민족 및 반개의 몇 종족, 그리고 야만인이라 할 수 있는 소수 종족으로 구성되어 있다. 고유 말레이족은 말레이 반도, 보루네오 및 수마트라의 전 해안 지방에 거주하며, 모두 말레이어 혹은 그 방언을 사용하고 아라비아 문자를 사용하며, 종교는 회회교(回回敎)이다. 조와인은 조와, 수마트라의 일부, 마두라(Madura), 발리 및 롬복 일부에 거주하며 조와 및 카우키어(カウキ語)를 사용하고, 특유의 문자를 사용한다. 조와의 그들은 회교를 믿지만, 발리 및 롬복에서는 바라문교(波羅門敎)를 믿고 있다. 셀레베스 대부분의 주민은 부기족(Buginese)이며, 숨바와(Sumbawa) 주민과 비슷하다. 그들은 부기어 및 마카사르(Makassar)어와 그 방언을 사용하고, 두 개의 다른 문자를 사용한다. 그들은 모두 회교도이다. 네 번째로 큰 민족은 필리핀 군도에 사는 타갈로그(Tagalog)족인데, 나는 그 군도를 방문할 기회를 얻지 못했기 때문에 할 수 있는 말이 거의 없다. 오늘날 그들은 대부분 기독교로 개종하였고, 그들의 국어인 타갈로그어와 함께 서반아어를 사용한다.

― 말라카 말레이족은 주로 테르나테(Ternate), 티도레(Tidore), 바칸(Bacan) 및 암본(Ambon)에 거주하며, 반개 말레이족으로서 다섯 번째 민족을 이룬다고 할 수 있다. 그들은 전부 회교도이며, 그 언어도 구구하여 부기어 및 조와어에 말라카의 만어(蠻語)를 섞어 놓은 것 같은 것이다. 야만스런 말레이족은 보루네오의 다이야족, 수마트

라의 바타크족 및 기타 야만족, 말레이 반도의 자쿤(Jakun)족, 북 셀레베스, 술루(Sulu) 군도 및 부루(Buru)의 일부에 사는 원인종(原人種)이다.

—이들 여러 종족들은 모두 담홍색을 띤 다갈색에 다소 감람색을 섞은 듯한 피부색을 띠는데, 남유럽 제국 정도 크기의 국토에 산재하고 있으며 중요도에 있어 차이는 없다. 두발 역시 똑같아 차이가 없고, 흑색에 직모로 조직이 매우 거칠다. 때문에 그 색깔이 엷거나 혹은 모발이 파상 모양이거나 곱슬거리는 것은 외국인의 피가 혼입한 것임을 알 수 있는 확증이 된다 할 수 있다. 안면에는 수염이 거의 없고, 흉부 및 다리에도 역시 털이 없다. 신장은 거의 평균이며 보통의 서구인에 비해 매우 작고, 신체는 다부지며 흉부는 잘 발달하였으나, 발은 작고 두툼하며 다리는 짧다. 손 역시 작고 우미하다. 안면은 약간 넓고 대개 편평하며 앞이마는 둥글고 눈썹은 낮으며 눈은 흑색인데 약간 사시이다. 코는 약간 작고 높지는 않지만, 곧고 그 형태가 가지런하며 코끝은 조금 둥글다. 인중은 넓고 약간 위쪽을 향하고 있으며 광대뼈는 튀어나왔고, 입은 크며 입술은 넓고 모양이 가지런하며 튀어나오지는 않았다. 턱은 둥글고 모양이 좋다.

—이 기술에 의하면, 말레이족은 아름답다고 하기에는 아무 문제가 없지만, 실제로 보면 대개 아름답지는 않다. 그러나 청년들 중에는 미모를 갖추고 있는 경우를 종종 볼 수 있다. 나이가 어린 남녀는 대부분, 즉 12세에서 15세 정도까지는 매우 쾌활하고 그중에는 용모가 매우 아름답고 단정한 경우도 있다. 나는 그들이 나쁜 습관 및 불규칙한 생활 때문에 용모의 아름다움을 상실한 것이라 생각한다. 그들은 어렸을 때부터 끊임없이 빈랑을 씹으며, 담배를 피운다. 그리

고, 생필품이 부족하여 고생을 하고 어업 및 기타 야외 노역에 노출되어 있으며, 기갈, 향응, 게으름, 과도한 노동 등 힘든 생활을 경험한다. 그렇기 때문에, 자연히 노년기에 들어가면 그 용모가 추해지는 것이다.

─말레이족은 성격은 평담하고 자제와 배려심을 보이며, 내성적이면서도 어느 정도 애교가 있다. 이러한 성정을 지닌 말레이족이 광폭하고 잔인한 성질을 가지고 있다고 알려진 것은 매우 과장된 것이라고 관찰자는 생각한다. 이러한 사실은 그들의 도덕성의 주된 특색과 생활상의 모든 행동에 잘 드러나고 있다.

─좋은 계급에 속한 말레이인은 가문이 좋은 서구인과 같은 온화한 성격과 품격을 지니고 있다. 그러나 그들의 암흑면인 앞뒤 가리지 않는 잔인함과 인명(人命) 경시의 감정이 늘 이에 동반한다.

─말레이인의 지력은 충분하지 않은 것 같다. 그들의 지력은 가장 단순한 수준에서 사상을 결합시키기에도 부족하다. 또한 지력을 흡수하고자 하는 취미 및 정력도 매우 부족하다. 그들은 회교나 브라만교로 개종한 사람들만 문명을 받아들이고 있는데, 이러한 문명은 그들 스스로가 낳은 것은 아니다.

─대표적인 파푸아족은 많은 면에서 말레이인과 반대다. 그리고 지금까지의 그들에 대한 기사는 매우 불완전하다. 그들의 신체는 짙게 그슬린 갈색 혹은 흑색이며, 때로는 완전히 동일한 것은 아니지만 니그로족처럼 순흑색에 가까운 경우도 왕왕 있다. 게다가 그 색은 말레이족이 일정한 것과는 달리, 다양하며 왕왕 거무스름한 갈색을 띠는 경우도 있다. 모발은 특수한 모양을 하고 있다. 즉 거칠고 건조한 상축모(上縮毛)이며 총상(總狀) 또는 권모상(卷毛狀)으로 나 있다.

청년 때에는 매우 짧고 촘촘하지만, 생장함에 따라 눈에 띠게 길게
자라나서 굵은 빗자루 모양을 하게 된다. 이는 파푸아에서는 매우
자랑스러운 일이다. 안면은 모발과 같은 곱슬거리는 수염으로 덮여
있으며, 사지 및 흉부 역시 다소 자유롭게 같은 성질의 털로 덮여
있다. 신장 면에서 보면 파푸아 인종은 말레이 인종보다 훨씬 우월하
다. 얼굴은 약간 가늘고 길며, 이마는 평평하고 눈썹은 매우 뚜렷하
다. 코는 크고 활 모양으로 높으며, 그 하부는 두껍고 비공은 넓다.
콧날은 가늘고 길며 비공을 뒤 덮는다. 입은 크고 입술은 두터우며
또한 돌출되어 있다. 안면은 코가 크기 때문에 말레이 인종보다 오히
려 유럽인과 비슷하다. 이와 같은 기관(器官)의 특수한 모양, 눈에
띄는 눈썹, 두발의 성질, 그리고 안면 및 체격의 정도로 봐서 단번에
이들 두 인종을 구별할 수 있다.

 ―파푸아 인종의 도덕적 특성은 마치 그 체격의 모양이 다른 것만
큼이나 확실하게 말레이 인종과 다른 것 같다. 그들은 언어 및 행동에
있어 충동적이며 표현적이다. 그들은 감정이나 감동도 규환, 함성
또는 광폭한 유린으로 드러낸다.

 ―이들 인종의 지력을 판정하기는 상당히 어렵다. 하지만, 설령
그들이 사실상 일찍이 문명을 접한 적은 없어도, 말레이 인종에 비해
다소 우수한 면이 있다고 나는 생각한다. 말레이 인종은 수세기 전,
인도, 지나, 아시리아의 각 민족의 이주에 의해 감화를 받았지만,
파푸아 인종은 겨우 말레이 상인의 국부적 또는 지방적 감화를 받았
을 뿐이라는 사실은 간과할 수 없다. 파푸아 인종은 말레이 인종 이상
으로 활동적 정력을 지니고 있기 때문에, 그것이 그들의 지력 향상에
큰 도움이 되었다고 생각한다. 그러나 파푸아 인종은 감정 및 도덕적

감각은 몹시 결여되어 있는 것 같다.

　─이와 같이 우리들은 말레이 인종과 파푸아 인종의 두 인종 사이의 육체, 지식 및 도덕상의 차이를 자세히 살펴보고, 이들 양 인종의 어느 쪽과도 딱 일치하지 않는 수많은 도서(島嶼)의 주민에 대해 생각해야 한다. 오비(Obi), 바칸의 제도 및 지로로의 세 남방 반도는 고유의 토착 인종을 가지고 있지 않지만, 그 북반도에는 소위 산호세(San Jose) 및 갈레라(Galera)의 알프로 인종과 같은 토인이 거주하는 곳이 있다. 이들 주민은 말레이 인종과는 확실히 다르지만, 파푸아 인종과는 매우 흡사하다.

　세람(Seram) 대섬의 북부에는 지로로 주민과 비슷하고 근면한 종족이 살고 있다. 부루에는 두 개의 다른 인종이 생활하고 있다. 그 하나는 신장이 짧고 얼굴은 둥글며 말레이 인종과 비슷하다. 그들은 아마 술라 군도를 거쳐 셀레베스에서 이주했을 것이다. 다른 한쪽은 키가 크고 수염이 많은 인종으로 세람 주민과 비슷하다. 말라카 군도에서 훨씬 남쪽에 티모르(Timor) 섬이 있는데, 말라카보다는 더 진짜 파푸아 인종과 비슷한 민족이 사는 곳이다. 내지의 티모르인은 피부색은 진한 갈색 혹은 검은 색이며, 수염은 덤불처럼 곱슬거리고 파푸아형의 긴 코를 가지고 있다. 그들의 신장은 보통이며 체격은 오히려 호리호리하다. 걸치고 있는 의복은 허리 주위에 두른 긴 천으로, 자수로 장식된 끝은 무릎까지 내려온다. 그들 종족은 엄청난 도적으로 여겨지며 늘 서로 싸운다고 하지만, 절대 용감하지도 않고 또 살육을 좋아하지도 않는다. 터부(접근 금제)의 습관은 이곳에서는 '포아리'라고 해서 일반적으로 행해지며, 과수, 가옥, 수확 및 각 종류의 재산은 이 의식에 의해 침략으로부터 보호받고 있어서, 그것을 존중하는 마

음은 매우 크다. — 그들이 흥분을 잘 하는 성벽을 지니고 있다고
알려진 것은 목소리가 커서 그렇고, 공포를 모른다는 점에 있어서는
뉴기니아 주민들과 비슷하다.

티모르 서쪽 제도인 플로레스(Flores) 섬과 샌들우드(Sandelhout)
섬까지는 동일 종족이 거주하고 있고, 동 티모르 라우트(Laut)에도
그 동족이 거주하고 있는데, 이곳에서 진짜 파푸아 인종을 발견했다.
그러나 티모르 서쪽에 있는 사부(Sawu)와 로테(Rote) 소도는 매우
특수하고 또 어떤 점에서는 전혀 특이한 종족이 있다는 것이 하나의
특징이다. 그들은 보기 좋은 것들로 치장을 하여 모습이 매우 아름답
다. 그 많은 특징들로 보아 그들은 인도인 혹은 아시리아인과 말레이
인종과의 혼혈로 생긴 것 같다. 또한 그들은 티모르 혹은 파푸아 두
종족과는 전혀 달라서, 군도의 동방 인종 구역보다는 서방 구역으로
들어가야 할 것 같다.

뉴기니아 대섬, 케이(Kei) 및 아루(Aru) 군도의 전부, 미솔(Misool),
살라와티(Salawati) 및 와이지오(Waigeo) 제도에는 거의 완전히 순수
한 파푸아 인종이 살고 있다. 나는 뉴기니아 내지에서 파푸아 인종
이외의 종족이 거주하는 것을 본 적이 없다. 그 해안의 어떤 부분에는
말라카의 갈색종에 의해 혼혈이 된 종족이 거주한다. 마찬가지로 파
푸아 인종은 뉴기니아의 동쪽 제도를 넘어 피지에 이르기까지 그
범위가 확대되어 있는 것 같다. 뉴기니아의 동쪽 반도에는 '모토
(Motuo)'라고 하는 폴리네시아 인종으로 볼 수 있는 민족이 거주하고
있다. 그들은 일찍부터 이곳에 이주하여 파푸아 인종과 혼혈이 된
것 같다. 또한 필리핀 군도에서는 네그리토족이라고 하고, 말레이
반도에서는 세망족이라고 칭해지는 검정 양모와 같은 두발을 한 민족

이 거주한다. 그들이 지금까지 서로 교류를 한 파푸아 인종과 유사하지 않다는 것은 쉽게 알 수 있다. 그들은 신장이 왜소하며, 코는 모두 작고 평평하며, 콧날은 위쪽을 향하고 있다. 모발은 완전히 파푸아 인종의 것과 일치하지만, 아프리카의 니그로와도 다를 바가 없다. 네그리토 및 세망 두 종족은 육체상의 특질에서는 서로 매우 비슷하다. 또한 안다만 섬사람들과도 비슷하다. 다만 파푸아 인종과는 전혀 다른 점이 있다.

나는 대양주(大洋洲) 민족의 구분은 확실히 한 구획을 이루고 있다고 믿는다. 그래서 그 이유에 대해 설명을 하고자 한다. 대체적으로 말레이 인종이 섬라에서 만주에 이르기까지 동방아시아 민족과 매우 유사다는 사실은 분명하다. 내가 바(Baa) 섬에 살 때, 토착인의 의복을 입고 있는 지나 상인을 본 적이 있는데 말레이인과 쉽게 구별할 수 없다는 사실이 매우 인상적이었다. 또한 조와인의 외모에 대해서만 논하자면, 지나인과 아무런 차이가 없는 사람을 본 일이 있다. 게다가 우리들은 아시아 대륙의 일부 및 그 부근에 있는 큰 섬에서 대륙과 동족인 큰 포유류가 서식하는 곳, 즉 아마 옛날에는 대륙의 일부였던 것이 인류 생존 후 분리된 것으로 생각되는 곳에 생존하는 순말레이 인종을 본 적이 있다. 네그리토족은 말레이 인종과는 전혀 상이한 종족임은 확실하지만, 그들도 아시아 대륙의 일부에 생존하며 벵갈만 안에 있는 안다만 섬에 생존하는 것을 보면 아마 폴리네시아 인종을 그 기원으로 보기 보다는 오히려 아시아 민족으로 보는 것이 타당하다고 봐야 할 것이다.

현재 군도 동부에서 내 자신이 한 관찰과 가장 신용할 수 있는 여행자 및 선교사의 연구를 비교해 봄으로써, 나는 파푸아 인종과 같은 용모와 모습을 한 인종이 동쪽으로 피지에 이어지는 제도에서 발견되고 있음을 알아냈다. 더 나아가 갈색 폴리네시아족 및 혼혈에 의해 중간 체격을 갖춘 종족이 태평양 상의 제도에 존재한다는 사실도 알아냈다. 이들 후자에 관한 기록은 종종 지로로 및 세람의 갈색 토착인의 특징과 확실히 일치한다. 갈색 및 검은 색 폴리네시아 인종이 매우 흡사하다는 사실은 특히 주의를 요한다. 전제(前提)한 사실에 근거하여, 나는 태평양 상의 무수한 도서에 존재하는 다수의 중간적 민족은 단순히 이들 민족의 혼혈의 결과가 아니라, 어느 정도까지는 진짜 중간적 혹은 이동적 시대에 있다고 믿는다. 그리고 갈색 및 검은 색 파푸아 인종, 지로로 및 세람의 토인, 피지인, 샌드위치(Sandwich) 군도, 그리고 뉴질랜드(New Zealand)의 주민은 모두 하나의 커다란 대양주 종족 즉 폴리네시아 인종이 변화한 분족(分族)으로 보인다.

갈색 폴리네시아 인종은 원래는 말레이 혹은 옅은 색 몽고 인종과, 검은 파푸아 인종의 혼혈에 의해 생긴 것이라는 사실은 아마 당연한 사실일 것이다. 만약 그렇다면, 이 혼합의 시기는 매우 태고적 일로 자연의 기세와 자연도태에 의해 좌우되었을 것이다. 그 과정에서, 그들은 환경에 적응할 수 있는 특수한 체형을 보존하게 되고, 파푸아 인종의 특징이 절대적으로 우세하여 혼혈 상태를 남기지 않고 그 변형 민족이라 할 수 있는 하나의 독립된 종족을 구성했다고 할 수 있다.

폴리네시아는 현저하게 침하되어 있는 지역이다. 그리고 널리 산재하는 산호초군은 이전 육지 및 도서가 있었던 위치를 알려준다. 만주 및 뉴기니아에 천연의 산물이 풍부하고 다종적이면서 동시에 신기하게도 고립적인 것은 이런 특수한 천연의 산물 발달에 편리한 대륙이 있었음을 말해주는 것이라 할 수 있다. 때문에 이들 제 지방에 거주하는 민족은 확실히 앞에서 기술한 대륙 및 도서에 거주했던 민족의 후예들이었다고 할 수 있다. 이 사실은 가장 단순하고도 당연한 상상이라고 할 수 있다. 그리고 만약 우리들이 세계의 다른 지역에 있는 민족과 폴리네시아 인종 사이에 직접적인 일치점을 발견한다고 해도, 후자가 전자에서 나온 것이라고 결론 지을 수는 없다. 샌드위치 군도에서 뉴질랜드에 이르는 같은 언어 구역을 찾아 확인해 보면, 민족 대이주 운동이 태평양 제도 안에서 이루어졌음은 의심할 여지가 없는 사실이다. 그러나 부근 제 지방의 어디에서도 형이상 및 형이하의 주된 특징에서 폴리네시아 민족과 유사한 어떤 인종도 발견할 수 없는 이상, 주위 제 지방에서 폴리네시아로 근래 이주한 증거는 전혀 없다고 해야 한다. 만약 이들 다른 민족의 과거 역사가 불확실하다고 하면, 앞으로도 역시 마찬가지일 것이다. 태평양 상에서 가장 멀리 떨어진 도서에 거주하는 진짜 폴리네시아 인종이 일찍이 멸망한 것은 의심할 수 없는 사실이다. 그러나 보다 다수인 말레이 인종은 가령 그 국토와 정부는 유럽인의 손에 들어갔다고 해도 경작자로서 오랫동안 생존할 것으로 보인다. 만약 식민 운동의 조류가 뉴기니아까지 파급했더라면, 파푸아 인종 역시 일찍 절멸했을 것이라는 사실도 명백하다.(월리스, 전게서)

또한 네그리토에 대해서는 「후인도 반도(後印度半島)」의 인종의 연원(淵源) 중에 흥미 있는 글이 있다.

네그리토(소흑인) 후인도의 원주민으로 인류학자들은 이들에게 소흑인이라는 명칭을 붙였고, 니그로계에 속하며 체구는 단소(短小), 피부색은 거므스름한 색이다. 이와 동족인 것에 '사카이 와(Sakai Wa)' 일명 라와스(Lawas) 등이 있다. 유사 이전에는 반도에 거주했지만, 다른 종족의 이입에 따라 결국 점차 쇠퇴한 것은 우리나라의 묘족(苗族), 요족(瑤族)과 같다. 오늘날 잔존하는 네그리토 및 사카이인은 말레이 반도의 내부 및 안다만 군도에 거주하며 라와의 잔존자는 샴(타이) 및 면전의 경계지에 거주한다. 그 문화는 매우 낮고 역사적으로도 대개 지위가 낮았다고 할 수 있다.

몬인(猛人) 반도 최초의 이주민을 몬 혹은 크메르라고 하며, 전자는 처음에 면전의 남부에 거주하다가 후에는 월남 남부에 거주했다. 그러나 나중에 양자는 혼합하여 몬크메르라 불리웠으며, 오늘날 면전의 테리앙(Teriang), 월남의 캄보디안이 이에 속한다. 이 민족은 대략 기원전 8세기부터 인도의 동북부에 살았지만, 대부분 아리아인에게 쫓겨나서 면전 남부와 샴을 거쳐 캄보디아에 이른 것이다. 그들이 건설한 국가에는 전자에 페구(Pegu)국이 있고, 후자에 후난(Hunan)국, 신라(Sinra)국이 있는데, 이것이 곧 오늘날의 캄보디아 왕국이다.

타이인(泰人) 몬인들 후에 반도에 온 사람들을 태인(泰人, 자유인을 말함)이라 하며, 지금의 샴인, 라오인, 샨(Shan)인, 카렌인이 이에 속하고, 우리 중국의 백이(白夷)와 같은 종족이다. 인류학자들의 고증에 의하면, 그들의 원 거주지는 지나의 호남이며, 한족의 압박을 받아 남쪽으로 이동하여 광서(廣西), 귀주(貴州), 운남 일대에 이르렀고 약 기원전 2세기에 면전 및 샴 북부에 이르렀다. 지금 운남의 타이족은 한족처럼 되었지만, 순수한 타이인은 여전히 광서 변경 내에서 찾아볼 수 있다. 그 언어는 지금의 샴어와 대략 통한다. 라오인

은 일찍이 남장국(南掌國)을 건설하였고, 샴인은 일찍이 면전에 들어
가 주인이 되었으며 일찍이 운남에서 남조국(南詔國)을 건설했지만,
13세기에 몽고에 의해 멸망하였다. 그 건국은 메난(湄南) 하류 지역
에서 했으며, 이는 8세기부터 14세기에 이르는 시기로, 곧 몽고인을
정복하여 지금의 샴(타이) 왕국을 건설했다.

버어마인(緬甸人) 서장계에 속하며 원래 히말라야 산록 및 항하 사
이에 있었다. 그들이 버어마에 온 것은 대략 타이족이 온 후이며,
인도 민족을 쫓아내고 동하(東下)하여 대금사강(大金沙江)[14]을 따라
정주했다. 계속해서 몬인 및 타이인의 일부와 동화하여 면전 왕국을
건설했다.

아라칸인(阿羅漢人) 이 민족은 몽골계에 속하며 면전의 아라칸
(Arakan) 지방에 거주한다. 역사적으로는 일찍이 국가를 건설하여
버어마를 상대로 대항하였으며, 19세기에 이르러서야 비로소 버어마
에 합병되었기 때문에 언어와 풍속은 이미 버어마인에 동화되었다.

안남인 일명 코친인이라고 하며, 현재 안남의 중기, 북기 및 남기
지방에 거주한다. 그 내력은 미상이며, 혹자는 산월(山越)과 동족이
라 하는데, 그들 자신의 기록에 의하면 역시 지나 남부에서 와서 안남
왕국을 건설했다고 한다. 지나 문화의 영향이 매우 깊어서, 문자와
풍속, 제도는 모두 지나와 같다. 역사적으로는 일찍이 지나의 일부
혹은 지나의 조공국이었다.

참인 이 민족은 말레이계에 속하며 안남의 중기에 거주하는 안남의

---

14 에이야르와디(Ayeyarwady) 강. 미얀마 중앙을 흐르는 강으로 구칭 이라와디Irrawaddy).

옛주인이다. 말레이 반도에서 와서 일찍이 참파(占婆, 점성[占城]이라
고도 씀) 왕국을 건설하여 안남 왕국과 대항했지만, 17세기에 들어서
서 안남에게 멸망당했다.

이상의 종족을 제외한 외에도 여전히 다른 번족(藩族)들이 있다.
그것은 친인(親人), 카친인(吉親人, 일명 야인[野人]), 카스인(瑤人),
모이인(蠻人) 등과 같은 부족들인데, 역사적으로는 모두 아무런 지위
를 차지하지 못하였다. (『남양총서요사(南洋叢書要史)』에서)

지금으로부터 100여 년 전의 말레이(영국에 속함)는 절대로 인구밀도
가 높지 않았다. 그 후 갑자기 사업이 급속도로 확산되어 각 항구의
상업은 번창하였고, 이에 이주민의 숫자도 해가 감에 따라 증가했다.
1931년 통계에 의하면, 말레이 반도의 전(全) 거주민은 이미 4,381,342
명에 달했다. 자와의 면적은 3만 방리(方里)[15]에도 못 미치지만, 그
인구는 말레이의 10배이다. 따라서 말레이는 인구 밀집 구역은 아니
다. 근년 정부는 외래 이민에 대해 상당한 제한을 두고 있는데, 그것은
아마 일시적 정책일 것이다.

말레이의 거주민은 크게 둘로 나눌 수 있다. 하나는 원주 민족이고
또 하나는 외래 민족이다.

----

15 방리란 한 변의 길이가 1리인 정사각형의 면적을 나타내는 단위. 약 15.423 제곱 km².

1) 원주 민족

원주 민족은 세 종류로 나뉜다. 즉 세망, 사카이, 말레이인이다.
한번 이를 나누어서 기술해 보겠다.

세망, 사카이 세망 중 네그리토인은 반도 안에서는 거의 원시 민족
으로 신체가 왜소하고 문화는 매우 낮으며, 현재 말레이 반도에 산재
하는 자들 외에는 필리핀, 안다만 군도에도 거주하고 있다.

직모인 사카이족은 즉 인도, 지나에서 온 것으로, 이 종족은 아직
수마트라 혹은 기타 말레이 반도에는 이입되지 않았고 현재 시에라오
(Sierra) 해변에 극히 소수가 보이며, 그 외는 모두 산과 호수의 우거진
숲 속에 거주하고 있다. 생각건대, 이 종족은 여전히 유목 생활을 하
고 있는데 불과하며, 일상적으로는 그저 야생에서 과일을 따고 혹은
원시적 무기를 사용하여 들짐승을 잡아 허기를 채우고 있는 것 같다.

말레이족 말레이 민족 중 소위 자쿤인들은 대략 셀랑고르(Selangor),
조호르, 파항(Pahang)의 남부에 산재하는데, 벵칼리스(Bengkalis) 섬에
무리지어 사는 부족도 있다. 싱가포르 섬 부근에 사는 자쿤인은 특히
이를 오랑 라우트(Orang Laut, 해인[海人])라 칭하는데, 그것은 바다에
들어가서 먹을 것을 잘 채취하기 때문이다. 평소 구미, 아시아 기선이
찾아와서 해안에 정박하려고 하면, 그들은 일엽편주를 타고 와서는
고개를 들고 승객을 향해 돈을 요구하고, 손님이 바다에 은화를 던져
주면 물에 들어가서 그것을 바로 꺼낸다. 자쿤인은 회교를 믿지 않으
며, 대부분 말레이 민족 속에 토착하여 지금은 대부분 이미 개화 말레
이인들과 동화되어 있다. 역사상 오랑 멜라유인(Melayu)이라 불리는

자들은 근대 말레이 민족의 시조이며, 그들이 수세기 전에 인도, 지나
에서 수마트라로 이동할 때 자쿤인은 이미 반도 동안(東岸)에 산재했
는데 그 때는 거처할 집도 없이 떠도는 유랑 인류였다.

　우리들이 일상적으로 보는 말레이인은 근대 말레이 민족에 속하며
대개 수마트라 섬에서 이주해 온 사람들이다. 이 섬은 먼 옛날부터
이미 말레이 민족의 문화의 중심지였다. 수마트라 남부의 팔렘방 하
류 지역, 중부의 미낭카보우국의 셰흐(Syekh), 캄파(Kampar)와 인도라
기리(Indragiri) 등 강의 상류에 이르기까지 이 근대 말레이 민족이 이
미 거주하며 번식을 했다. 수마트라 남부에서 싱가포르로 이동하여
산 말레이인은 14세기에 자와 원정군의 침략을 받고 마찬가지로 말라
카로 도망을 쳐서 따로 국가를 조직하여 민중을 통치했다. 이 때 말라
카국은 국위를 사방으로 떨쳤고 상업이 번성했기 때문에, 단순히 아
체(Aceh), 파세(Pacet) 및 수마트라 연안의 각 항구와 정기적으로 교통
했을 뿐만 아니라 지나, 인도 및 인도지나 등과도 가끔 왕래를 했다.

2) 외래 민족

외래 민족 중 가장 중요한 몇 종족을 아래에 들어든다.

　구주인　말레이 반도는 현재 영국이 통치하는 곳이므로 모든 행정
기관의 고급 관리 및 공립 학교 교장들은 대개 영국인이다. 또한 이
지역은 상업이 번창하고 물산이 풍부하여 네덜란드인, 프랑스인, 이
탈리아인 등 이 지역에 교거(僑居)하는 사람들 역시 수백 명 된다. 다
만, 구주인은 대개 비교적 큰 성시에 거류하며, 시골의 작은 고무 농

장, 석광(錫鑛) 산속에 사는 사람의 수는 극히 소수이다. 싱가포르의 구주인은 약 6천 명이다. 1931년의 조사에 의하면, 영령 말레이에 거주하는 구주 민족은 17,767명에 불과하다.

지나인 외래 민족 중 그 수가 가장 많은 것은 동양의 지나인이다. 싱가포르에서도 5분의 4가까이 차지한다. 아마 원림수택(園林水澤) 주변이나 궁향벽추(窮鄕僻陲)의 지역을 봐도 이 민족의 족적이 없는 곳은 없을 것이다. 말레이에서 가장 큰 고무 농장, 석광에서 공장, 회사, 은행 등에 이르기까지 그 대부분은 지나인이 경영한다. 위로는 대기업가에서 아래로는 행상, 하인에 이르기까지 지나인들이 차지하고 있다. 그 외에 행정 기관에 속한 통역관, 서기, 각 학교의 교원, 학생들도 지나인들이 절대 다수를 차지하고 있다. 다만 근년부터 첫째는 세계적 불황의 내습에 의해, 둘째는 제국(諸國)의 맹렬한 남양 정책에 의해, 말레이에 거주하는 지나인의 지위는 이제 옛날만큼 견고하지는 않은 것 같다. 1931년의 조사에 의하면, 말레이에 있는 지나인의 수는 전부해서 1,710,024명이다. 그중 비교적 명망이 높고 자산이 많은 사람들은 대개 영국 국적을 가지고 있다.

인도 민족 외래 민족 중에서 그 수가 지나인 다음으로 많은 것은 인도 민족이다. 1931년 통계에 의하면, 합계 627,720명이다. 인도 민족 중에서는 타밀인(Tamil)이 가장 다수를 차지하고 있는데, 그들 대부분은 고무 농장 노동자이고 기타 서기나 교원으로 근무하는 자들이 있다. 그 외에도 안거(安居)하며 생계를 유지하는 사람들이 있는데, 그것은 오로지 외환에 투자를 하는 체티족(Chetty)과 오로지 수위를 하고 있는 벵갈리인들이다.

위에서 언급한 세 종족 외에 미국인, 일본인, 아라비아인과 자와인 등이 있다.

또한 유럽과 아시아의 혼혈종(유아시안)이 있는데, 그 수 역시 무시할 수 없다. 그리고 베다인이 있는데, 이들은 오로지 말레이에서 생장한 지나인 및 인도인을 총칭해서 일컫는 말이다. 해협식민지[16] 중에서는 지나인 중 베다(Veda)인은 3분의 1을 차지하고, 인도인 중 베다인은 4분의 1을 차지하고 있다. 그들은 조국의 언어와 문화에 대해서는 아무것도 아는 바가 없다. 아마 그들이 평상시에 받는 교육이 식민지의 영문 교육이며 또한 일상 언어도 모두 말레이시아어이기 때문일 것이다. 다만 지나인 중의 베다인은 요즘 화교가 제창한 교육의 효능에 의해 점차 본국의 문화를 도야할 것을 각성하여 기대를 모으고 있다.

종교 사카이족과 세망족은 종교의 신앙을 가지지 않고, 단지 심령 신괴(神怪)에 의지하고 있다. 말레이인은 처음에는 인도 상인들의 권유를 받아서, 그리고 나중에는 하이드라마우(Hadhramaut)가 와서 아라비아인들에게 이를 선전했기 때문에 모두 회교를 종교로 삼게 되었다. 코란은 회교의 경전인데, 말레이인들 역시 아라비아어로 이를 익혀서 암송하고 있다. 영국 정부는 신앙 자유주의를 취하고 있기 때문

----

16 해협식민지(海峽植民地, Straits Settlements, 1826~1946)란, 19세기에서 20세기 전반에 걸친 말레이 반도의 영국 식민지를 말한다. 1826년 동서 교통의 요충지인 말라카 해협에 면해 있는 페낭, 말라카, 싱가포르로 이루어진 식민지가 형성되었다. 1886년부터 코코스(Cocos) 섬과 크리스마스(Christmas) 섬이, 1906년부터 라브안(Labuan) 섬이 편입되었다.

에, 단지 종교상의 모든 습관을 보호할 뿐만 아니라, 늘 모하메드의
법(Muhammadan Law, 회율[回律])에 바탕하여 종교상 발생하는 분규를
해결하고 있다. 말레이 각 주의 추장들 역시 모두 회교를 신앙하고
있다.

말레이에 거주하는 인도인은 어떤 사람들은 회교를 믿고 어떤 사
람들은 인도교(印度敎, 힌두교, 힌두이즘)를 믿고 있는데, 그 힌두교를
믿는 사람들 사이에서 계급 교규(敎規)는 인도처럼 엄격하지는 않다.
인도 민족 중 시크인(Sikh)들은 스스로 단체를 만들어 따로 소위 설극
교(雪克敎, 시크이즘)를 믿고 있다.

지나는 원래 불교와 도교로 나뉘기 때문에, 교거 말레이 지나인들
역시 불교 혹은 도교를 종지(宗旨)로 하고 있다. 다만 지나인들이 가
장 좋아하는 습관은 바로 조상 숭배이다. 이 종족의 정신은 추원(追
遠)의 뜻이므로 민족 단결의 공능은 매우 크지만, 한편 이를 보수적이
라 하여 절대 불가하다 하며 비난을 가하는 경우도 있다. 다만 지나인
들 사이에서도 풍속, 습관과 신앙이 미묘하게 다른 점이 있고, 또한
이 지역에 광대한 군중이 산재하고 있기 때문에, 영국 정부는 따로
관청을 특설하여 화민정무국(華民政務局)이라 하며 전적으로 지나인
들 사이에서 발생하는 모든 사무를 처리하게 하고 있다. 근래에는
화교 교육 역시 이 관청의 소관이 되었다.

기독교는 구미인과 유럽, 아시아 혼혈 인종의 종교이다. 그러나 지
나인이나 타밀인 신도도 적지 않다. 다만 말레이인들 중에는 신도가
한 명도 없다. 기독교의 교회와 전도 기관은 말레이의 각 대도시에
널리 자리잡고 있다. 이들 단체는 선전권유 공작에 종사하고 있지만,

실제로는 구미 기독교 교회에서 경비를 보조받고 있고 동시에 소속
정부의 열성적인 원호를 받으며, 의업(醫業), 교육 등의 사업에 노력
하고 있다.

이 외에 유태교가 있는데, 이는 극히 소수 유태인들의 신앙으로
말레이에서는 중요한 지위를 차지하지 않기 때문에 언급하지 않기로
한다.

요컨대, 회교, 힌두교, 기독교가 말레이 반도의 주요 종교인 것이
다. 이상 미개 민족, 개화 민족으로 나누어 설명했다.

4. 미크로네시아의 문헌

『태평양 민족지(太平洋民族誌)』연구로 알려진 언어학자이자 민족
학자인 마쓰오카 시즈오(松岡靜雄) 씨의 고저(高著)『미크로네시아 민
족지(ミクロネシア民族誌)』중 '종족'의 일부에 매우 좋은 연구 자료가
제시되고 있다.

이 문제에 관해 오늘날까지 이루어진 논의는 매우 막연한 것이다.
요컨대 미크로네시아 제도에 거주하는 인간은 사린 민족(四隣民族),
특히 폴리네시아, 멜라네시아, 말레이, 네그리토의 잡종으로, 지역
에 따라 그 원종(原種) 및 혼혈의 정도를 달리한다는 사실 이상으로,
경청할 만한 규명은 이루어지지 않았다.

— 태평양 제도가 지리학상 멜라네시아, 폴리네시아, 미크로네시
아로 나뉘어 있다는 것은 주지의 사실이지만, 멜라네시아인, 폴리네

시아인, 미크로네시아인이라는 명칭은 반드시 위 세 지역 내에 거주하는 인간을 의미하지는 않는다. 폴리네시아 제도에도 멜라네시아인이 살고, 멜라네시아와 미크로네시아에도 폴리네시아인의 흔적이 있다. 예를 들면, 칼 마이니케 교수에 의하면, 길버트(Gilbert) 도민(島民)들은 미크로네시아인과의 잡종이라고 하며,[17] 다년간 이 섬에 거주한 영국인 발킨손도 같은 설을 주장하고 있다. 폴리네시아인은 지금으로부터 천 5백 년 내지 2천 년 전 서방 인도네시아 총도(叢島)에서 이주한 것이므로, 넓은 의미에서 인도네시아 종족에 포함되어야 하지만, 그 향토에 남은 동포는 사분오열하여 지금은 인도네시아라는 이름으로 총칭할 수 있는 하나의 종족으로 존립하고 있지 않기 때문에, 폴리네시아인 역시 하나의 독립 종족이라 볼 수 있다. 때문에 미크로네시아 제도에 폴리네시아인의 혈통이 있다는 것은 동에서 서로 향해 이주했음을 의미하며, 인도네시아에서 동천(東遷)하는 도중에 이곳에서 발길을 멈춘 것이라 해도 그것을 폴리네시아인의 후예라고 할수는 없다. 폴리네시아 제도의 식민이 오랜 세월에 걸쳐 몇 개의 단체에 의해 이루어졌다는 것이 사실이라고 하면, 그중 일부가 미크로네시아에 들러 이곳에도 약간의 후예를 남긴 것은 당연히 있을 수 있는 일로, 마이니케 교수의 설처럼, 체질상 미크로네시아인과 폴리네시아인과의 사이에 큰 차이를 인정할 수 없는 것은 그 조상이 같기 때문이라고 설명할 수 있지만, 이로써 전자가 후자에서 분기했다고 할 수는 없다. 아니 만약 마이니케설이 타당하다면, 그것은 양자 모두

---

17 『태평양 제도(太平洋諸島)』 제2권, p.332.

인도네시아인의 후예이기 때문이라고 해야 한다. 그렇지만, 폴리네
시아 제도에 정착하여 그곳에서 한 종족으로서 발달한 후에도 미크로
네시아에 이주한 일이 있었음은 물론이다. 누쿠오로(Nukuoro) 섬 주
민들은 그것을 보여주는 가장 좋은 예이다.

누쿠오로 섬 주민들의 전설에 의하면, 옛 '로아웨'와 그 동생이
엘리스(Ellice) 군도[18]라는 섬에서 부하들을 이끌고 이 땅으로 이주한
것이 그 선조라는 것이다. 쿠바리는 평균 3년마다 교질(交迭)하는
대제주(大祭主)[19]의 이름이 약 2백여 개 전해지는 것을 근거로 최초의
이주를 약 6백년 전으로 추정했다.[20] 이 일군의 주민들은 순연한 폴리
네시아어를 사용하며, 폴리네시아의 신앙 습관을 지키고 있다. 쿠바
리 시찰 당시에도 인구가 불과 124명으로 근린 제도와의 교통은 있었
지만, 그 쪽으로 더 팽창한 흔적은 없다. 그렇지만, 이 소지류 이외에
도 몇 개의 소이주(小移住)가 있었던 것으로 보이며, 민족적 독립을
유지할 수는 없었지만 적지 않은 감화를 미쳤음은 다음에 이야기하는
바와 같다. 그 일례로 들 수 있는 것은 미크로네시아 총도(叢島) 중
보나페(=폰페이[Pohnpei])와 쿠사이에서 스파클링 와인의 일종인 카
바주(酒, 보나페어로 '사카우(Sakau)')를 사용하고 있거나 혹은 전에
사용한 적이 있다는 사실이다. 이는 폴리네시아인의 특색으로 순 멜
라네시아인 내지 말레이 네그리토인들은 모르는 문화다. 보나페의

----

18 태평양 중부 구 영국령 길버트 엘리스 제도 중 9개의 섬으로 이루어진 제도. 1978년
독립하여 투발루(Tuvalu)라는 나라가 됨.
19 [원주] 섬 주민들 중 최연장자가 이 역할을 한다.
20 [원주] 고데프로이 박물관(Museum Godeffroy) 목록, p.331.

전설에 의하면, 이 술을 만드는 풀은 쿠사이 섬에서 도래했다고 하며, 또한 섬 주민들의 조상은 '오아우(オアウ)'라는 곳에서 왔다는 구비(口碑) 전설이 있다. 그 외 폴리네시아어로 보이는 지명도 적지 않기 때문에, 위 '오아우'가 하와이의 '오아후(O'ahu)'이고 같은 지방의 폴리네시아인이 동방에서 이 섬으로 이주한 증좌라는 설도 있다. 그러나, 폴리네시아인의 하와이 점거는 비교적 최근의 일―12세기 내지 14세기[21]―일 뿐만 아니라, 뒤에 기술하는 바와 같이 미크로네시아 동단에 위치하는 마샬 군도민이 서방에서 온 사람들에 의해 식민을 당한 것은 거의 의심할 여지가 없기 때문에, 보나페인과, 쿠사이인만이 서로 엇갈려서 동방에서 온 폴리네시아인의 후예라고 믿기는 어렵다. 위에서 언급한 마타람(Mataram)의 '이쇼카라카루'[22]는 동방 불모의 땅에서 야만인들을 이끌고 우선 보나페 섬에서 100리 떨어져 있는 안트(Anto, 혹은 안다마)를 점령하고, 그 다음에 마타람에 도래했다. 그 후예를 '치프 엔 바나메이'(바나메이[vannamei]족)라고 하기 때문에, 크리스티앙은 바나마이는 오세안(Ocean) 섬[23]의 본명인 바나마(Banaba)와 관계가 있는 것은 아닌가 하며, 그 향토를 길버트 섬으로 추측하고 있다.[24]―혹시 폴리네시아인 또는 폴리네시아인과 멜라네시아인의 혼혈이 아니었을까? 보나페에 식인습관이 있었던 형적이 있다고 하고, 언어에 폴리네시아계 단어가 많은 것이 하나의 증거

----

21 [원주] 졸저 『태평양 민족지』, p.157.
22 [원주] 쿠파리는 이를 '이치 코루코루'라고 기록했다.
23 [원주] 적도 바로 아래에 있는 유명한 인광 섬.
24 [원주] 「캐롤라인 군도」, p.84.

이다.

검은 피부, 곱슬머리, 장두의 순연한 멜라네시아인의 피 역시 적지 않게 혼입되어 있음은 확실한 사실이지만, 그 민족의 집단은 오늘날의 미크로네시아 제도 안에서는 발견되지 않고 있고, 대거 도래했다는 전설도 남아 있지 않다. 파푸아라고 총칭되는 남쪽의 뉴기니아섬 주민들은 멜라네시아인이 대부분을 차지하는 것은 사실이지만, 말레이와 기타 민족도 서식하며, 특히 산속에는 베게셈 골라이어스(ベゲセム·ゴライアス), 타피로(Tapiro) 족과 같은 단두에 성질이 급한 인종도 거주하고 있다. 이들 종족은 필리핀에 서식하는 네그리토와 혈연이 있는 것으로 보이며,[25] 어쩌면 뉴기니아의 원주민일 것이다. 나는 편의상 이를 네그리토라 부르겠다. 그렇다면, 미크로네시아인의 혈맥에 흐르는 검은색 피부의 피는 과연 멜라네시아인에게서 전해진 것일까, 아니면 태고적 필리핀, 뉴기니아와 마찬가지로 이 지역에 거주한 네그리토의 흔적일까, 연구해 봐야 할 문제이다.

크리스티앙에 의하면, 보나페에는 코나(巨人) 및 리오토(食人種)가 도래하였고, 도래 이전에는 검은 피부색, 낮은 코, 단구(短軀), 격설(鴃舌)[26]의 '쇼카라이(ショカライ)'라는 인간이 살고 있었다는 전설이 있으며, 서해안 '팔라시(パラシ)' 강 하구의 인민들은 그 후예라고 한다. 쿠바리는 난마돌(Nan Madol)의 폐허에서 발굴한 네 개의 해골을 측정하여 길이 181mm, 폭 127mm라는 수치를 얻어(장폭지수 70.2), 전형적인 멜라네시아인의 것임을 확인하고, 이 대공사의 건조

----

25 [원주]「네덜란드령 동인도 육군탐험 보고(蘭領東人道陸軍探險報告)」.
26 외국인(야만인)이 지껄이는 알아들을 수 없는 말을 얕잡아 일컫는 말.

자도 흑인이었을 것이라고 추측했다. 그렇지만, 난마돌이 본래 묘지로서 구축된 것이 아님은 이미 기술한 대로이므로, 멜라네시아형 해골 발견은 일찍이 그 종족이 도래한 증거는 될 수 있지만, 그것으로 그들이 이 지역의 선주민이라고 단정할 수는 없다. 나는 오히려 이 유골은 상기의 코나(거인) 혹은 리오토(식인종)에 속하는 것이고, 쇼카라이를 내쫓고 거석(巨石) 공예를 남긴 것으로 보아 미크로네시아 제도의 개척자였을 것이라 생각한다. 팔라우 도민들의 구비로 전해지는, 주옥(珠玉)도 모르고 노를 젓는 법도 몰랐다고 하는 원주민도 역시 네그리토가 아니었을까?

마리아나 제도의 원주민들은 스페인 통치 2백여 년 동안 조상들의 피를 거의 남기지 못할 만큼 심한 혼혈을 겪었다. 그렇기 때문에 그 풍속, 습관에 여전히 차모르(Chamorro)인의 요소가 약간 남아 있다고 해도, 체질이 유전성인 것인 한 쇄골학(craniology) 내지 소위 체질 인류학에 의해 그 인종적 계통을 탐구하는 것은 불가능하다. 그러나, 다행히 그 언어는 거의 완전히 보존되어 있고, 단편적이기는 하지만 3백 년 전의 기록이 남아 있기 때문에 다음 장 이하에서 설명하는 바와 같이 옛 면영을 조금은 확인할 수 있다. 거기에서 얻은 나의 인상에 의하면, 미크로네시아 문화의 심원은 이 제도(諸島)에 있었던 것으로 보이며, 옛날에 이 지역을 점거한 인민은 미크로네시아 총도의 지배자였다고 상정할 수 있다. 만약 그 이전에 주민이 있었다고 한다면, 그것은 제도가 멸망하기 전에 번식한 네그리토 종족의 흔적이며 뉴기니아 산속의 왜민족과 같은 원시적 생활을 하고 있었을 것이다.

마리아나 제도에 토착한 것은 폴리네시아 방면을 향해 이동한 큰

무리의 낙오자가 아니라 오히려 필리핀을 거쳐 북상한 대흐름의 한
줄기일 것이다. 그들이 취한 길이 대만 해협이었는지 아니면 오키나
와(沖繩) 제도 사이를 빠져나간 것인지 또는 일단 일본에 도착하고
나서 이즈(伊豆) 제도를 따라 남하한 것인지, 이를 밝힐 수는 없다.
하지만, 최후의 경로를 통해 어느 시대까지 우리 일본과 교통이 있었
다는 사실 정도는 인정해야 할 것이다. 도민의 구비에 의하면, 그들
의 먼 조상은 '타카(Taka)'라 불렸다고 하는데, 이 호칭은 필리핀의
타갈로그족과 유사한 것으로 보이며 '다카아마(たかあま)' 즉 '다카마
(高天)'[27] — 이는 선주 민족 아마(海人)에 대한 구별(區別) 호칭이다.
— 라고 불리운 우리 일본의 조상과도 전혀 관계가 없다고 할 수는
없다. 소택수리(沼澤水利)의 편리함을 모르는 섬에 밭을 만들고 도랑
을 파고 벼를 경작하여 주식으로 삼은 것은 우연이라고만 생각할
수 없는 일치점이다. 이 민족은 항해술에 뛰어났으며, 비교적 높은
수준의 문화를 가지고 있었기 때문에 오래지 않아 동방 제도로 뻗어
나가 현지의 선주민들과 혼혈이 되어 캐롤라인 민족이 생성되었다.
이와 같이 차모르어 캐롤라인인을 구 팔라우라라 칭하는 것은 팔라우
완(여성)이라는 말과 관계가 있어 보이며, 어쩌면 잡종을 의미하는
것이 아닌가 생각한다. 동쪽 하와이까지도 도항했다는 전설은 확증
할 수 없다고 해도 적어도 마샬 군도까지는 영향을 받은 것 같다.
남쪽으로 진출한 차모르인은 팔라우 군도까지 도달했다. 상기와 같
이 검은 색 피부의 피가 많이 섞여 습속, 전설을 달리하는 팔라우

---

27 여기에서 '다카(아)마'란 일본의 신화에서 다카아마하라(高天原)에 살고 있었다고 하
는 아마테라스오카미(天照大御神)를 비롯한 신들을 말한다.

도민들도 예전에는 타카 민족에게 정복되었다는 사실은 동지(同地)의 구비가 증명하고 있다. 아우게르·케크라우(케크라우의 조신[祖神])는 동방에서 야프(Yap) 섬을 거쳐 도래한 것으로, 주옥을 지니는 습관이나 노젓는 기술은 본도에서 발생한 것은 아니다. 마리아나 군도에 남은 차모르인은 스페인의 압박을 받아 겨우 반 세기만에 5만 이상이라는 많은 수에서 2천으로 감소했다고 하는데, 꼭 살육을 당해서 사멸한 것만이 아니라 부근 제도로 흩어져서 같은 계열의 캐롤라인인들에게 흡수된 것일 것이다. 그러나 미크로네시아인의 혈맥에 흐르는 피가 그 정도로 해서 멈추지 않은 것은 물론이며, 남쪽에서는 드라비다(Dravidian) 문화를 계승한 것으로 보이는 멜라네시아인이 나타났고, 동쪽에서는 옛날에 폴리네시아인에게 점령을 당했던 한 일족이 다른 문화를 가지고 와서 역유입이 되었으며, 서쪽 특히 필리핀과 향료(香料) 군도[28]에서는 옛 인도네시안과 몽고인의 혼혈인 현재의 말레이인의 영향을 받았다.

미크로네시아 제도가 인도네시아에게 식민을 당했다는 점에 대해서는 아마 아무도 이의가 없겠지만, 문제는 그 연대와 경로이다. 이를 폴리네시아 이주와 동시에 혹은 그 이후라고 하며 또한 지로로 해협을 경유했다고 하는 설에 대해서는, 나는 상술한 견지에서 단호히 반대한다. 일본 민족과 폴리네시아인 또는 멜라네시아인 사이에 약간의 관계가 있다고 해도 그것은 멜라네시아, 폴리네시아의 식민

----

28 인도네시아의 동부 술라웨시 섬과 뉴기니아 사이에 있는 말라카 제도를 부르는 말로, 중국 원대의 『도이지략(島夷志略)』에는 '문노고(文老古)'로, 『명사(明史)』에는 '미락거(美洛居)'로 음사되어 있다.

후에 일어난 일이 아니라, 그들이 아직 동점(東漸)하기 이전에 인도네시아 제도에서 이주민의 대조류가 필리핀을 거쳐 북상한 것이다. 미크로네시아인의 선조는 그 한 지류일 것으로 추정된다. 이와 관련하여 열쇠를 쥐고 있는 것은 대만에 거주하는 생번(生蕃)의 한 종족이다. 그런데, 총독부가 연내 거액의 경비를 투입하여 생번을 조사하였고 그 자료가 서고에 산더미처럼 쌓여 있음에도 불구하고, 이 문제에 대해서는 해결의 단서를 주지 않고 있다. 이렇게 대만으로 인해 전세계에 있는 우리 동지들의 연구의 길이 막혀 있는 것은 유감천만의 일이다.

팔라우 섬에 멜라네시아인의 감화가 미치고 폴리네시아인이 누쿠오로 섬에 근거를 점함으로써, 보나페, 쿠사이 그 외 동부 제도에 영향을 주었음은 이미 언급한 바와 같지만, 다른 제도에서도 중세 이후 이민족의 감화를 받았을 가능성은 있다. 마리아나 제도와 필리핀 사이에는 일찍부터 교통이 있었을 뿐만 아니라, 스페인 시대에 타카 병사들을 많이 사용했기 때문에 그 피가 다분히 섞여 있는 등 스페인의 영향은 특별히 다대했다고 할 수 있다. 팔라우의 속도(屬島) 중 손소롤(Sonsorol)과 그 외의 이도민(離島民)이 팔라우인들보다 훨씬 더 누쿠오로인이나 보나페인과 비슷하다고 하는 것은 폴리네시아인의 피가 많이 섞여 있기 때문일 것이다. 파이어스(Fais, 페), 울리티(Ulithi) 군도에는 폴리네시아계의 말레이 신화, 즉 해저에서 섬을 낚아올렸다고 하는 전설이 전해지며, 미국인 처칠의 연구에 의하면, 야프어 중에는 폴리네시아계의 단어가 적지 않다(8백어 중 36)고 한다.[29] 폴리네시아의 마라에사(Marae社)[30]와 비슷한 분묘를 설치하는 등, 그 밖의 도민들과 다른 풍속을 가지고 있는 점을 보면, 어쩌면

폴리네시아인의 한 지류가 이 방면으로 내습을 했을 수도 있는 일이
다. 야프 섬의 돌 화폐는 도민의 선조들이 향토에서 가지고 온 신성한
바위를 모방한 것이라고 하는데, 이 전설이 틀림없다면 마라에의 돌
을 휴대하고 이주하는 것과 같은 폴리네시아인의 풍속에 합치하는
것으로,[31] 어느 한 시대의 정복자의 선조가 폴리네시아에서 왔다고
상정할 수 있을 것이다.

다음으로 지나 민족과 남양과의 관계에 대한 절호의 문헌이 있어
서 참고삼아 소개해 둔다.

지나 민족과 남양 민족과의 관계에서 주의할 것에 '객가(客家)'가
있다. 이 '객가'에 대해서는 매우 좋은 문헌이 있다. 그것은 외무성
정보부 촉탁인 오구치 고로(小口五郞) 씨의 『지나 민족사(支那民族史)』
의 역문 중 부록으로 나와 있는 것으로, 재 광주(廣州) 제국(帝國) 총영
사관 보고에 따라 1932년 12월, 외무성 정보부가 집필한 것이다. 여
기에서는 남양 관계 부분만 발췌하여 소개한다.

ㅡ민국 이후 20년에 걸쳐 혼돈 상태에 있는 지나의 정황은 일종의
수수께끼이지만, 좀 막막한 그 지역을 머리에 그리며 민족 관계가

----

29 [원주] 1911년 미국지리학협회 회보 게재 「야프도민(ヤップ島民)」.
30 동폴리네시아의 섬에 분포하는 제사 유적. 장방형 구획을 받침돌, 연석(緣石), 벽석
(石壁), 단(壇)으로 만들고, 안쪽 한 변을 따라 한 단 이상 높은 '아프'라는 부분을
만들어 놓는 것이 일반적 형태. 아프의 위나 전후, 다른 각 변을 따라 등을 기대고
서 있는 석상 좌석처럼 배치한다.
31 [원주] 졸저 『태평양 민속지』, p.331.

복잡하고 확고한 결속력이 없음을 상기하면, 그 통일이 용이하지 않음을 알 수 있다. 몽고, 신강(新疆), 서장 등 그 귀속이 애매모호한 외번(外藩) 지역은 차치하더라도, 귀주에는 여전히 8백만의 묘족(苗族)이 거주하여 한민족의 세력은 겨우 동성(同省)의 2할을 차지하는 데 불과하다. 또한 광서에서는 전 주민의 5할은 요족(瑤族)이며, 운남, 인지경(印支境)에서는 거의 한인종의 족적을 찾아볼 수 없다. 사천, 운남 역시 그렇다. 지금 운남성 주석 겸 제10로군 총지휘관 운룡(雲龍)이 과과(猓猓)족임은 주지의 사실이다. 광동에 이르러서는 민족의 복잡하기가 단연 타성에 비할 바가 못 된다. 백월(百粤)이라 칭해지던 왕시(往時)부터, 묘(苗), 요(猺), 여(黎), 동(獞), 요(獠), 이(俚), 기(岐), 요족(崖族) 소위 월족(粤族)이 잡연하게 착종되어 있으며, 지금도 여전히 이들 선주 민족은 산간벽지에 잔존하고 있다. 또한 이들 중에는 각각 독자적인 생활을 영위하며 한민족의 통치에 복종하지 않는 자들이 있다. 이와 같은 잡다한 민족 관계에서 압제적 세력을 갖는 한민족들 중에도 지리적 관계, 역사적 관계에 따라 각자 다른 파가 있다. 그중에서도 객가는 환경, 언어 등의 면에서 다른 한민족과는 구별되는 정신적인 연대감을 가지고 있는 가장 특색 있는 종족으로, 상당한 세력을 가지고 국민혁명 이래 지나 정국을 좌우하는 기색이 있다. 특히 최근 상해의 항일전에서 빛나는 이름을 떨친 19로군은 진명추(陳名樞)를 비롯하여 그 병사 대부분이 객가이며, 그 외 진제당(陳濟棠), 장발규(張發奎) 등의 무장이 있어서, 이 세 군대를 합치면 그야말로 15,6만에 달해 장래 객가에서 일대 영웅호걸이 출현하지 않을까 한다. 반드시 그 정신적 연대감을 이용하여 전국의 정권을 장악할 가능성이 있다. ─유사 이래 광동은 매령(梅嶺)

이남, 소위 만족(蠻族)이 거주하는 곳으로 때로는 중국의 책봉을 받고 때로는 독립을 유지하며 중원 세력의 변전에 따라 통치 관계상 많은 변천을 보았다. 역사에 의하면 헌원(軒轅) 황제 시대에 남방의 '담이국(儋耳國)'이라는 나라가 중국에게 조공을 한 까닭에, 당시 광동은 담이국의 일부에 속하여 완전히 독립을 유지하는 것 같았다. 그러나 당(唐), 우(虞)의 요제(堯帝) 시대에 이르러 담이국은 양주 관하에 들어가서 '남교(南交)' 또는 '교지(交趾)'라 불리웠고, 탕(湯) 시대에는 월구(越漚)에 속했으며, 이윤(伊尹)이 일찍이 그 헌령(憲令)을 정한 것은 역사상 분명하지만 아직 속국은 아니고 소위 공헌국(貢獻國)의 관계에 있었다. 그 후 주의 무왕은 은을 멸망시키고 여세를 몰아 남방 제번을 풍미하며 남교를 '남해(南海)'로 고쳤고, 이에 광동은 처음으로 주의 번병(藩屛)이 되었다. 그리고 후에 다시 '백월'로 불리우며 초(楚)의 속국이 되기에 이르렀다. 진 시황제는 원교근공(遠交近攻)의 전략으로 중원을 통일하자, 왕전(王翦)을 남하시켜 '백월'을 공략하고, 남해군을 두어 도추(屠睢)를 위(尉)로 삼고, 사록(史祿)을 감(監)으로 삼았으며, 번우(番禺), 박라(博羅), 중숙(中宿), 용천(龍川), 사회(四會), 게양(揭陽)의 6현을 통할하게 했는데 토민(소위 월인[越人])이 이에 복종하지 않았기 때문에, 진은 임효(任囂)로 하여금 다시 남정(南征)을 시켜 남해군 위에 임명했다.

광동 향토사 교과서의 기재에 의하면 담이국의 주민은 여족(黎族)이었던 것으로 보이는데, 광동 토인이라 할 수 있는 사람들 중에는 그 외에 요(猺), 요(峉), 묘(苗), 과과(猓猓), 낭(狼), 기(岐) 등이 있어서 서로 할거하며 혼재하였다. 한민족은 이를 남만(南蠻, 서남이[西南夷] 등)이라 총칭하였고, 주 시대에는 백월 또는 남월('越'과 '粤'은

동음이의어)이라고도 칭하였는데, 『광동통지(廣東通志)』, 중산대학
(中山大學) 민속학회보고서와 기타 참고서에 의하면, 제만(諸蠻)의
세력이 아래와 같았다.

요(猺) 이는 북강(北江) 방면 일대에 산재한 것으로 보인다.

요(峯) 이는 고서에서는 여(畲)라고도 한다. 번우현(番禺縣)의 '어리
석을 우(禺)라는 글자는 요(峯) 내지는 여(畲)의 변음이라는 설이 있
을 정도로 여족의 별파(別派)이며, 사강(四江) 상하류에서 동강(東江)
해안 지방에 걸쳐 일대 세력을 이루고 있었다.

묘(苗) 서쪽 변경에 산재하고 있었다.

과과(猓猓) 이는 오만(烏蠻), 자만(白蠻) 등의 별칭이 있으며 광서 변
경에서 안남 변경에 산재하는 것 같다.

여(黎) 이는 남해도 및 광동 남부에서 일대 세력을 형성하는 모양으
로 기(岐)는 그 별파인 것 같다.

낭(狼) 이는 소위 안남인으로 현재의 안남에서 북부에도 산재하는
모양이다.[32]

― 객가 민족의 유래에 대해서는 지금 인류학자 및 학자들 사이에
서 의견 차가 있다. 혹자는 이를 보고 중국 최고의 민족으로 보는
사람도 있고, 혹자는 이를 완전히 독립된 한 민족이라 보는 사람도
있다. 그 기원에 대해서도 제설이 분분한데, 언어학상, 문헌상으로

----

32 [원주] 별서에 의하면 낭은 사강 상류에 거주하는 특종 민족이다.

보건데, 그들이 한민족이라는 데는 의심의 여지가 없는 것 같지만, 북방의 한민족과는 체격, 용모, 언어, 풍속에 이르기까지 약간 다른 점이 있다. 델링커(Deniker)의 설에 의하면, 한민족 중에는 북방, 남방의 구별이 있다. 전자는 장신, 중두에 수염은 엷고 피부는 노란색인데 반해, 후자는 소신(小身), 광두(廣頭)에 둥근 얼굴이며 수염이 짙고 피부는 약간 갈색이라고 지적한다. 이와 같은 지적으로 추측컨대, 객가는 남방 민족에 속할 것이라 생각된다.

  ―진 시대의 임효, 조타(趙佗)의 광동 통치시대에 중원에서 온 유랑민의 수는 10만에 달한다고 전해지지만, 그 후의 이주민, 남송, 명말의 망명자의 개요는 알 길이 없고, 자연히 객가의 현재 수를 알 근거는 없다. 하지만, 객가 자신들은 적어도 광동 전성(全省) 인구 3천만의 3분의 1이상은 객가라고 믿고 있다. 민국 19년 객가 대동맹회는 '장강 이남의 광동, 광서, 복건, 강서, 절강에 산재하는 객가는 4천만 명에 달한다'고 선포했지만 모두 과도하게 계산한 것이다. 비객가계의 계산에 의하면, 광동 전성에 거주하는 객가는 약 5백만 명, 해외 특히 남양 방면에 이주한 광동계 객가는 약 백만 명이라고 하는데, 이들 수치로 그 대략을 짐작할 수 있다.

  ―국외로 돈을 벌러 간 출가인(出嫁人)들 중, 산두(汕頭)에서 남양 방면으로 도항하는 사람들의 대부분은 객가로, 동치 8년에는 그 수가 이미 2천 8백 24명에 달하였고, 그 후 차차 증가 경향을 보여서 광서 21년에는 9만 천백 명, 동 34년에는 11만 3천 71명, 민국 원년에는 12만 4천 6백 13명, 40년에는 10만 4천 3백 99명이었다. 그리고 이후 매년 10만 내외의 출가인이 나왔으며, 그중 2, 3할은 토착을 하는 것 같다. 도항지는 평균 샴 55%, 신가파(新嘉坡)[33] 40%, 서공(西

貢)[34] 및 기타 5%이다. 객가는 또한 왕년에 대만으로 도항하는 비율도 적지 않았으며, 동 섬의 구성(丘姓), 종성(鐘姓)의 거족(巨族)은 객가로, 진달(陳達)의 저서에 의하면, 대만의 객가는 50만에 달한다고 한다. 또한 남부의 객가도 해남도(海南島)로 이주하는 사람들이 많으며, 동 섬에서 남양으로 돈을 벌러 가는 사람들도 해마다 2, 3만을 밑돌지 않을 전망이다.

....

33 오늘날의 싱가포르(Singapore)를 말함.
34 오늘날의 사이공(Saigon)을 말함.

제4장
종교와 민족 정신

1. 종교와 문화

종교는 한 민족의 문화를 아는 바로미터이다. 어떤 종교를 믿고 어떤 종교에 귀의했는지를 보면, 한 민족의 문화의 정도를 알 수 있을 정도이다.

아주 간단하게 태국은 불교도이며, 말레이는 기독교가 들어와 있다고 해도 그렇게 간단히 끝나지 않는 경우가 있다. 이미 남양 민족들 사이에 기독교가 들어가고 불교가 들어갔다는 사실을 보면, 이들 민족이 그로 인해 얼마나 혼란스러웠는지 알 수 없을 정도이다.

불교의 미신은 아시아 민족을 매우 비관적으로 만들었지만, 그 이상으로 기독교는 아시아 민족을 몰락으로 이끌었다. 남양 민족이 포르투갈, 스페인, 네덜란드, 영국, 프랑스를 통해 기독교를 도입한 것은 절대 행복한 일이 아니었다.

왜냐하면, 남양 민족은 '미소기'[1]의 민족이기 때문이다. 언제 어디

---

1 미소기(禊)는 신도(神道)에서 죄나 부정함을 떨어내 스스로를 깨끗이 하는 것을 목적

에 어떤 정신적 스파이와 메피스토펠레스가 있는지 알 수 없다.

2. 종교적 침략

남양 민족 중에는 문화가 고급인 곳도 있고, 열등한 곳도 있다. 나는 여기에서 종교에 대해 그 우열을 가리려는 것은 아니지만, 남양에 들어온 백인들의 기독교가 얼마나 본래의 남양 민족을 종교적으로 타락시켰는지 알 수 없다고 생각한다. 이 점은 인도, 지나에 대해서도 마찬가지이다.

오늘날 남양에서 영위되는 종교는 애니미즘과 불교, 힌두교, 회교, 기독교 등이다. 애니미즘은 한 마디로 하자면, 정령 관념이다. 거의 원시적 미신이라는 사실은 말할 것도 없다. 기독교가 고급이라고 하는 설은 남양 정복자들의 헛소리이며, 민족 침략의 교묘한 수단에 불과하다. 불교나 힌두교도 기본적으로는 아무런 문화도 낳을 수 없는 쓸데없는 것이다.

남양 민족의 자랑은 오로지 '미소기' 정신에 있을 뿐이다. 따라서 불교, 힌두교가 잠입하기 전, 자연 속에 있던 남양 민족이야말로 행복했다고 생각한다. 하물며 기독교는 완전히 정복의 수단에 불과하다. 물론 아직 회교는 남양적이라고 할 수 있다.

남양 민족을 이야기하는 일본의 학자가 그 종교 문화를 설명하면

....
으로 하는 목욕 의례이다. 부정(不淨)을 제거하는 '하라에(祓)'의 일종으로 여겨진다.

서, 기독교를 믿게 된 민족의 문화가 마치 더 향상된 것처럼 이야기하는 것은 크게 잘못된 일이다. 실제로 봐도 억지로 기독교를 믿게 된 불행한 민족들은 구미에 의존하고 있으며, 본래의 아시아 정신의 미를 잃고 있다.

어째서 아시아적 애니미즘이 열등하고 어째서 기독교가 고급이라고 선전하는 것일까? 사태의 전말을 아무것도 모르는 사람은 불행 그 자체이다. 그것은 유교와 불교의 도의의 나라 지나가 유태주의에 먹혀 황폐화되는 것과 같은 일이다. 남양 민족에게 기독교는 침략의 촉수 외에 아무것도 아니었다.

남양 민족은 단지 아시아식으로 신령을 믿고 있었으면 평화로웠을 것이다. 백인들의 동점을 나타내는 것이 곧 기독교의 유입이다. 기독교의 포교란 곧 백인의 침략과 동의어다.

남양을 경제적으로 정복한 것은 유태계의 동인도회사이지만, 그 앞잡이가 되어 활약한 것은, 신, 구 모두 마찬가지로 기독교의 선전부원이었다. 말레이를 침략한 촉수는 카톨릭 선교사이다. 인도네시아를 종교적 중독에 빠트린 것은 기독교 광신도들이다.

말레이에 회교가 들어온 것은 12세기이며, 그것이 수마트라, 필리핀, 자와, 보루네오, 셀레베스, 말라카에 건너온 것은 각각 13, 14, 15, 16, 17세기 무렵이라고 하는데, 불교와 힌두교는 이미 서력 1, 2세기에 동양에 들어와서, 7세기에 전성을 이루었다.

여기에서 문제가 되는 것은 불교, 힌두교, 회교 시대와 기독교 잠입 시대 중 어느 쪽이 남양 민족이 평화로웠고 행복했는가 하는 것이다. 그와 동시에 회교의 세력이 저 말레이와 같이 기독교, 불교에 대해 얼마나 강한가 하는 사실도 알아야 한다.

말레이 민족을 기독교로 아무리 속이고자 해도 안 될 것이다. 이런 사실은 무엇을 말하는 것일까?

결국 종교는 민족의 피의 싸움 속에서 획득되는 것이다.

3. 남양 민족의 고유 신앙

어떤 민족이 회교를 믿고, 불교, 베다교, 자연교를 믿고 혹은 기독교를 믿는지에 대해서는 후술하기로 하고, 우선 감격적인 미크로네시아인의 '미소기' 정신에 대해 이야기하겠다.

제국 위임 통치구(統治區)인 섬사람들의 신앙에는 대단히 흥미로운 점이 있다. 그것은 종교의 전파 상태에 따라 민족의 투쟁, 정복 민족과 패배 민족의 실상을 알 수 있기 때문이다 .

미크로네시아에서는 팔라우, 야프 관구(管區)와 격절된 이도(離島) 외에는 거의 대부분 기독교도들이라고 한다. 스페인은 토인의 원시적 종교를 기독교로 바꾸기 위해, 많은 토인들을 희생시키고, 때로는 신교를 전파하려는 미국인들과 피의 결투까지 벌였다.

이 군도에 기독교가 잠입한 것은 마리아나 제도(260수 년 이래)인데, 이곳은 거의 구교도의 섬이다. 또한 신교도가 많은 곳은 루크, 보나페, 마샬 등이다. 하지만 아무리 기독교도들이 교묘하게 침윤해도 본래의 종교적 관습은 자연 속에서 무심하고 또 뿌리 깊게 민족의 자부심으로 남아 있다. 왕년의 군도는 산하해(山河海)의 자연물, 가옥의 영(靈)을 믿었는데 특히 조상의 영혼 숭배는 종교의 중심이었다.

이 조상 숭배 신앙은 개인적으로는 심령 불멸의 관념에서 출발하며, 사회적으로 같은 민족의 같은 조상 숭배는 같은 민족을 기리는 의미이며, 같은 민족에 대한 동경이라고 생각된다. 이러한 신앙을 배신하는 자는 반드시 천벌을 받는다. 가공할 만한 앙화를 입는 것이다. 게다가 신의 성격 자체가 온화한 것이 아닌 경우에는 영혼은 분노하기 쉽다. 그래서 토인들은 늘 신의 분노에 저촉하는 것을 두려워하며, 소위 난폭한 영혼에 제사를 바치고 분노를 누그러뜨리기를 기원하는 것이다.

물론 토인들은 신 그 자체에 대한 숭배심도 강하지만, 그렇지 않은 모든 자연물도 신의 권리의 대행으로 신이 깃들어 있다고 생각하고 숭배한다. 게다가 원시인들은 신과 정치를 분리하여 생각하지 못하는 것처럼, 신과 인간 사이에도 절대로 거리가 있다고 생각하지 못하고 깊은 유대와 친애의 마음으로 가까이에서 영혼의 교환(交驩)을 나누려 생각한다.

그러나 토인의 신에서 중심이 되는 것은 정령(精靈)으로, 이 한 가지는 공통적이라 할 수 있는데, 지방에 따라서는 다양한 계기로 특수한 신이 만들어진다. 가공할 만한 기적이 일어난다든가 길흉에 관한 신비한 전조가 있다든가 할 경우에는 그들은 늘 그것을 신격화하여 숭배하고, 그에 따라 새로운 신, 즉 조상 숭배 이외의 다른 신이 다시 창조된다. 그렇기 때문에 신의 숫자가 매우 많다.

토인들은 신과 인간의 연이 대단히 깊고 가까워서 신과 영혼은 인간과 같은 모양을 하고 있다고 믿는다. 그래서 천지의 자연물로 숭배의 대상이 되는 것은, 예를 들어 지물목석조어(地物木石鳥魚) 류는, 소위 영대(靈代)가 된다. 하지만 궁(宮) 즉 신의 집(브리루 아카리즈)나 사당(祠, 우르기 오우크)이 있는 곳은 팔라우뿐이고, 이 팔라우에서는 그

구교(舊敎)도 인구의 1할에 못 미친다.

마쓰오카 시즈오 씨는 『미크로네시아(ミクロネシア)』의 「사당 및 영대(祠及靈代)」에서 다음과 같은 연구결과를 발표하고 있다.

　　팔라우어로 궁은 '브리루 아카리즈' 즉 '신의 집'이라 하여, 제주가 이에 거주하며, 참배자의 공물을 받고 기도를 하는 대옥(大屋)과 신의 거처(神の籠, 테토 아카리즈)라고 칭해지는 '우르기오쿠(공물의 용기[容器])' 즉 '호코라(=사당[祠])'가 있다. 일본어로 '호코라' 역시 '가쿠라(神倉)' 즉 '신창(神倉)'이라 하며, 이는 공물을 거두어 간직하는 곳(收藏)이라는 뜻이다 ― 호코라 중 가장 간단한 것은 '카지아기르' 또는 '타하기르'라고 하는데, 나무로 조각한, 높이 약15~20cm, 굵기 장경(長徑) 15cm, 단경(短徑) 10cm의 가옥 모양을 하고 있으며, 지붕, 창문 및 기둥에 해당하는 부분을 먹색으로 칠한다. 이는 영혼이 있는 영장(靈場)에 매달아 둔다. 여기에 다리를 붙인 것을 '구무레우'라고 하며, 어장(漁場)의 신(神)의 호코라로서 해안에 설치된다. 그것은 지름 약 20cm, 길이 약 1m 되는 목재 상단에 호코라 모양을 새기고 다리 부분은 사각으로 깎아 붉은색으로 칠하고 양면에 각각 물고기를 한 마리씩 그린 것이다. 그것보다 더 완전한 것은 '게오스(또는 노오스)'라고 해서 나무를 모아 만들며 이에 지붕을 얹고 조각을 한다. 조각의 모양은 태양과 깃털이 있는 닭(신조[神鳥])을 나타낸 것으로, '게오스'라는 것은 본래 이 모양을 일컫는 말이다. 이 호코라는 병의 치유 기도를 위해 설치되며, ― 셈벨이 '에이메리크'의 추장의 집 및 펠렐리우(Peleliu) 섬에서 보았다는 붉은색 신사(神の社)라는 것도 이것일 것이다. 돌바닥을 만들고 네 귀퉁이에 편평한 돌이 비스

듬하게 서 있는 것은 주의를 요하는 것으로 손소롤의 분묘 및 후기할
야프의 묘소, 공동 집 '바이'의 석단과 같은 의미를 갖는 것으로 생각
된다. 이 호코라는 보통 씨족신(氏族神) 이외의 신, 예를 들면 별의
신(코달 메레크)과 같은 것을 모시는 것으로 생각된다. 씨족신의 사당
(테토)은 게오스의 대형이기 때문에 통례로 각 부락에 두 개씩 세워진
다. 그것은 주민이 두 민족(비탄[ビタン], 타오크[タオク])으로 나뉘는
것을 통례로 하기 때문이다. 유력한 신을 위해서는 그 진좌(鎭坐)의
땅에 '테루규르(テルギュル)'라는 궁(宮)을 건립한다. 그것은 신전과
신주의 주택을 겸하는 것으로 공동 집 바이와 보통의 주거를 절충한
외관을 하고 있으며, 집안 한 쪽 구석 또는 중앙을 판자 혹은 거적으
로 구획지어 신좌로 삼고 신내림을 받은 신주는 그 안에서 탁선(託宣)
을 한다. 옛날에는 대규모의 사당이 있었고 그 설계도 역시 보통의
바이와는 전혀 달랐지만, 지금은 거의 눈에 띄지 않게 되었다. ―
(삽화는 생략함)

　―팔라우 외에 신사(神事)에 바치는 가옥을 특설하는 곳은 누쿠오
로 도민뿐으로 그 조상이 이곳으로 건너왔을 때 만든 석상(石像)을
총사(總社, 아마라우)[2]에 안치하고, 기타 각 민족의 씨족신의 상을
모시는 마라에사(社)가 몇 개 있다. 그들의 향토에 있는 마라에는
대부분 석단이나 기타 석조 건축물이다.[3] 누쿠오로의 주민이 가옥으
로 이를 대신한 것은 이 섬에 석재가 없기 때문인지도 모른다. 이상에
서 알 수 있듯이, 팔라우 및 누쿠오로에는 사(社) 또는 사(祠)라고

2　특정 지역 내 신사의 제신을 모아 모셔둔 합사(合祀) 신사를 말함.
3　[원저] 졸저 『태평양 민족지』 참조.

할 수 있는 것이 있지만, 그것은 신의 주택이라는 의미로 지어진 것은
아니다. 미크로네시아에서는 일본과 마찬가지로 신 또는 영혼이 사
는 세계는 이 국토의 바깥에 있다고 믿어지고 있다. 그렇기 때문에
늘 강림하는 장소 즉 제정(祭庭=유니와)에 표식을 설치할 필요가 있다
고 해도, 인간과 마찬가지로 저택이 필요할 것이라고 생각하지는 않
았다. 야프의 토밀(Tomil)에는 '칸(精)'의 거처라고 해서 주연승(注連
繩) 같은 것을 치고 대나무 울타리를 두른 곳이 있다. 표식으로서는
물론 썩을 염려가 있는 목조 집이나 대나무 울타리보다 바위나 수목
같은 영구적인 것이 적당하다. 그렇다면 '야시로(屋代)', '호코라(神
倉)'⁴라는 말은 적당하지 않겠지만, 표식이라는 의미에서는 자연석,
교목, 석조 건물 등도 일종의 신사이다.

―중략―

위와 같은 자연물이 제정의 표식일 뿐만이 아니라 신의 상대(像
代), 혹은 영대(靈代)가 아니었나 하는 의구심이 없는 것은 아니지만,
그 구별은 어려우며 도민들 자신도 확실히 알지 못하는 것 같다. 그렇
지만 영대로서는 위에서 언급한 바와 같이 금조어충(禽鳥漁蟲)과 같
은 생물로 충당하는 경우가 많은 것만은 확실하다. 특이한 사항으로
서는 배를 영대로 하는 경우가 있다. 팔라우의 '아우게르(靈神)'는
모두 영대인 배를 가지고 있으며 추장, 귀족의 바이(공동 집)의 상량
위에 이것을 보관하고 있다. ―통나무를 조각하여 만든 고주(刳舟)

....

4 '야시로'는 '屋' 혹은 '屋代'라고도 표기하며, 신을 모시고 제사를 지내는 건물, 혹은
   신이 강림하는 장소. '호코라(祠)'도 신을 모시는 작은 집의 의미로, 어원은 신도의
   '호쿠라(神庫, 寶倉), 소사(小祠), 소당(小堂)이라고도 한다. 즉 야시로, 호코라 모두
   신을 모시는 집이라는 의미.

를 '무라이(또는 아 무라이)'라고 하는데, 이는 '브라이(집)'의 전음으
로 신의 집이라는 뜻일 것이다. ―보나페 이외에서도 어떤 특정한
배가 특별히 숭앙을 받으며 신성시되는 것은 이런 연유인 것이다.
루크 섬에는 '네린 아누'('아누'는 영혼)라는 오주(俁舟)[5]의 모형이 있
다. 쿠바리에 의하면, 이는 신의 나라의 표식 또는 휘장(徽章)으로,
영신이 이에 깃든다고 여겨지며, 통례로 공옥(公屋)의 상량에 매달고
여기에 옷감이나 팔찌와 같은 폐(幣)를 바친다. ―중략― 배에 신이
깃든다는 신앙은 이해하기 어렵지 않은 일로, 일본에서도 '후네(舟,
배)'는 '후네(柩, 관)'와 통할 뿐만 아니라,[6] 이세신궁(伊勢神宮)에는
어선대(御船代)라는 신기(神器)가 있다.

　이상과 같은 남양 민족에 대한 이야기는, 조상을 숭배하는 우리들
에게 뭔가 강한 공감을 불러일으킨다.
　또한 마쓰오카 씨는 「제사(祭祀)」 항목에서 다음과 같이 이야기한다.

　　여기에서 말하는 제(祭)는 신에게 봉사하는 방식을 뜻하는 것으로,
　공적인 제사와 사적인 제사로 구별된다. 전자는 어떤 집단에 공통된
　신을 집단의 민중이 공동으로 지내는 것이며, 한 명 또는 소수의 사제
　자가 대표로 지내는 경우도 이에 포함된다. 이에 반해 후자는 어떤
　의미에서 타인과 공동으로 지내는 것을 피하여 ―예를 들면 특별한
　신을 제사지내거나 혹은 특별한 제장(祭場)을 설치하고 혹은 특별한

　　　　　　　
5　[원주] 배 두 개를 이은 배.
6　[원주] 졸저 『일본 고속지(日本古俗志)』 참조.

제식(祭式)을 사용한다 ─ 단독으로 제사를 지내고 혹은 사적 생활에 대해서 신에게 기도하는 ─ 예를 들어 분만, 결혼, 장례와 같은 ─ 것을 말한다. 공적인 제사는 시대 사상의 변천에 따라 성격이 변하며, 특히 기독교와 같은 외래 종교의 보급 결과 존속의 근거를 잃고 일부의 행사를 제외하고는 완전히 사라지거나 거의 사라져 가는 중이다. 그러나 사적인 제사는 쉽게 절멸되지 않고, 미신이라는 비난을 받으면서도 지금도 여전히 세력을 유지하고 있다. 그 현저한 일례로 차모르인들은, 2백여 년 전부터 한 명도 남김없이 기독교의 세례를 받고 있음에도 불구하고 여전히 사적인 생활에서는 구신앙의 면영을 지니고 있다.

그리고 「탁선복조(託宣卜兆)」 항목에는 다음과 같이 나와 있다.

제사의 목적은 상술한 바와 같이, 대부분 신의 가르침을 바라는 것이다. 신의(神意)를 듣는 방법으로서는 신내림을 받은 사람으로부터 탁선을 받든지 점괘에 의해 점을 치는 외에는 없다. 옛날에는 살아 있는 사람과 신 사이가 오늘날보다 훨씬 가까웠기 때문에 많은 민중들이 직접 신의 목소리를 들을 수 있었을 ─ 것이라고 믿어졌을 ─ 것이며, 제주는 수시로 신의 목소리를 접하며 그 뜻을 받는다고 믿어 의심치 않았겠지만, 시대가 내려오면서 신과 사람의 연이 멀어지면서 신의 계시를 받기가 어려워졌다. 그렇기 때문에 신이 내리는 기술을 습득한 사람이 사제의 직을 차지하거나(팔라우), 혹은 사제 외에 탁선을 사업으로 하는 강신무를 낳는 혈통신분에 의한 제주(보나페 등)는, 마치 일본의 신관처럼 의식에 종사할 뿐 신앙상으로는 세력을

잃고, 대신 단바시(丹波市)의 요파(妖婆)와 같은 무리들이 대중들의
존경을 일신에 받고 있다. 이 강신무는 점풀이를 겸업으로 하며 가지
(加持)[7]나 마지(마술, 魔術)도 하는데, 일본어로는 이것을 표현할 말이
없어서 나는 임시로 무격(巫覡)이라 칭한다. 무격이라는 한자의 원의
는 사제일지도 모르지만, 사기 열전 중에도 '독세지정불축대도이영
우무. 시신기상(獨世之政不逐大道而營于巫. 視信機詳)'이라고 나와 있
는 것을 보면, 그 도를 행하는 자를 무(巫)라 하고 그중 남자를 격(覡)
이라고 하는 것 같다.

제사와 탁선복조(託宣卜兆)의 개요를 알 수 있는 글이다.
마쓰오카 씨의 설은 원래 '일본어와 미크로네시아 민족을 설명하
고자 하는 것'으로, '서양인의 설에 영합하려고' 하지 않는 기개와 올
바른 태도를 지니고 있기 때문에, '저주, 금압', '금기, 속신' 등에 대
해서도 매우 감탄스러운 연구를 하고 있다.
내가 남양 민족을 연구하려고 했을 때, 여섯 명이나 마쓰오카 씨의
『미크로네시아』를 세 번 읽을 것을 권한 이유를 잘 알 수가 있었다.
남양 민족을 연구하고자 하는 태도와 마음가짐, 기초 학문에 대해
후학인 우리들에게 교시하는 바가 심대하다고 생각한다.

내가 말하는 '마지'(마술)는 지나어, 마술의 사투리도 아니고 서양

---

7 가지(加持)는 원래 산스크리트어 'adhiṣṭhāna'의 번역. 밀교에서 부처의 자비의 힘이
   중생에게 가해지고 중생이 그것을 신심으로 받아 부처와 중생이 상응하는 것, 즉
   신불의 가호를 받아 재앙을 물리치는 것을 말한다.

인이 말하는 '마직'(=매직)의 약어도 아니다. '마(魔)'의 한음이 '마'인 것은 오히려 우연으로, '마'라는 글자는 마성(魔性)을 의미하는 순전한 일본어이다. 우마(馬, 말), 구마(熊, 곰), 네코마(苗, 고양이), 마카미(狼, 늑대), 마미(狸, 너구리), 무시(蟲, 벌레), 시라미(虱, 이) 등과 같은 말에 남아 있는, '마'의 작용은 '마시'라고 하며 '마지나이(禁壓)', '마지모노(蠱物, 사람을 미혹하게 하는 것)'와 같이 사용된다. 이에 반하여 서양의 마직(magic), 마진(margin)에 대해서는 학자들의 해설이 구구한데, 대체적으로 현재의 서양인의 눈으로 봐서 기괴하게 보이는 신앙의 모든 것을 포함하는 것 같다. 그렇기 때문에 우리들이 유서 깊은 신사(神事)를 행하는 것도 그들 눈에는 마직으로 보이는 것이다. 근래에 이 마직을 번역하기를 주술이라는 단어를 사용하고 이에 가지(加持), 우라(卜=점), 하라이(祓)[8] 그 외 신앙적 행사를 포함시키는 경우가 있다. 그러나, 주(呪, 축[祝]과 같은 말)의 원의는 어쨌거나, 박래 사상으로 심원을 달리하는 정신 문화를 이야기하려 하는 것은 억지이다. (중략) 미크로네시아인은 우리들의 조상과 마찬가지로 숙명보다 오히려 '마'물 및 '마지'물의 존재를 믿었다. 그들이 인정하여 '마'로 삼은 것은 신도 아니고 인간도 아닌 생물 —불교의 아귀, 축생, 수라, 지옥 등 —로, 자발적으로 재앙을 내릴 뿐만 아니라 인간의 구사(驅使)에도 응하는 것이라 생각했다. 아마 인간보다 하위에 있는 것으로 여겨졌던 것 같다. 그렇다면 누가 무엇에 의해 '마지나이'를 구사하는 힘을 얻는가 하면, 어떤 경우에는 수업연마의

----

8 '하라에'라고도 함. 신도(神道)의 종교 행위로, 죄나 불결함, 재앙과 같은 부정함을 심신(心身)에서 제거하기 위한 신사(神事)나 주술.

효과에 의하고, 어떤 경우에는 마력이 깃든 물품 즉 '마지'물의 획득에 의하며, 또 어떤 경우에는 혈연적 상승(相乘)에 의하는 것 같다. (중략) 미크로네시아 제도에는 내가 말하는 '마'물에 속하는 것이 적지 않다.[9]

마쓰오카 씨의 연구 중에서 매우 관심이 가고 마음에 와 닿는 것은 미크로네시아 도민들 사이에서도 '우리 상대인(上代人)이 "이미(淨)"[10]와 "쓰미(穢)"[11]라는 말로 표명한 사상이 있었던 것 같다―', '미크로네시아인은 대개 목욕을 즐기지만, 나는 그것이 몸의 더러움을 떨쳐내기 위해서만이 아니라 마음의 더러움을 떨쳐내는 오래된 풍속―미소기(禊) ― 의 흔적이 아닌가 한다' 등 우리 일본 민족과 같은 '금기, 속신'이 있었다는 것이다.

4. 동양적 정신

우리들 입장에서 생각하면, 남양에 기독교가 존재한다고 것은 어이없는 일로, 그것은 남양의 종교 소개자의 근본적인 착오에 의한 것이다.

....

9 [원주] 이 책에서 마쓰오카 씨는 많은 예를 들고 있다. 그리고 이어서 사이판의 차모르인들의 유령, 미크로네시아 제도의 '아니(鬼)'에 대해서 설명하고 있다.
10 불길하거나 부정하다고 생각하여 꺼림.
11 종교나 도덕상의 죄.

역시 그런 사실에 자각적인 사람들이 있는지 이런 문헌도 있다.

그러나 오늘날 이들 기독교 세력은 여전히 각지에 산재해 있는데
그치며, 회교의 그것에 비하면 아직 훨씬 미치지 못하고 있지만, 회
교의 영향이 적었던 필리핀 북부의 제 민족이나 티모르 및 플로렌스
의 두 섬, 미하사인 및 암본인들 사이에서는 가장 다수의 신도수를
가지고 있으며, 교화의 성과를 거두고 있다. 또한 원시 말레이족 중
에서는 현재 바타크, 다약, 토라자 및 할마헤라(Halmahera)인들 사
이에 많은 세력을 부식(扶植)하고 있다.

말레이 반도—(중략) 이 종족의 영혼 관념으로는 "벼"의 영혼'
관념이 가장 특징적이라고 알려져 있다. 또한 양 민족의 체질 계측에
종사한 슈베스터 박사는 가장 미개한 이 종족에게서 불사의 관념을
보고하고 있다.[12] 수마트라—이는 로에프의 설로, 단순한 보고의
가치밖에 없다. 만약, 이를 학설로서 받아들인다면, 유태인 학자의
거짓말에 끌려가는 것이다. 그중에서 바타크족은 창조자나 천계(天
界)의 관념에 후기 힌두교의 영향을 상당히 많이 받은 흔적을 보이고
있다. 일종의 생령(生靈)이 가장 중심이 되는 관념이며, 이 지방에
널리 같은 이름으로 분포되어 있는 '수만가트(Semangat)'[13]가 있다.
사제와 무자(巫者)는 분명히 구별되며, 무술(巫術)은 북부의 아체와
함께 행해진다. 공양물로 말이 사용되는 것은 힌두교의 영향으로 볼

....

12 [원주] 이 설은 대개 아시아적이 아니고, 불사의 관념에 대해서는 아는 바가 아무것도
    없다.
13 인도네시아어로 영혼, 생명, 열기 등을 의미하는 말.

수 있다. 니아스인도 바타크와 마찬가지로 힌두교의 영향을 받고 있
지만, 현저하지는 않다. 슈레이더 씨는 이 섬사람들의 영혼 관념을
육체에 존재하는 것, 육체를 떠나 존재하는 것, 영영상(影映像) 같은
일종의 영질(靈質) 관념의 세 유형으로 분석하는데, 이는 인도네시아
의 영혼 관념의 대표적인 모습을 드러내고 있다.[14] 그 동남쪽에 위치
하는 믄타와이인은 이 지방에서 힌두교의 영향을 거의 받지 않는
종족의 하나로, 자연신, 영혼, 정령의 관념을 주로 하고, 아직 고신
(高神)은 나타나지 않는다. 또한 이 두 섬은 무술(巫術)이 결핍되어
있다고 보고되고 있다. 수마트라 중에서 가장 고도의 생활을 영위하
고 있는 곳 중의 하나인 미낭카보우(Minangkabau)에서는 힌두교와
회교의 혼효가 보인다. 이곳에서도 영혼 관념은 대표적인 수만가트
를 비롯하여 세 종류로 분류된다. 보루네오―(중략) 그 종교에 대해
서 처음으로 논한 사람은 뉴웰하이스(Anton Willem Nieuwenhuis,
1864~1953)를 들 수 있는데, 그는 주로 애니미즘을 이 지방의 대표적
인 것으로 하여 종교의 기원을 설명하고 있다. 셀레베스―(중략)
특히 사자(死者) 숭배와 조장의례(弔葬儀禮)가 주목을 받는다. 소순
다 열도(Kepulauan Sunda Kecil=누사 뚱가라 열도 [Kepulauan Nusa
Tenggara])―인도적 색채가 농후하게 나타나는 발리 섬 및 롬복 섬
(Lombok)을 제외하면, 플로레스, 로토(Roto), 티모르 섬에서 멜라네
시아적 색채가 강하게 나타나는 외에는 현저한 특징으로 들 만한
것은 없으며, 다른 서부 제도에 비해 회교의 영향을 세외하고는 고유

──────────
14 [원주] 이 분석이야말로 매우 유태적인 것으로, 동양적인 영에 대한 생각을 조금도
   이해하지 못하는 것이다.

의 관념이 잘 보존되어 있다. 말라카 섬―이 제도는 소순다 제도와 마찬가지로 멜라네시아적 색채를 제외하고는 다분히 인도네시아 고유의 요소를 간직하고 있다. 할마헤라 섬에도 마찬가지로 육체, 영혼, 영질의 세 종류의 영혼 관념 외에 사령, 조령(祖靈)의 순수한 관념이 있으며, 조장에 관한 의례도 목베기, 해골 숭배와 관련되어 있고, 무술도 이 섬에서 다른 같은 계열의 지방 특히 서부 제도에 비해 원시적 형태를 보이고 있다. (중략) 인도네시아의 민족적 특징은 애니미즘에 있다. 그와 관련하여 종교적 관념 중에서 중요한 것은 영혼의 그것이며, 또한 영귀, 정령의 관념, 애니미즘의 해석에 사용되는 영질의 관념이다. 영혼 관념에 있어 이 지방의 특색은 생령에 있기 때문에, 사람의 영혼만이 아니라 동식물, 그리고 드물게는 무생물이라도 이를 가지고 있다고 여겨져서 여러 의례의 대상이 된다. 특히 이 지방에서 주목할 만한 것은 도작(稻作) 농경 생활과 관련하여 벼의 영혼이 다른 동식물의 영혼과 구별되어 인간의 영혼과 동일한 이름으로 불리우는 것이다. ―(전게서 『지리교육(地理敎育)』「남양 연구호(南洋硏究號)」에서)

이상은 인도네시아의 종교에 대해 기록한 것인데, 이 영혼에 대한 관념은 미크로네시아와 마찬가지로 매우 동양적이다.

영혼에 대한 종교로, 청결을 받드는 것은 아시아 민족의 자랑일 것이다. 미소기적 정신의 아름다움과 올바름, 훌륭함을 여기에서도 엿볼 수 있다.

제5장
외남양(外南洋)과 민족 운동

1. 외남양과 구미 열강

영미의 동아 정책, 태평양 정책, 항일 기지로서의 '남양'은 그들에게 가장 큰 중요성을 띠고 있다.

영국은 남양에서 세계 교통의 요충지 말레이 및 대군(大軍), 상항(商港) 싱가포르를 떠안고 인도를 억누르며, 동아 침략의 기지로 삼아 태평양 진출의 책원지(策源地)[1]로 만들고 있다. 이 기지의 성격과 상황, 야망은 태국, 지나를 압박하여 일본에 저항하려는 것이다.

미국은 그 야심만만한 태평양 정책과 동아 진출의 기지인 필리핀을 안고 정권의 확보, 확대와 만족할 줄 모르는 경제적 이익의 착취에 열중하여 악몽의 일미 전쟁에 대비하고 있다. 이렇게 면적 11.44만 방리, 인구 124.21만의 식민지 필리핀을 중계로 하여 지나에 촉수를 뻗침과 동시에 일본 진출을 방어하는데 정신이 팔려 있다. 필리핀의 독립은 약속되어 있지만, 금후 미국이 어떤 책략적 태도로 나올지

---

1 전방 부대에 보급, 정비, 위생 따위의 병참 지원을 행하는 후방 기지.

모른다.

또한 불국(佛國=프랑스)은 28.5방리, 인구 2,325만의 불령(佛領) 인도지나를 정치적 세력권내에 두고 이곳을 기지로 지나에 관심을 기울이며 동아 정책에 여념이 없다. 불령 인도지나는 불국의 해외 영토 중 우위에 있는 것으로 면적 면에서도 본국의 약 1.3배, 인구 면에서도 본국의 과반을 차지하는 훌륭한 경제 자원이다. 18세기 초엽에 해외 웅비에 뜻을 품은 불국은 서부에 캐나다, 중부 이서에 미국 식민지를 획득하고 동진하여 아프리카, 인도, 태평양으로 야심차게 팽창해 갔다. 하지만, 아무리 뭐라 해도 이 불령 인도야말로 불국이 동방에서 자행하는 횡포의 끝을 보여준다. 화란(和蘭=네덜란드)은 해외 발달의 대선각국(大先覺國)으로, 포르투갈의 쇠퇴에 편승해 일어섰으며 북미, 남미에 식민지를 획득하면서 남양에 웅자(雄姿)를 드러내어 17세기에 이미 말라카, 수마트라, 자와, 셀레베스, 보루네오, 뉴기니아, 그리고 호주도 병탄하여 크게 진흥했다. 하지만, 그 후 영불의 세력에 압도되어 19세기 초엽에는 중요한 식민지를 영국에게 빼앗기는 비운을 겪었다. 이런 의미에서는 영불을 태평양에서 웅비하게 만든 이면에는 화란이 있었다고 할 수 있다.

오늘날의 화란은 본국의 약 60배의 면적 즉 73.53만 방리와 본국의 약 7배의 인구 즉 6,070만의 인구를 갖는 난령(蘭領) 인도를 보물처럼 지키고 있다. 그러나 화란은 완전히 영미 블록에 있기 때문에 난령 인도는 동아공영권 내에 있지만 불행하게도 영미의 괴뢰가 되었다.

그 외에 포르투갈이 티모르를 영유하고 있지만, 0.073방리의 면적, 46.4만 명의 인구로 별 문제가 되지는 않는다.

외남양 중에서 독립을 한 것은 겨우 태국 한 나라 뿐이다. 태국은 우리 일본의 7할 정도 되는 면적을 가지고 있으며, 우리 일본의 1.5할의 인구를 가지고 있는, 용맹하고 자유를 숭상하는 나라이다.

태국(샴)은 일찍이 운남 지방에 남소국(南紹國)을 건설하였는데, 홀비렬(忽比烈, 1215~1294)[2]의 맹습을 받아 그 유린을 견디지 못하고 남하하여 태국이라는 나라를 세운 것이다. 태국 국민은 독립과 자유의 정신에 타오르는 국민이며, 버어마와 함께 불교국이다. 태국의 역사는 버어마와의 투쟁과 프랑스(동쪽으로부터), 영국(서쪽으로부터)의 압박과 침략 등 비장(悲壯)한 것이었다. 다만 아이러니한 것은 불영(佛英)으로부터 국경선을 침략당함으로써 지나로부터 독립을 하게 된 것이다.

불영의 침략 이래 매우 큰 희생을 치루고 독립국의 입장을 계속 유지했지만, 역시 정치적, 경제적 실권은 영불이나 화교들이 차지하고 있다.

본래의 민족 의식 앙양과 폭발에 의해 1932년 무혈 혁명에 성공하였고 입헌군주국이 되었지만, 이후 노력의 중심은 영불의 굴레에서 벗어나고 또한 화교의 태국화를 실행하여 완전한 독립자주국으로 소생하는 것이다. 태국은 러일전쟁을 경험하고 만주사건, 이번의 지나사변을 지켜보면서, 결국은 일본의 실력에 신뢰를 보이며 일본을 모범으로 삼아 대발전을 이루고자 하고 있다.

이상을 전체적으로 보면, 남양은 구미의 태평양 정책전의 근거지이며, 항일의 시련장(試鍊場)이다. 화란은 거의 영미를 따르고 있는

----

2 쿠빌라이(忽必烈, Qubilai, Khubilai), 몽골제국의 5대 황제. 징기스칸의 손자.

것에 불과하지만, 영미에서 본 남양은 투자와 기업, 인구 분산과 군사 작전지로 최근 영미의 초조감의 핵심은 정치, 경제, 군사의 완비에 있다.

그것을 여실히 보여주는 것이 바로 영미의 해군 대확장, 경제 자원의 대개발 등이다. 즉 영미는 우리 일본이 산업면에서 남양으로 진출하는 것을 각종 음모로 억압해 왔고, 유태인의 책동인 화부(華府) 회의를 통해 동아 맹주국 일본의 명예와 지위를 빼앗으려 했음에도 불구하고, 오히려 우리 일본이 만주국을 건설하고 상해사변과 이번 지나사변에서 압도적 승리를 거두자, 그에 따른 일본 공포병의 결과 초조감을 드러내고 있다.

하지만, 우리 일본으로 보자면, 오히려 남양으로 적극적으로 진출할 수 있는 좋은 기회를 얻었다고 할 수 있다.

2. 침략사와 민족 운동

전체적으로 봐서, 일독이(日獨伊) 삼국 동맹의 이해(利害)가 일치하고 있듯이, 자유주의 국권(國卷)인 영미, 그리고 소련의 이해도 일치하고 있다.

남양을 중심으로 보자면, 영, 불, 미, 네덜란드가 기회 균등, 무역 자유, 민족 융화 등 사상누각과 같은 미명 하에 악마적 침략을 일삼으며 대량으로 획득한 정치, 경제 세력의 유지와 발전에 정신이 팔려 있는 점은 모두 일치하고 있다.

그것은 그들이 남양에서 무슨 짓을 했느냐 라는 문제와 같은 문제이다. 영불미는 얼마나 많은 토인 학살과 계획적으로 약자를 못살게 구는 전쟁과 순진한 토인에 대한 유태주의의 주입과 부단한 경제적 착취, 아시아와 태평양 민족의 희생을 바탕으로 하는 정치세력의 획득을 계속해 왔는지 모른다. 그들 독선주의자, 자유주의자들은 그것을 정도(正道)라고 하며, 절대 침략적, 비인도적이라는 사실을 인정하려 하지 않는다. 후안무치하기 짝이 없다.

영미 국가들에게 남양은 자신들이 정복한 민족, 필요 물자가 풍부한 식민지, 태평양 정책전의 근거지에 불과하다. 그들에게 남양 민족의 불행 따위는 아무 문제도 되지 않는다. 이런 점에서도 그들은 이해관계가 일치한다.

그 정복의 내용, 침략의 수단, 식민화의 방법 등에 대해서는 영미가 반드시 궤를 같이 하는 것은 아니지만, 궁극적인 목적과 의도는 모두 같다.

하지만 우리 일본은 그들과 입장이 매우 다르다.

우리 일본에게 외남양은 만지(滿支)와 매우 밀접한 관계에 있는 아시아의 중요한 일각이다. 이것을 군사적으로 보면, 서태평양의 평화를 보위하고 영미의 부당한 침략을 방어하기에는 아무래도 이곳 해상 제패를 확보해야 한다. 외남양이 우리 바다의 생명선인 소이이다.

이를 정치적으로 본다면, 우리 일본의 경이적 대비약의 여력으로 오랫동안 백인의 침략과 압제와 반민족적 교화에 시달려온 외남양 민족을 도의(道義) 민족의 자부심과 확신을 가지고 본래의 아시아 정신 속으로 해방시켜야 한다. 다른 장에서 언급했듯이, 외남양 민족들에게는 아시아의 미소기의 피가 흐르고 있다. 이를 문화에 대해서도 말하자면, 대부분의 외남양 민족은 아시아 문화 속에 사는 것이 정답이다. 유태적 기독교는 외남양에서 마치 토인들이 열애하는 일본 상품을 쫓아내는 것처럼 토인의 전통적 정신의 미를 쫓아냈다. 우리 일본에는 그것을 되찾아주어야 할 사명이 있다.

이를 경제적으로 보면, 할 말이 너무 많다. 우선 방인(邦人)에 대한 경제와 기술 봉쇄, 일본 상품에 대한 부당한 관세의 벽, 방인의 입국을 엄중하게 하는 제도, 영업에 대한 불합리한 압박 등, 방인의 진출을 저지하는 모든 것들을 타개해야 한다.

또한 외남양에는 일만지(日滿支)의 공존공영에 절대적으로 필요한 물자 즉 고무, 주석, 석유, 철, 보크사이트(철반석), 사탕, 목재, 쌀, 면화, 경질 섬유 등이 풍부하게 존재한다. 이러한 경제적 생명선도 확보해야 한다. 외남양을 둘러싼 문제는 다종다양하게 걸쳐 있다.

하지만 중요한 것은 우리 일본이 외남양의 민족을 모든 면에서 부당한 백인의 침략과 착취로부터 해방시키고 아시아주의로 애무하고 선도해 가기 위해 노력하는 일이다. 그러기 위해서는 그들 백인과의 투쟁에 조력할 필요도 있고, 정치를 지도할 필요도 있으며, 바른 문화 건설을 유도할 필요도 있다.

이에 동아공영권 건설의 사명이 있다.

일만지 블록의 위업은 신동아 건설을 통한 세계 평화에 공헌하는 데 있지만, 남양이야말로 그 위업의 달성과 깊은 관계에 있는 것이다. 이를 이해하지 못하고서는 대륙의 건설도 일방적인 것이 되고 동아공연권의 확립도 반쪽짜리가 된다.

그렇다면 우리 일본의 외남양 진출의 위력과 효과는 어떠한가? 환언하면 외남양에 대한 우리 일본의 도의 민족적 거보(巨步)는 민주주의 국가에게 얼마나 경이감을 주었는가?

이미 영미에 의존을 하는 난령 인도는 영미의 망언에 속아넘어가서 공일병(恐日病)에 걸린 것 같다. 최근 즉 1931년 7월 중순 모 주요 신문의 석간을 보면, 「난인의 의외의 항일 태도(意外なる蘭印の抗日態度)」라는 제목으로 난인(蘭印, 네덜란드령 인도)의 불신과 노골적인 대일 태도에 대해 보도를 하고 있는데, 이는 의외이고 뭐고 할 것 없이 공일병의 결과이다.

난인은 일찍이 네덜란드와 함께 동아공영권과 아무런 관계가 없다는 성명을 냈다. 그 실상은 구미의 지배하에 있음을 드러내는 것에 다름 아니다.

그러나 우리 일본은, 난인이 아무리 몰이해한 태도로 나와도, 남양의 자원에 대한 요망은 절대적으로 절실해질 뿐이다. 그래서 난인과 경제 교섭을 개시한 것인데, 그 실패는 난인의 구미 의존의 심각성과 일본 경제의 남양 진출 비중의 취약함을 보여주는 것이다.

이 점에 관해 오자키 히데미(尾崎秀實) 씨는 「전기를 맞이한 국제 정세와 동아(轉機を孕む國際情勢と東亞)」(『중앙공론(中央公論)』, 1931.7)라는 글에서 다음과 같이 언급하고 있다.

네덜란드 및 난인 당국은 종종 난인이 동아공영권과 아무런 관계가 없다는 뜻을 천명해 왔다. 물론 이는 원한에 사무친, 독국 동맹국으로서의 일본에 대한 반감이 있기 때문이겠지만, 더 근본적으로는 난인이 영미의 세력과 완전히 합일한 것에 근거하고 있다고 보는 것이 타당할 것이다. 작년 4월 화란이 전장화됨에 있어, 일본은 난인의 현황 변경에 대해 중대한 관심을 가지고 있다는 취지의 성명을 냈다. 이에 대해 미국은 바로 '난인 내정에 간섭 혹은 평화적이지 않은 수단

으로 그 현황을 변경하고자 하는 것은 난인 자체뿐만 아니라 전 태평
양의 안전에 걸리는 문제이다[3]라고 하며, 일본 견제의 의도를 분명히
했다. 원래 일본의 대 남방 경제 발전에 있어 불리한 점은, ① 수출
소비재의 취급자로서 차지하는 화교의 큰 지위, ② 정치적으로 이미
구미 지배하에 있다는 점, ③ 일본의 투자가 극히 적은 비중 밖에
없다는 점,[4] 이렇게 세 가지 점에 존재한다고 해야 한다.

난인의 영미 의존이 경제 문제를 이미 넘어서서 정치적, 군사적
문제에 이른 이상, 일본의 적성(敵性) 국가가 되는 것은 당연할 것이
다. 특히 후술하는 바와 같이, 화란은 남양의 백인 식민화의 선구자
이며 게다가 후진 영미를 추종하고 있는 정도이므로 매우 비굴해진
것도 사실이다.

게다가 영내 민족의 사정을 보자면, 표면적으로는 평화로운 것 같
아도, 실상은 영내 국민 중 대부분의 인텔리층은 민족 의식에 불타올
라 화란으로부터의 해방을 열망하고 있다. 정복 민족은 언제든 타오
를 수 있는 불씨이다.

난인 민족은 대단히 다종다양하지만, 대체적으로 온순 무지한 것
을 특장으로 하고 있다. 그들은 민족의 본질 면에서도 그렇고 경제적,
사회적, 문화적으로도 각각 다르다. 다만 회교도라는 종교적 방면에

....

3 [원주] 헐 성명, 1940년 4월 17일.
4 [원주] 남방 지역 영령 말레이, 난인(蘭印) 필리핀 섬, 불인(佛印), 태국, 호주, 신서란
  (新西蘭)에 대한 투자의 개산(槪算)은 영국 100억 엔, 화란 53억 엔, 불국 20억 엔,
  미국 17억 엔, 일본 3억 엔, 화교 40억 엔이다. [역주] '신서란'은 뉴질랜드의 음역.

서만 공통점을 보일 뿐, 통일되지 않은 혼잡스런 한 국가에 불과하다.

이러한 군중적 민족에 대한 화란의 정치는 오히려 교묘하여, 토인의 구제도, 풍속, 관습을 이용하여 통치의 성과를 올리며 반항을 방어해 왔다. 그러나 19세기 말엽부터 세계의 불우한 민족을 엄습한 민족 자결 운동은 난인의 지식 계급을 각성시켰다. 거기에 세계 대전후의 민족 자결 운동의 융성기가 왔고, 일본의 대발전에 자극을 받아 민족 운동은 점차 궤도에 오르기 시작했다. 거기에 박차를 가한 것은 화란의 전제(專制)이다. 화란은 영미 등과 비교하면 온정주의이기는 하지만, 역시 반화란에 대해서는 탄압 정책을 취했기 때문에 토민의 분노는 언제 폭발할지 가늠할 수 없는 상태에 있는 것이 사실이다. 경제 방면에서도 모든 권리는 화란인의 수중에 있고, 의회는 관제 의회이며, 생산물의 이익은 전부 본국인이 지배하고 획득하게 되어 있다. 그러나 감히 토인을 무지하게 여기고 만족을 모르는 착취를 계속하는 이 정책이 언제까지 계속될지는 지식 계급의 저항 운동이 착실하게 진행되는 오늘날, 몹시 의문스럽다고 해야 할 것이다.

요컨대, 난인은 일찍이 영국의 남양 진출 앞에서 놀라 쓰러졌을 때 이상으로 일본의 진출에 공포를 느끼며 의존국의 휘하에서 대책 없는 반항과 구지위 확보에 열중하고 있다.

불국은 19세기 후반에는 영국과 함께 외남양 패권을 둘러싼 전쟁의 당사자였으나 근년에는 몰래 영미를 추수하는 비운에 처해 있다. 미, 불에 대해 철벽을 자랑하고 있던 영국조차 이번 사변에 의해 홍콩의 가치를 잃고, 싱가포르, 시드니(Sydney)의 남양국 방어선도 위험에 처해졌다. 따라서, 독국에 참패한 불국의 불인국 방어전은 더욱더 위험해진 것이다.

불국의 남양 진출이 화려했던 것은 18세기에서 19세기에 걸쳐 화란을 위압하던 시대로, 인도지나 공략은 1884년의 일이었다. 아마 영국의 버어마 공략 23년 전이었을 것이다.

불인은 불국 식민지 중 보고(寶庫)로, 이곳은 절대적으로 프랑스 본국의 이익에 의해 경영되고 있었다. 따라서 본국의 착취는 지극히 가혹했으며 토인의 희망이 이루어질 여지는 거의 없다. 이 영역의 토인이라는 것은 안남인, 간포채(柬埔寨),[5] 노과인(老撾人)[6] 등의 아시아인이다.

이들 민족은 인도, 말레이의 문화 속에 있지만, 불국은 이들 민족에 대해 가차 없는 동화주의로 엄하게 대하며 토착 민족의 모든 전통을 무시, 유린해 왔다. 따라서 민족적 분노는 말도 안 되는 본국의 형법으로 압박을 했음에도 불구하고 지하에서 부글부글 끓어올랐다. 즉 토민들의 소극적 반항이 계속 이어진 것이다. 거기에 러일전쟁의 승리가 매우 큰 자극을 주어 민족 운동이 다소 구체화되었다. 그 앙양에 박차를 가한 것은 제1차 세계 대전이었다. 그래서 불국은 토민의 관리 등용책도 취하는 등 다소 완화 정책을 취했지만, 그 이상한 자유주의는 오히려 민족 운동을 자극하여 예의 안남혁명당, 안남공산당 운동으로 나타났다. 이렇게 해서 불인인(佛印人)들의 불인 건설 운동은 불국의 폭압에도 불구하고 늘 토민 속에서 타오르고 있다. 그렇기 때문에 결국은 토민들의 정치적, 경제적, 문화적 독립의 날이 올 것은 확실하다. 어쩌면 그 기회는 이번 세계 대전 중에 올지도 모른다.

5 캄보디아인의 중국식 표기.
6 라오스인의 중국식 표기.

불국이 남몰래 초조해 하는 것은 자국령 토민과 일본이 아시아 민족
으로서 융화하는 것이다.

미국은 1898년 하와이를 점령하고 다음해 독국과 사모아를 분할했
다. 그 미서(美西) 전쟁[7]은 아무리 미사여구를 붙여 설명을 해도 의식
이 있는 미국인이라면 비난을 할 정도로 미국의 제국주의적 야망을
구현한 것이다. 그리고 그 결과로 얻은 것이 필리핀이다.

당시의 필리핀에는 미개발 자원이 풍부했지만, 자국 내 및 중남미
에 대자원을 가지고 있는 미국으로서는 경제적으로는 그렇게 유망한
곳은 아니었다. 다만, 미국의 필리핀 점령의 성과는 아시아에 대한
야망의 강인한 촉수가 되는 것에 있었다.

미국은 필리핀의 경영에 자유주의적 문화 정책을 취해 왔다. 정치적
으로도 기독교를 내세운 서구 국가의 군대에 의한 폭압보다는 적어도
민주주의적이었다. 따라서 필리핀은 구미 문화의 혜택을 대단히 많이
받았지만, 그 비용은 자부담이었다. 즉 자신의 경제로 문화를 향상시
키는 것이었고, 미국은 단지 그 지도자, 감시인에 지나지 않았다.

필리핀인들은 말레이 민족에 속한, 스에즈 운하 이래의 가장 문화
적 민족이다. 그 만큼, 절대로 이민족 미국인의 통치 하에 굴복하고
있는 것을 탐탁하지 않게 여겼고, '우리에게 자유를 달라, 그렇지 않
으면 죽음을 달라'(패트릭 헨리[Patrick Henry, 1736~1799])라고 하며 계
속해서 민족 해방을 요구해 왔다. 그리고 마침내 1938년 독립 준비
정부가 조직되었고(대통령 케손[Manuel Luis Quezon, 1878~1944]), 1945

---

7 쿠바 섬의 이해 관계를 둘러싸고 1898년 미국과 스페인 사이에 일어난 미국-스페인
   전쟁(Spanish-American War)을 말함.

년까지는 독립을 하기로 약속이 되었다. 그러나 이 제2차 세계 대전
의 한복판에서 미국이 어떤 자세로 나올지는, 국제 정세 즉 아시아의
강약 여하에 따라 달라질 문제라 생각한다.

필리핀의 독립운동과 일본은 매우 깊은 관계에 있다. 그에 대해
이야기하기 전에 잠깐 필리핀의 역사를 보자.

『대백과사전』에 다음과 같이 나와 있다.

> 1521년 포르투갈의 항해자 마젤란 일행에 의해 발견되어 성 라자
> 레스 제도(St. Lazarus' Islands)라 명명이 되었는데, 43년 스페인의
> 황태자 필립(Philippe II, 1527~1598)의 이름을 따서 현재와 같이 개
> 정되었다. 69년에 전 섬이 스페인에 의해 정복되어 우선 지나와의
> 통상 근거지로 이용되고 있었다. 18세기 중엽 영국인들에게 점령된
> 적도 있었지만, 몇 년 지나 방기되었다. 금세기에 들어서서 스페인
> 의 식민 경영이 점차 진척되어 아우구스티노(Augustinus)파, 도미니
> 크(Dominican)파, 예수회(Jesuits)파 등 승단(僧團)의 대활약도 시작
> 되어 본국인 본위의 정책이 강행되었다. 이 때문에 토민들 사이에서
> 는 차츰 반감이 고조되고, 1876년 이래로 결국 끊임없는 폭동이 일
> 어나게 되었다. 스페인의 토벌군은 항상 반란 진압에 겨우 성공을
> 하기는 했지만, 그 때문에 인적, 물적 희생이 막대하여 매우 곤혹스
> 러웠다. 그래서 1897년 토민의 수괴 아기날도(Emilio Aguinaldo,
> 1869~1964)와 타협을 하였고, 그 결과 아기날도가 토민을 진무하면
> 스페인 정부는 거액의 배상을 지불하기로 약속했다. 그러나, 아기날
> 도는 모반 진압에 성공하지 못하고 일시적으로 홍콩으로 도망을 쳤
> 다. 이어서 1897년 미서 전쟁이 발발하자, 아기날도는 미합중국의

지지를 얻어 귀국한 후, 듀이(George Dewey, 1837~1917) 제독이 이끄는 합중국의 함대와 협력하여 육상에서 스페인인들을 공격했고 같은 해 8월 수도 마닐라를 함락시켰다. 12월 10일 파리조약에서 두 교전국 간에 화의가 성립되었고 필리핀 제도는 2천만 불의 대상(代償)으로 미합중국에 양도되었다. 토민들은 6월 23일에 발의한 필리핀 공화국 선언에 대해 합중국으로부터 승인을 예기했지만, 전후 이 희망은 배신을 당하고 다시 종전과 같이 식민지화되려는 상황에 처했다. 이것을 보고, 그들은 아기날도의 지도하에 공화국 수립을 요구하며 반란을 일으켜 완강하게 저항하였으나, 1901년 3월 아기날도가 체포되고나서 한동안 폭동은 진압되었다. 이어서 7월 민정이 선포되었고 미합중국은 필리핀 제독을 임명하여 도내 정무를 맡아보게 하였다. 이후 미합중국의 자본이 대거 유입되어, 이것이 도내 경제계를 지배하고 있다. 필리핀 농업산물의 수입을 제한하기 위해 합중국 하원에서는 1932년 4월 필리핀 독립 법안을 통과시켰지만, 해당안은 실질적 독립을 허락한 것은 아니다.(미야사카[宮坂])

필리핀의 독립운동과 일본은 깊은 인연으로 연결되어 있다. 전기한 바와 같이 아기날도가 스페인으로부터 독립하여 대통령이 되고 공화국을 창설했을 당시, 이에 반대한 카티푸난(katipunan)[8] 비밀결사의 대표자가 5천 명의 서명이 있는 연판장을 들고 일본에 와서 일비(日比) 병합을 진정한 일이 있었다. 일본 정부는 서구 국가의 의향을

---

8 호세 리잘(Jos Rizal)에 의해 창립된 필리핀인 동맹(La Liga Filipina)의 후계자 조직.

염려하여 그 연판장을 스페인 정부에 회송한 일이 있다. 이에 반해 문사 야마다 비묘(山田美妙, 1868~1910)는 가난한 처지에도 불구하고 필리핀의 비밀결사원을 보호하여 형사들의 표적이 되었다는 일화도 남아 있다. 비묘는 당시 낙담하여 불우한 처지에 있었다. 그런 그가 굳이 그의 사상과 연이 먼 필리핀의 혁명가들과 교제한 심정에는 문단적 몰락 속에 있던 그의 비장한 각오가 담겨 있었을 것이라 상상이 된다. 즉 비묘는 이 뜻밖의 일에 의해, 작게는 자신의 예전의 명성을 되찾고 싶다는 생각도 했을 것이고, 크게는 러일전쟁 군가의 작자로서 그의 일본인적 의기가 앙양될 것이라는 생각도 했을 것이다. 나는 이 일화에 대해, 당시 일본 정부 내에 세계의 대세를 알아보는 혜안을 가진 사람이 한 명도 없었다는 셈이 되는 것이어서, 아무리 생각해도 유감스럽게 여겨진다.

그것은 그렇다 치고 필리핀인들은 현재도 친일적이라고 한다. 그러나 미국은 그런 일은 아랑곳 않고 당당하게 들어와서 카비테(Cavite) 군항의 군비를 완성하고, 이 군항은 태평양 함대를 넉넉히 수용할 수 있다고 장담하고 있다.

일찍이 프랑스는 미국의 전위라고들 했다. 오늘날의 지나는 영미의 전위이며, 그 비점령 지역은 미국의 전략 기지이다. 중경이 영미에게 강하게 의존하고 있는 한, 일본과 영미의 정면 충돌은 수순 상 벗어날 수 없는 사실이다. 일본으로서는 이 일이 대륙 정책의 연장인 한, 남양을 기지로 하여 태평양 전략을 짜고 동방 침략의 음모를 꾸미는 미국과의 패권 다툼은 아마 피할 수 없을 현실인 것이다.

3. 일본의 진출에 대한 두려움

영국의 외남양 침략사를 논하기 전에, 우선 외남양 식민화의 역사를 살펴볼 필요가 있다.

아시아 항로 탐험은 동쪽으로 진행된 것과 서쪽으로 진행된 것이 있으며, 동쪽으로 돌아 희망봉을 발견한 것은 1486년이고, 콜럼버스(Christopher Columbus, 1451~1506)가 미국을 발견한 것은 1492년의 일이다. 서쪽 항해, 동쪽 항해 모두 먼저 남양을 발견하고 나서 일본, 지나에 온 것이다. 서쪽 항해로 마젤란이 필리핀에 도착한 것은 1521년의 일이고, 동쪽 항해로 말라카에 도달한 것은 1509년의 일이며 자와에 도착한 것은 1511년의 일이다.

그러니까 외남양에서 백인의 정치적, 경제적 발전은 4백 년 전부터 있어 왔던 것이다.

이러한 사정에 대해 우치다 간이치(內田寬一) 씨는 「남양에서의 구미 열강의 패권 다툼(南洋における歐米列國の爭覇)」(『지리 교육(地理敎育)』 남양 연구호, 1939년 8월)에서 다음과 같이 간단히 언급하고 있다.

구미에서는 아메리카 발견 후 얼마 안 있어 1494년에 로마 법왕의 재결에 의해 스페인, 포르투갈 양국 세력권의 경계가 확정 …… 카나리아(Canarias) 제도를 통과하는 경선(經線)을 0도로 하고 서경 30도를 경계로 하여 그 동쪽을 포르투갈국, 서쪽을 스페인국 …… 되었기 때문에, 나중에 알고보니 남미의 동쪽 일부를 제외하고 양미(兩米)의 대부분은 스페인의 세력 하에 들어가게 된 셈인데, 당시 서쪽의 경계는 불분명했기 때문에 이를 확인하는 것이 스페인인의 희망이었다.

(중략) 남양에서 스페인, 포르투갈 양국의 세력이 서로 충돌을 하더라도 당시 양국은 우호 관계였기 때문에 타협이 성립되어 각각 그 발견지를 영유하게 되었다. 이리하여 스페인은 필리핀 및 내남양 등과 통상을 하고, 포르투갈은 외남양과 통상을 하면서 정치적 세력도 부식(扶植)하고자 하였다. 본국과의 연락 교통로는 각각 당초 탐험의 경우와 마찬가지로 포르투갈은 동쪽으로 스페인은 서쪽으로 돌았다. 다만 스페인은 양 미대륙에 그 세력을 뻗쳐서 태평양 연안의 제 항구를 이용하게 되었다. 특히 신 스페인 즉 멕시코의 경영에 임하여, 아카풀루코(Acapulco)를 기점으로 하여 필리핀과의 사이에 교통을 열고 이곳의 경영에 손을 뻗어 마리아나를 필리핀의 부속지로 만들었다. 당시의 경영은 종교의 선포와 약탈적 통상을 겸하였으며 이해 관계가 많았기 때문에, 교통도 정기적으로 되었고, 그 도상에서 혹은 별도의 탐험선에 의해서 스페인 사람들에게 발견된 태평양 제도들도 적지 않았다. 우리의 남양 군도인 캐롤라인 군도(1528년)를 비롯하여 폴리네시아의 마르케사스(Marquesas) 군도(1599년), 타히티 군도(1606년), 산페르나르도(São Bernardo, 1595년), 솔리타리아(solitaria, 1599년), 멜라네시아의 솔로몬(Solomon) 군도(1606년), 에스프리토 산토(Esprito Santo, 1606년) 등이 그 주요 섬이다. 그중에서 특히 스페인이 중점을 둔 것은 필리핀으로, 마리아나, 팔라우, 캐롤라인 등은 그 부속지로 하고 동아(東亞), 태평양의 근거지로서 포르투갈과 패권을 다투었다. 이에 대해 포르투갈은 인도의 고아(Goa)를 중계지로 하고, 외남양에서는 순다 열도를 기본으로 해서, 말라카, 셀레베스, 보루네오, 뉴기니아 등으로 손을 뻗쳐 우리 일본 및 남지(南支) 마카오(1559년)에서도 신천지를 구했다. 그러나 스페

인처럼 태평양주를 활보할 정도까지는 되지 못했다.

스페인과 포르투갈에 이어 외남양으로 비약을 한 것은 화란이었
다. 화란이 대서양을 넘어 인도에서 외남양에 진출한 것은 17세기의
일이었다. 화란은 스페인, 포르투갈의 쇠퇴 가운데 부상한 것이다.
화란은 바타비야인(Bataven), 프리지아인(Friesen)으로 건국한 이래,
로마에 정복당하거나 독국의 속국이 되기도 했지만, 1579년 독립을
하여 국세를 크게 키웠다. 해외 진출은 특히 눈이 부셔서 1602년에
동인도회사를 창업하여 동양 방면에서 활약하였고, 1609년에는 우리
일본과도 통상을 열었지만, 1619년에는 자바에 바타비야부(府)를 세
우고 한때 대만도 점령했다. 또한 포르투갈로부터 콜롬보, 코친, 남
아(南阿) 등 인도 땅을 탈취하여 동양 진출의 기지로 삼았다. 남양에
서는 말라카, 수마트라, 자바, 셀레베스, 보루네오, 뉴기니아 등을
점령했다. 게다가 호주도 발견하여 엄청난 기세를 보였다. 그러나 17
세기 말 라이스바이크(Rijswijk)의 화의[9]에 의해 패권을 다투던 탐험이
막을 내리자 떠오르는 기세에 있던 화란은 갑자기 지는 해가 되어
버렸다. 거기에 불국이 진출하여 압박을 하자 쇠퇴의 징후를 보인
곳에 영국의 야심적 진출이 있었다.

영국은 우선 서쪽의 캐나다와 훗날의 미국을 자기 것으로 만들고,
동방으로 진출하여 아프리카, 인도를 황폐화시켰다. 영국은 쇠퇴의

----

9 1697년 9월 20일에 네덜란드의 라이스바이크에서 체결된 국제 협약인 라이스바이크
조약을 말하는 것으로, 이 조약에 의해 1688년 발발한 9년 전쟁(아우크스부르크 동맹
전쟁, 팔츠 계승 전쟁)이 종결되었다.

빛이 농후한 화란으로부터 콜롬보, 코친, 호주, 이어서 해협식민지, 지금의 말레이 연방, 북보루네오를 수중에 넣었다. 영국의 태평양에 대한 야망은 인도를 점령함으로써 착착 진행되었고, 버어마를 공략함으로써 전진에 박차를 가했다.

인도를 완전히 정복하여 동인도상회가 강대해진 영국은, 면전 토인과 맞서 싸워 세 번에 걸친 전승을 거둠으로써 면전의 독립을 빼앗아버렸다. 1886년의 일이다. 영국은 이곳을 장악함으로써 불국의 세력을 제압하고 동아시아 진출을 계획했다. 그 후, 버어마는 옛 왕국으로부터 영령 인도제국의 일개 지사주(知事州)가 되었지만, 1937년 다시 독립했다. 하지만, 그것은 명목뿐으로 인도와 같은 직할 식민지와 자치령의 혼혈아 같은 것이었다. 면전의 민족은 모두 아시아권이며, 그 3분의 2를 차지하는 버어마인은 기개와 용기가 있는 민족이고 불교 신자이다. 따라서 늘 민족 의식으로 불타오르며 부단한 반영 사상을 가지고 있다.

영국이 남양에서 정치력을 장악하고 있는 곳은 해협식민지(직할, 면적 0.136만 방리, 인구 111.4만), 말레이 연방(보호, 면적 2.75만 방리, 인구 196.1만), 말레이 비연방(보호, 면적, 2.25만 방리, 인구 157.2만), 북보루네오(면적, 2.95만 방리, 인구 27.0만), 보루네오(보호, 면적 0.22만 방리, 인구 3.0만), 사와락(Sarawak, 보호, 면적 5.00만 방리, 인구 44.0만) 등이다. 외남양에서 이 정도의 권익을 장악한 영국은 일단 태평양의 패자(霸者)라 할 수 있을 것이다.

여기에서 언급해 두어야 할 것은, 제1차 세계 대전 전 외남양에서의 독국의 권익이다.

독국이 외남양에서 활약한 것은 19세기 말엽부터이며, 이 시대는 즉 태평양 상에서 영불미독이 제멋대로 제도를 공략, 탈취 혹은 매수를 자행한 시대이다. 독국은 1884년에 뉴기니아의 일부를, 1885년에 마샬 군도를, 1888년 비스마르크 군도를 영유하였고 또 일몰의 나라 서국(西國, 스페인)으로부터 팔라우, 마리아나, 캐롤라인 세 군도를 매수했다. 이러한 독일의 외남양 진출은 영불미에게는 매우 위협적이었지만, 제1차 세계 대전 후 적도 이남의 구독령(舊獨領) 군도는 영국에 속하게 되고 내남양 제도는 우리 일본의 손에 들어왔다.

하지만 내남양의 구독령이 우리 일본에 귀속하게 된 것이 영미에게는 큰 고민의 씨앗이 되었음은, 영미가 태평양 군항(軍港)을 적극적으로 건설하고 태평양 함대를 광범위하게 확대하고 있는 것을 보면 알 수 있다.

외남양의 영국의 위기에 대해 다케미 요시지(武見芳二)가 「외남양이 갖는 의의와 그 중요성(外南洋の持つ意義と其の重要性)」(『지리교육』동양연구호)에서 적절한 고견을 제시하고 있다.

외남양은 원래 원시 산업 지역으로부터 세계의 주요국에 식료품, 원료품을 공급하는 한편, 이들 주요국으로부터 주로 완제품을 수입하고 있다. 무역 총가는 수출입 공히 1929년의 세계적 공황 이래 세계 무역의 감퇴에 따라 감소하고 있다. 특히 공황이 농축산품의 생산 과잉이 일대 중요 원인이었던 만큼 농산을 특색으로 하는 외남양의 타격이 가장 심각했던 것은 당연하다. 1934년 무렵부터 약간 회복 징후가 보였지만 여전히 호황 시대에 비해 현격한 차이가 있다. 외남양의 무역 총액은 대체적으로 세계 전체 수출의 5% 강, 수입의 4% 약을 차지하고 있으며 늘 매우 현저한 수출 초과 현상이 지속되고 있는 것이 주목된다. 영국 본국과 외남양의 무역 총액은 수출 1,500만 달러 내외, 수출 1,400달러 내외로 동국(同國) 대외 무역의 약 2.5%를 차지하는데 불과하며, 총수출의 3%, 총수입의 2%로 수출이 수입을 약간 초과하고 있다. 그리고 수출입 모두 영령 말레이, 영령 면전과의 거래가 과반을 차지하며 난령 동인도와의 사이가 그 뒤를 잇고, 미령 필리핀, 섬라, 불령 인도지나와의 무역은 훨씬 떨어진다. 요컨대 숫자상 영국 본국 대 외남양 무역은 중시할 정도는 아니다. 하지만, 그것을 바로 영국 본국의 경제적 타산에 있어 외남양의 중요도를 여실히 반영하는 것으로 인정하는 것은 성급한 판단이다. 외남양에서 영국 본국이 수입하는 물자의 질적 의의는 그 수량이 비교적 적음에도 불구하고 매우 중요한 의미를 지니고 있는 것이 많다. 예를 들어 고무와 주석은 영령 말레이 및 난령 동인도가 세계 최대 공급지인데, 양자의 국제 시장은 영국인들의 수중에 있으며, 또한 생산의 대부분도 영국인계 기업에 의해 장악되어 있다. 영국인 자본은 고무 재배 사업에 약 9,000만 달러, 주석 광산 등에 약 800만 달러가 투자되어 경영되고 있다. 면전, 영령 보루네오는 대영제국 판도 내의 거의 유일한 석유 산지라고 할 수 있으며, 또한 난령 동인도의 석유 생산량은 세계 원유 생산 총액의 약 3%를 차지하지만, 그 4분의 3 이상을 지배하는 로열 더치 셸(Royal Dutch Shell) 회사는 영국과 네덜란드 출자이며 실권은 물론 영국인의 손에 쥐어져 있다. 이들 고무, 주석, 석유 등이 평시와 전시를 통해 영국 제국의 안위에 중대한 역할을 하고 있음은 쉽게 상상할 수 있다. 섬라, 면전 등으로부터 수입하는 티크재를 주로 하는 목재, 필리핀으로부터 수입하는 마닐라마, 코브라 등도 영국 본국에 있어 불가결한 원료이다. 신가정과 같은 일대 화물 집산항의 경제적 의의는 영국 본국과의 직접 무역만을 보아서는 도저히 가늠할 수 없다. 더욱이 영국 본국의 거대한 이익권 내에는 외남양과 영국 본국 이외에 영제국 내의 제 지역과의 사이에서 이루어지는 어마어마한 비율의 무역도 포함할 필요가 있다. (중략) 요컨대 외남양 방면에서 얻는 영국 본국의 경제적 이익은 양적으로는 세계의 다른 부분에서 얻는 그것에 비해 별로 크지 않지만, 질적으로는 매우 긴요한 지위를 차지하고 있다. 과거에 외남양 방면에 존재하는 영국의 주권 및 정치적 세력이 여러 가지 형태로 영국 본국의 경제적 이익의 조장 혹은 유지를 위해 상당히 공헌을 해 왔음도 부정할 수 없다. 영국의 식민지 정책은 전통적으로 각 국민에 대해 비교적 기회 균등주의였던 점은 불국의 그것과는 엄연한 대조를 이루고 있다. 그런데 최근 신흥 공업국인 일본이 가공할 경제상의 강적으로 등장했다. 양질과 염가, 덧붙여서 민도에 잘 적응하는 일본 상품이 이 방면으로 진출한 것은 지극히 자연스럽고 정당한 것임에도 불구하고, 영국 제국은 현재 세계로 팽창하는 경제국가주의의 선구가 되어 전통적 문호개방주의, 환언하면 자유무역주의에서 급전하여 극단적인 보호무역주의로 바뀌었고, 혹은 금지적 고관세로 혹은 할당제로 일본 제품 저지에 광분하고 있다. 게다가 자국뿐만이 아니라, 화란 등까지 끌어들이고 있다. 경제적으로 국가주의의 마찰과 상극이 고조되면 그것이 정치 분야로 파급되는 것은 필연이다. 우리들은 불공정한 동기와 공갈로 획득한 영토, 광대한 미개발 식민지는 재분할되는 것이 천리라고 확신한다. 따라서 백인 제 식민지가 외남양에서 깨끗이 손을 떼는 것이 세계 인류, 특히 동아(東亞) 제 민족의 행복 증진을 위해 당연하다고 믿으며, 하루라도 빨리 그 날이 오기를 갈망하고 있다.

그런데 노회한 영국은 '가진 자의 나라'라는 강점과 책략으로 현실의 올바른 길로 들어서려 하지 않고, 자신들의 모순을 호도하여 그것을 무력으로 강행하기 위해, 혹은 일본의 정치, 경제적 역량에 공포를 느낀 끝에 무모한 해군 확장을 도모하고 있다. 이것이야말로 세기의 코미디라고 해야 할 것이다.

4. 외남양과 유태인의 음모

구미 열강의 식민지와 유태인과의 관계는 국제 금융자본과 유태 재벌 만큼 관계가 깊다. 독일계 유태인으로 국제 전쟁의 제조가인 제이콥 쉬크(Jacob Schick)는 1891년 미국에 '유태식민협회'를 만들어 세계 각국의 유태인 재벌로부터 모은 백만 달러나 되는 자금으로 유태인 식민을 각지에서 실시하였다.

역사적으로 보면, 남양을 주로 하는 태평양 탐험을 감행하고 많은 식민지를 발견한, 포르투갈, 스페인, 네덜란드, 영국, 미국, 독일 등의 항해 탐험가들 중에는 반드시 많은 유태인들이 포함되어 있다. 그 좋은 예가 동인도상회인데, 그 지도자는 모두 유태계라고 한다.

유태현인회(猶太賢人會) 항목 제5에는 다음과 같은 말이 있다.

신천지를 새로 얻는데 필요한 자본은 공업과 상업을 독점해야 한다. 이는 이미 전 세계의 보이지 않는 손에 의해 실현되려 하고 있다.

이 특권에 의해 정치는 기업가의 손으로 옮겨가고 인민은 그 밑에 놓이게 될 것이다.[10]

이 말이 내포하는 내용은 매우 의미심장하다.

또한 동저 p.233의 항목 제7에는 다음과 같은 선언이 나와 있다. 이는 식민지에 대해서 직접적으로 언급하고 있는 것은 아니지만, 식민지에서 유태인이 취하는 방법의 양상을 충분히 엿볼 수 있는 말이다.

구주에 다른 대륙에서와 마찬가지로 소요와 불화와 증오의 씨앗을 뿌려야 한다. 그것은 이중으로 이익이다. 첫째로 그에 의해 모든 국가는 질서도 소요도 우리들이 마음먹은 대로 만들어낼 수 있다는 사실을 알게 되고, 우리들은 그들 국가들을 경원시하게 될 것이다. 이렇게 모든 국가는 우리들의 압박이 필요한 것이라고 생각하는데 익숙해질 것이다. 두 번째로 우리는 음모를 통해 우리들이 일국(一國)의 내각에 쳐 놓은 그물망을 혼란스럽게 할 것이다. 이 일은 정치, 경제적 계약, 재정적 결정 등에 의해 이루어진다. 이들 목적을 달성하기 위해 회의와 협의 사이에서 우리들이 거대한 간계를 사용한다는 사실을 넌지시 알릴 필요가 있다. 그러나 공적인 사령(辭令)에서는 전혀 반대의 정책을 취하여 우리들이 정직하고 타협적인 것처럼 보이게 한다. 이렇게 해서 우리들이 제공하는 사건의 겉모습만 보게 된 인민과 정부는 우리들을 은인이자 인류의 구제자라고 생각하게 될 것이다. 우리들이

10 [원주] 하세가와 야스조(長谷川泰造)『소련의 요로를 차지한 유태인들의 극동 공략?(ソ連の要路を占むるユダヤ人の極東攻略?)』, p.230.

정책에 반대하는 원인에 대해서는 우리들의 이웃 국가의 병력으로
선전한다. 그 이웃 국가도 우리들의 뜻을 거슬러서 우리들의 적국과
동맹을 맺을 때는 세계 전쟁으로 이에 대응한다.

백인 식민주의에 대한 유태인들의 음모는 거의 백인 식민지사 그
자체이다.

영, 미, 불, 소의 식민지 관계의 장관은 대개 유태인계이다. 예를
들어 영국의 스탠리 볼드윈(Stanley Baldwin, 1867~1947)[11] 내각 당시의
각료는 전부 유태인이었는데, 외무대신 안소니 이든(Anthony Eden,
1897~1977)은 그 비서가 유태인인 만큼 완전히 유태주의자였다. 인도
대신 마르케스 제트랜드(Marquess of Zetland, 1876~1961) 후작도 완전
히 유태계, 자치령 경(卿) 말콤 맥도널드(Malcolm MacDonald, 1901~
1981)는 그 의회 비서인 스탠리 경과 함께 유태계. 식민경(卿) J.H.토마
스(J. H. Thomas, 1874~1949) 및 무역대신 란시만(W. Runciman, 1847~
1947)도 유태계이며 그 수석 경제고문은 유태인 리스 로스(Sir Frederick
Leith-Ross, 1887~1968)이다.[12]

미국의 식민 정책은 자유주의, 국제주의에 의한 민주주의의 압박
에 있지만, 이것이야말로 유태인의 음모이다. 이 음모를 경제적, 정
치적, 문화적으로 구현하고 있는 것이, 미국 식민지 장관이다. 경제

....
11 영국 보수당의 정치인. 조지 5세에서 조지 6세까지 3대에 걸쳐 세 차례나 영국의
    총리를 지냈다.
12 [원주]『국제 비밀력의 연구(國際秘密力の硏究)』제3책 중『국제 유태 정보(國際猶太
    情報)』참조.

적으로 남양에서 활약한 유태인 재벌에는 사순(David Sassoon, 1792~1864) 재벌, 아놀드(Arnold, Sir Edwin, 1832~1904) 일당, 루이 드레퓌스(Louis Dreyfus, 1833~1915)가 있다.

나는 최근 어니스트 오 하우저(Hauser, Ernest O, 1910~97)의 『대방의 도시 상해(大幇の都上海)』(高山書院,1940)를 읽는 과정에서, 상해의 상점의 선구자 윌리엄 자딩(William Jardine, 1784~1843)[13]이 영미 유태인임을 상기하고 그의 남양, 광동, 오문(澳門, 마카오)에서의 활약의 이면을 확실히 알게 되었다. 또한 상해의 영국영사관에 최초의 자산 등록을 한 란스로트 덴트(Lancelot Dent, 1799~1853)도 유태계이다. 모두 아편 벼락부자라는 점에서 인도, 지나, 남양을 파먹고 있는 유태인과 같다.

또한 송대 역사 때부터, 특히 남양 무역사 속에서 유태인이 지나와 남양 사이에서 큰 활동을 하고 있었다는 사실도 발견했다. 당시 이미 하남 개봉(開封)에는 유태인 교회당이 있었다.

그것은 어쨌든 이제부터 남양을 연구하는 자는, 이상과 같은 유태인의 암약을 조사 연구하여 그 악영향에 대해 철저한 방지 대책을 강구해야 한다.

....

13 [원주] 동인도회사의 선의 출신 박사.

제6장
민족의 유전과 혼혈의 문제

1. 유전의 법칙

유전 문제에 대한 멘델의 법칙이 절대로 틀림이 없는 것인지 어떤지, 그것은 나는 모른다. 하지만 유전이란 요컨대 부모의 성질이 자손에게 전달되는 것이므로, 민족 문제에 있어서도 이런 문제가 발생한다는 것은 사실로 인정해야 한다.

그러나 유전학에서 보면, 사실 부모 사이의 성질은 거의 평균적으로 자손에게 전달되는 것이지 전부 전달되는 것은 아니다. 특히 부모 1대에 외부에서 받은 영향 즉 획득성 형질은 절대로 유전되지 않는다.

하지만 멘델파의 학자가 흔히 홍채로 설명하듯이, 자손에게 전달되는 쪽의 부모의 눈 색을 우성이라고 하는데 이 육체적 우성이 이민족 사이에서는 상당히 확실한 것 같다. 즉 문화인과 야만인 사이의 자손에게는 문화인 쪽이 우성으로 나타난다.

그러나 유전학 상으로는 정신적 특질의 유전은 신체적 특질에 비교하면 분명하게 분류할 수는 없게 되어 있다. 하지만, 분명히 유전되는 것에 저능이 있다. 저능은 무능적 발질(發疾)[1]과는 달리 정신의 발달이 중도에 방해받은 상태이므로 비교적 확실하게 나타나는 것이다. 물론 정신병도 간질 발작도 유전된다고 하지만, 저능만큼 확실하지는 않다.

나병이나 결핵이 똑같이 유전되는지 어떤지 잘 모르겠어서 의문으로 여기고 있는 내 입장에서는, 그런 병균을 받아들이기 쉬운 체질은 유전이 된다고 생각된다. 하지만, 이것도 경우의 문제로 돌릴 수 있다. 이것을 민족의 레벨에서 말하자면 어떤 민족의 경우 신체적으로 건강하면 유전이 되지 않는다고 생각한다. 어쨌든 부모의 유전자가 자손에게 유전된다는 생각은 민족을 정신적 멸망으로 이끄는 해독적 설명이 아닐까? 이런 의미에서 절대 유전설 — 이런 것이 있다면 — 은, 예를 들면 유태인 학자가 어떤 민족을 멸망시키려는 음모 하에서 산아 제한을 선전하여 유전에 대한 공포로 어떤 민족의 우수성을 위축시키고 열악하게 하고자 하는 끔찍한 설이다.

유전학에서 말하는 유전성 질병이라는 것이 있다. 이는 원래 신체에 있는 성질, 즉 질병에 걸리기 쉬운 소인(素因)이 주요 원인이 되는 질병을 말하는 것이다. 이는 환경과 육체적, 정신적 소질로 나뉘는데, 이 소질에도 후천적인 것과 유전성 소질(부모에게서 물려받은 것)이 있고 멘델파 학자들은 후자는 반드시 유전된다고 주장한다. 과연 반드시 그럴까? 환경이 보다 강하게 이 소질을 바로잡을 수는 없는 것일까? 원래 유전인자[2]라는 것이 있다는 가정 하에 있기 때문에 절대

1 신체 장애를 동반하는 회복 불가능한 병.
2 [원주] 유전 현상을 설명하기 위해 가정된 미세입자로 이것이 다수 모여서 유전질을 구성한다.

적인 설명은 할 수 없으면서도 어쨌든 멘델학자들은 신경병도 기형도 유전되는 것이 맞다고 역설하며 매우 무리를 해서 자료 수집에 열중하고 있다.

일단 그런 일도 있을 수 있다고 해 보자. 또한 생물체에는 반드시 유전형이라는 유전성 구성도 존재한다고 생각해 보자.

그리고나서 민족적 유전이라는 문제를 생각해 보면, 아시아 민족은 구주 민족보다 유전적으로 우수하다는 사실이 실증되고 있다.

이것을 하나의 환경으로서 문화적으로 보면, 구주 문화라는 것은 아시아 문화의 유전이다. 이런 의미에서 구주 민족은 아시아 민족보다 열성인 점이 많다. 아시아 민족과 구주 민족이 결혼할 경우, 구주 민족은 아시아 민족에게 무엇을 유전시키는가? 즉 어떤 점에서 우세한가? 아시아적 체질은 반드시 구주적으로 변화되는 것인가? 나는 단지 아시아적 소질 중에서 정치적 소질이 청산되어 있다는 사실을 볼 수 있을 뿐이다.

정신적 유전이라는 말을 변질 유전이라고만 이해하지 말고, 건강한 정신의 유전이라고 해석하고, 더 넓게 해석하면 아시아 정신 — 그 중심은 도의(道義) 정신이다 — 은 역시 아시아 민족이 아니면 유전되지 않고 또 구주 정신은 육체의 번식적 우성을 포함하여 아시아 정신에 압도되어 왔다. 즉 백인 민족은 아시아 민족에게 인류 역사상 아무런 좋은 유전인자를 남기지 못하고 오히려 도의 민족에게 짓눌려왔다.

단순히 남양에 기독교가 들어왔다고 해서 그것을 백인 민족의 우수성이라고 과시할 수는 없다. 이것은 거의 구미 제국주의를 등에 업은 유태주의를 근거로 하는 파출 교시에 불과하기 때문에, 남양 민족이 본래의 아시아 민족으로서 자각을 한다면 청산할 수 있는,

근저가 박약한 것이다. 그 문화적 영향도 아무런 민족적 근저가 없는 유동적인 것이다.

나는 아주 예전에 어떤 정신의학 잡지 기자로 말레이 군도에서 생물 연구를 하고 다윈의 스승인 라이엘(Charles Lyell, 1797~1875)과 같은 「생물진화론(生物進化論)」을 발표한 월리스(Alfred Russel Wallace, 1823~1913)의 저작과 롬브로소(Cesare Lombroso, 1835~1909)의 『천재론(天才論)』을 번역한 적이 있는데, 그 때 이미 유전학의 과장에 의문을 품었다.

그 문제는 차치하고 민족적 유전성의 문제는 혼혈 문제를 중심으로 생각해 봐야 한다.

2. 혼혈과 진화론

혼혈은 유전학에서 말하는 잡종이라는 것이다.

이민족간의 교배는 요컨대 이질적 요소의 혼효(混交)이며, 부모의 피가 섞인 일종의 새로운 인종을 만들어내는 것이다. 이것도 멘델의 법칙이 절대적인 것이라는 가상이 진실인 경우에 그렇다.

일반적인 명칭으로 말하자면, 백인과 흑인의 혼혈아는 뮬라토(mulato), 백인과 뮬라토(대부분은 여자)와의 혼혈아는 테르체론(Terzeron), 백인과 테르체론과의 혼혈은 쿼터론(Quateron), 백인과 인디안의 혼혈아는 메스티조(mestizo, 북미), 촐로(Cholo, 남미), 흑인과 인디언의 혼혈아는 잠보(Zambo) 또는 카프소(Kafuso), 백인과 자와인과의 혼혈아는 리프 라프(Lip-Lap), 백인과 인도인의 혼혈아 및 그 자손을 유라시야

(Eurasier)라고 부른다.

멘델학자들의 말로 하자면, 오늘날은 인종 징표, 개인 징표는 멘델의 법칙에 의해 거의 확정된다고 한다.

여기에서는 전술한 바와 같이 멘델의 법칙에 의문을 품고 남양 민족의 혼혈에 대해 검토해 보겠다.

혼혈 문제를 결정하는 것은 유전(혈통), 환경, 문화인데, 유전학이 유태적으로 왜곡되고 있는 오늘날에는 나의 설은 어쩌면 새로운 설일지도 모른다. 우리들은 앞의 설을 늘 비판하면서 바른 학설을 세워야 한다.

뭐니 뭐니 해도 유전학이라는 학문은 아직 민족성에 응용할 정도에는 이르지 못했고 독단적이기도 하다. 유전을 민족의 피의 싸움이라는 측면에서 봐야만 확실한 것을 알 수 있다고 생각한다.

환경 특히 자연 환경은 외계의 영향을 말하는 것인데, 이는 적소적존의 자유보존의욕을 조장하는 것이다. 학자들은, '민족의 종류는 유전적 변종에 의한다'(루돌프 피르호[Rudolf Ludwig Karl Virchow, 1821~1902])라고 하는데, 이 유전적 변종을 결정하는 것은 환경이다. 따라서 이 자연적 환경은 민족의 육체적, 정신적 특질을 좌우하며 운명짓는다. 여기에서 민족의 영원한 그리고 직접적인 정신, 성격이 나오는 것이다.

문화의 문제는 교화의 문제와 통하는 것으로, 유전과는 다르며 사람들에 따라 승계되는 전통, 사상, 풍속, 습성, 종교, 도의, 예술, 생활의 기초 등이다. 어떤 민족 중에는 이 문화 문제만으로는 바꾸기 힘든 것이 있다. 그러나 그 영향은 심대하다. 특히 미개인에 대한 경우는 높은 수준의 문화가 늘 낮은 수준의 문화를 교화시키고 진보시

킨다. 하지만 아무리 높은 수준의 문화라도 민족 고유성을 근본적으로 변화시키는 것은 불가능하며, 단지 그 민족 고유의 성질을 중심으로 한 문화를 구축하게 할 수 있을 뿐이다.

남양이나 남미의 토인에게 포교를 하는 기독교 선교사(그들은 종교가에 머물지 않고 경제 사절, 정치, 군사 스파이인 경우가 많다)들의 우쭐대는 듯한 보고서에 의하면, 기독교로 개종한 사람들은 구미의 진보한 사회에 대해 친밀감과 동경과 모방심을 일으킨다고 하고 있다. 그러나 이는 사실과 다르며 조상 전래의 민족 종교를 고수하고 있는 자들의 기독교에 대한 반항 정신을 경시한 것으로 단순히 이국 문화의 무력함을 지적한 것에 불과하다.

유전학이 결정적인 것이 아닐 뿐만 아니라 진화론도 결정적인 것이 아니며, 다윈 자신조차 (벤담에게 보낸 편지에 의하면) 인류의 동조설(同祖說, 다조설[多祖說]의 상대 개념)에 의문을 품고 있다. 따라서 어떤 민족의 문화적 진보가 다른 민족에게 주는 영향도 결정적인 것이 아니라고 해야 한다.

민족의 차이를 규정하는 것은 육체적, 정신적 유형으로 곧 신체의 구조, 생리적, 심리적 차이이지만, 그에 대한 가장 영속적이고 눈에 잘 띄는 지표는 해골 특히 두개골의 구성, 두발, 신장, 눈매, 콧날 등이다.

하지만, 인류라는 거시적 견지에서 보면, 헤겔의 단세포에서 시작한 진화론으로 돌아가게 되고 그러면 동조설도 다조설도 문제가 되지 않게 되며, 인간은 해부학 상 심리학 상 유인원 중에서 진화한 존재로, 각 민족 간 차이 정도의 차이는 없는 것이나 마찬가지가 된다.

하지만, 이는 인류의 조상의 유형 문제이지 현실적인 민족의 특질을 따지는 문제는 아니다. 이는 종교 선전가들이 이용하는 것에 불과한 것이다.

그러면 민족의 차이를 결정하는 것이 무엇인가 하는 문제가 되는데, 이는 요컨대 육체적, 정신적 유형의 차이가 중핵이기 때문에 우리들이 조상을 바꿀 수가 없듯이, 민족의 운명의 문제이다.

여기에서 문제는 민족의 형성 과정으로 돌아가게 된다.

왜냐하면, 이 문제를 확실히 규명하면, 한 민족의 육체적, 정신적 유형의 문제, 혼혈에 의한 유형 타파를 이해할 수 있기 때문이다. 예를 들어 혼혈에 의한 유형 타파는 가능한 것인가 아닌가, 혹은 중간형이 태어나는 인자의 문제는 무엇인가 하는 문제 등을 이해할 수 있을 것이다.

이 문제를 조금 검토하고 나서 남양 민족의 혼혈이라는 본 장의 목적을 이야기해 보자.

3. 잡종과 자연 환경

순수한 민족이, 즉 순수한 형태로 존속하고 있는 사람이 인종, 민족의 상태(常態)라면, 늘 원인만 응시하게 되어서 거의 문제가 일어나지 않는다.

그런데 한 종속(種屬) 중에는 소극적, 보수적 측면과 적극적 진화를 원하는 측면이 있다. 전자는 스스로 한 종속의 특질을 어디까지나 지켜나가고자 하는 것이고, 후자는 자신을 변형 속에서 살아가게 하고자 하는 것이다. 이것이 결국은 부모 자식의 성질 중에서 서로 모순

되는 것을 드러내게 되는 것이다.

같은 민족의 부모에게서 태어난 자손은 부모의 유전의 결정(結晶)일 것이다. 따라서 자손은 부모의 서로 다른 유전의 중화(中和)인 것이다. 하지만, 때에 따라서는 부계가 농후하기도 하고 어떤 경우에는 모계가 강하기도 하다. 그래서 이 생식 세포의 분열 자체가 이미 변종의 원인인 것이다.

같은 변종이라도 기형은 때로는 매우 강해서 계속해서 뒤에 영향을 미친다. 단순한 격세유전에는 그런 예가 있다.

한 민족은 절대 자연도태의 위험 하에 노출되는 것을 달가워하지 않으며, 오히려 그에 반발하고 반항하며 자신의 유형을 보존하려 한다. 이는 민족의 본능이다. 그렇기 때문에 아무도 사회적 본능으로 변종이 되는 것을 원하지 않는 것이다.

그러나 이 본능으로 인한 고투에도 불구하고 변종이 생기는 것은 왜일까? 지금까지 싸워온, 자신에게 적합하지 않다고 생각되는 외계의 영향에 졌기 때문일까?

아니면, 자신 안에 다른 피를 받아들여 자기중심적으로 변형시키고자 하는 민족적 적극성으로 인한 것이 아닐까?

어쩌면 민족은 늘 좋은 환경을 좇아 변종하고 있는 것은 아닐까?

일부 학자들은 변종은 일어날 수 없으며 인종의 본능에 반하는 것이라고 한다. 그러나 실제로는 존재한다.

그 원인의 요점은 유형의 환경에 의한 변화이다. 물론 이에 대해 다조설 유지자들은 반대하는 바이겠지만, 이 논자로서는 환경, 특히 사회 환경은 무시할 수 없을 것 같다.

유형의 변화라는 것도 정신적으로는 종속의 보존욕에서 생긴다.

158 남양의 민족과 문화

또한 변형의 작인의 가장 중요한 것은 환경인데, 이에 전통적 유전이 작용하고 그 환경에 적응하려고 하는 본능적 노력이 자연에 변형을 만들어 가는 것이다. 그러나 이 환경이라는 것은 단순히 자연 환경이라고 해석해서는 안 되며, 사회적 환경이라는 점에 주목해야 한다. 그중에서도 특히 미개지(未開地)라든가 식민지의 원민족의 변형 과정은 정치 문제, 사회 문제로서도 관찰해야 한다. 특히 오늘날과 같이 국제 정치와 국제 문화의 조류가 지구 도처에 몰려들어오는 시대에는 잡종적 변화의 기회는 매우 많아졌다.

하지만 그만큼, 우수하고 공고한 전통을 지닌 한 민족이 여기저기에서 접근해 오는 이민족을 적으로 거절하는 것도 이해가 되며, 자신의 민족적 자부심을 고양하여 잡종이 되는 것을 어디까지나 배척하는 것도 이해가 될 것이다.

잡종이 지구상에 나타난 것은 언제부터일까? 이는 매우 어려운 문제인데, 근대 잡종의 기원이 신세계의 발견과 이민족 정복에 있다는 것은 상상하기 어렵지 않다. 인류의 혈액 혼효의 근대사를 1515년 인더스의 정복, 1520년 멕시코 정복, 1534년의 페루 침략 이후라고 하는 학자가 있는데, 이 가정은 그렇게 틀린 것 같지는 않다. 적어도 민족 혼혈의 사회적 원인 중에 이민족 정복이 가장 큰 역할을 하고 있는 이상 말이다.—

혼혈 민족에 대해서는 학자들마다 제 설이 있어서 그 귀추를 알 수가 없을 정도이다.

문화 수준이 낮은, 혹은 백인과 폴리네시아인 등의 잡민족은 자연 그대로 방치하여 이종 결합을 계속하게 하면, 어느 시점에 가서는 소멸해 버릴 것이라는 설(녹스[Robert Knox, 1792~1862])과 이와 거의

정반대로 대단한 기세로 번식을 할 것이라는 설이 있다. 하지만 사실
은 후자가 자연스런 해석을 보이는 것 같다.

또한 백인과 흑인의 양 극단의 혼혈에 대해서도 단명할 것이라는
설과 번식력이 결핍될 것이라는 설, 그리고 그 반대설이 있다. 이 양
설에는 각각 진리가 있지만, 이들 양설의 시비를 가리는 것은 요컨대
환경이다.

환경의 자연 법칙에 순응하지 않는 잡종은 모두 멸망한다는 것은
확실히 진리이다. 그러나 '환경의 자연'이라는 말 속에는 왕왕 도의적
인 것이 담겨져 있다. 백인이 흑인과 혼혈이 되었을 경우, 흑인을 피
로 정복한 것이라고 생각한다면 그것은 매우 패륜적이며 무례한 생각
이다. 하지만 역사와 사실은 매우 아이러니하게도 백인의 피의 위력
이 자연 환경 속에서 그 힘을 충분히 발휘하지 못했음을 설명하고
있다. 모든 일에 있어 무리하게 강제를 하는 것으로는 절대로 융화할
수 없다. 즉 자연 환경에 반하는 행위이다.

만약, 이민족의 혼혈이 다른 두 종류의 특질의 혼합과 융화를 목적
으로 하는 것이고 거기에 조금이라도 부자연스러운 점이 있다면, 협
화 점이 적고 배제 쪽이 강하게 드러난다. 그렇기 때문에 아무리 백인
이 인종적, 민족적 우위를 자랑해도 혼혈 자손에 남겨져 새로 발현되
는 소질은 배제가 강하게 작동되며, 백인적이 아니라 배제 쪽이 강하
게 드러나는 것은 '자연'스러운 현상이다.

어떤 유대인 학자는 혼혈에 자연 도태 이론을 적용하려 했는데,
이는 명백히 잘못된 것으로, 인류는 미개, 문명인을 통틀어 도태 현
상은 자연 이외에서는 일어나지 않는다. 오히려 사실은 의식적으로
도태하려는 자가 배제 속에서 도태되는 모양새가 되고 있다.

유대인 학자는 혼혈을 이민족 협화인 것으로 설명하는데, 그렇지 않으며 실은 양 민족의 유형 다툼이다. 그러나 유전의 법칙, 특히 간접 유전과 격세 유전의 원칙을 이용하여, 유전률이 높은 쪽을 우성이라고 하고 적은 것을 열성이라고 한다. 물론 대부분의 경우, 아버지는 우성 민족이지만 말이다. 그러나 같은 자연 환경에서라면 백인과 토인 중 토인 쪽이 우수한 유전적 세력을 가지고 있다. 인종적으로 같은 정도의 민족적 세력을 가지고 있는 민족 간에서는 그 부모와 자식은 중화된 형태로 드러나지만, 대부분의 경우는 조금이라도 우수한 쪽으로 기운다.

아시아 민족과 백인의 혼혈의 경우, 아시아 민족이 많은 민족적 특장점을 남기거나 발휘하는 것은 그 민족의 우수성을 보여주는 것임에 다름 아니다.

4. 민족적 변화

식민지의 큰 민족적 변화는 이민족 특히 정복자, 침략자의 이혈(異血)이 혼입된다는 것이다. 예전에는 혼혈은 우연이라 여겨졌지만, 오늘날에는 의식적 혹은 계획적이기조차 하다.

남양 민족의 혼혈아에 대해서는 많은 예들이 보여주고 있는데, 여기에서 조금 인용해 보면, 말레이인 중 고유 종족과 대립하고 있다는 소위 근세 말레이인은 단순히 토착인과 혼혈이 되었을 뿐만 아니라 지나, 아라비아, 인도, 백인을 받아들여 극히 복잡한 잡종이 되었다는 사실, 말레이의 회교도, 기독교도들과 같은 갈색 폴리네시아 인종이 말레이인, 몽골인, 파푸아인의 혼혈(아시아적 혼혈의 예)이라는 사실, 마리아나 제도와 필리핀의 교통이 있었을 뿐만 아니라 스페인 시대에 많은 타갈(Tagal=타갈로그) 병사를 사용했기 때문에 그 피가 다분히 섞여 있다는 사실 등을 들 수 있다.

백인은 일찍부터 남양의 경제 자원과 정치적, 군사적 중요성에 주목하여 인도, 지나와 함께 동방 진출의 활무대(活舞臺)로 경영을 하는 데 몰두하고 있었다.

그래서 기독교를 가지고 들어가서 문화를 이식했을 뿐만 아니라 백인 민족의 피까지 가지고 들어왔다. 그것은 말레이, 보루네오, 자와를 비롯하여 남양의 크고 작은 섬에서 일어나는 현상이 명료하게 이야기해 주고 있다.

나는 이 방면의 학자가 아니기 때문에 유전설과 혼혈의 효과에 대해서는 자신 있게 의견을 피력할 자격이 없지만, 남양 민족이 이민족의 여러 의도 하에 그 본래의 아시아적 성격을 잃어버리고 혼혈에 의해 이민족(백인) 문화에 동화해 가는 실상을, 이 새로운 아시아 세기를 앞에 놓고 몹시 개탄스럽게 생각하는 바이다.

제7장
풍속과 언어

1. 협의의 풍속

이 풍속의 문제는 사회 생활을 하는데 문제의 중심을 이룰 뿐 아니라, 교육이나 종교와도 심대하게 관련이 된다. 게다가 이것을 광의로 보면 자연 환경, 민족의 역사, 정치, 경제, 산업, 외국과의 관계와도 관련이 된다.

보루네오의 다이야족이나 셀레베스의 토라자족에게는 사람의 목을 베서 그 해골을 가보로 보관하는 풍습이 있었다.

태국이나 다이야족은 높은 바닥 위에 주거를 만든다.

다이야족 남자는 외출을 할 때 도끼처럼 생긴 큰 칼을 허리에 차는데, 대만의 번인(蕃人)들도 그와 같다. 성적 관계가 매우 엄중한 것도 큰 공통점이다.

바타크족은 계급 제도가 대단히 엄격하다고 하지만, 이는 아시아 민족 일부의 특질이며 결혼에 대한 절차,[1] 사자의 매장에 대한 특별한

....

1   [원주] 예를 들면 결혼이 매매에 의해 이루어진다는 점, 형이 죽으면 당연히 그 아내는

취급[2] 등은 협의의 풍속이다.

　뉴기니아의 파푸아족 계열은 귓불이나 귀바퀴에 구멍을 뚫거나 문신을 하는 풍습이 있고 천성이 게으르지만, 백인의 채찍질 아래에서 고역을 당하는 농부들은 매우 일을 잘하며, 알프로족, 마네키욘족, 야비족(ヤビ族), 타비족(タビ族), 타르가레족(タルガレ一族), 왜인족(倭人族) 같은 사람들을 인육을 먹고 사교를 광신한다고 하여 멸시한다고 하는데 이는 광의의 경우일 것이다.

　나는 여기에서는 협의의 의미로 풍속에 대해 이야기하려 한다. 그러나 역시 광의의 해석에도 들어가는 것은 당연할 것이다.

　또한 본서에서는 우리의 동방 정책과 가장 관계가 깊은 점부터 이야기하고자 한다.

2. 불령 인도지나

　불령 인도는 가장 먼저 동아공영권적 자각을 한 나라로, 그곳에는 매우 친일적인 안남족, 간포채족, 타이족을 비롯하여 인도네시아족, 므엉족(Muong)족, 만족(滿族, 혹은 야오족[瑤族, Yao]), 말루족 및 참(Cham)족, 메오(Mẹo)족, 민류온족, 기타 지나인, 일본인, 백인들(인구

동생의 아내가 된다는 점을 들 수 있다.

2　[원주] 바타크족은 죽은 사람은 검은 천으로 싸서 높이 2척 여 되는 바구니 위에 올려 놓고, 친척, 지인들이 돌아가면서 며칠 동안 밤을 새고 매장하는데 묘는 만들지 않는다. 토라자족은 3년이 될 때만다 고인의 뼈를 개장(改葬)한다.

수에 따른 순서)이 살고 있다.

안남족은 즉 몽고계 인종이며 총인구의 약 3할(1936년 15,765천 명)을 차지하고 있고, 돈킨(東京),[3] 안남, 교지지나의 비옥한 평지에 살고 있다. 이 민족은 약 10세기나 지나의 지배하에 있었고 특히 남방 지나인화되어 있다.

간포채족은 크메르족이라고도 하며 캄보디아에서 교지지나에 걸쳐 살고 있고, 약 2,670만이 있다. 역시 몽고계이지만, 안남족이 지나의 영향을 받고 있는데 반해 이들은 인도의 영향을 받고 있다.

타이족은 안남족, 크메르족보다 문화가 뒤처져 있는 아리안계라고 한다. 노과(老撾)나 돈킨의 산악 지방에 거주하는데, 원시적 공동체를 유지하며 농사를 짓고 있다.

인도네시아족은 즉 인도네시아계를 말하는 것으로, 그 안에서 많은 종족으로 나뉘지만 대략 공통된 풍속을 가지고 있다. 모두 안남산맥 속에 거주하며 수렵을 주로 하는 야만족이다. 그 풍속의 특징은 같은 원시 공동체라도 수렵을 하는 사람들 사이에서는 부권제가 보이고, 채취나 농업을 하는 사람들 사이에서는 모권제가 보인다는 것이다. 이로써 그 원시성을 알 수 있다.

문화적으로 봐서 안남족과 인도네시아족의 중간에 위치하는 것에 몽고계의 므엉족, 만족(야오족)이 있다. 그 외에 말레이족이 있다. 참족은 이 말레이족에 속한다.

....

3 베트남어 'Đông Kinh'. 홍하(紅河) 유역 베트남 북부를 일컫는 용어로, 이 지역의 중심 도시 하노이의 구칭. 프랑스 식민지 체재 하에서는 불령 인도네시아를 구성하는 하노이를 중심으로 베트남 북부를 부르는 호칭이 됨.

안남인은 지나의 영향 하에 있기 때문에 유교, 도교를 믿고 있다. 풍속의 특장으로서는 호랑이를 숭배하는 것이 눈에 띈다.

캄보디아족은 타이족과 마찬가지로 불교를 믿는다. 이에 반해 말레이족계는 회교도이다. 프랑스의 정책은 기독교로 교도하는데 있는데, 이는 거의 강제적이다.

일반적으로 말하면 안남인은 지나적이며, 캄보디아인은 청결하지만, 매우 난폭하기도 하고 음식을 오른손으로 게걸스럽게 먹는 등 원시적이다. 타이족계의 노과인은 천성이 온화하지만 여자가 남자보다 일을 더 잘한다.

내 느낌으로는 불인(佛印)은 너무 덥고 비위생적인 곳이다. 특히 하노이는 프랑스인이나 혼혈아가 일종의 특권 계급에 속해 활개를 치는 곳이었다.

안남인은 지나 문화의 영향이 깊고 일본에 대한 신뢰 역시 매우 강하다.

3. 타이국

타이국은 타이 민족의 나라(전 인구의 91.2%)이며, 그 다음 많은 민족이 지나 민족(전 인구 11,506,207명의 3.9%, 1929년 조사), 그 외 인도인, 말레이인, 안남인, 샨인, 면전인, 백인, 일본인 등이 거주하고 있다.

타이족이라 해도 그 종류는 20 수종이 있는데 그 주는 네그리토, 몬안남족, 티벳버어마족, 라오타이족이다. 그 외에 면전과 타이 사이의 산악 지대나 남부 타이에 사는 카렌족이 있다.

타이국은 남양 민족 중 유일한 독립국이지만, 정치적으로는 1932
년 변혁이 있었음에도 불구하고 여전히 영국과 불국의 억압 하에 놓
여 있다. 경제적으로는 화교의 지배하에 있음은 다른 장에서 언급한
바와 같다. 그러나 이 민족의 특징은 조상이 운남인이었다는 점, 모
두가 불교도라는 점이다.

1932년 무혈혁명이 성공하여 군주전제국에서 군주입헌국이 되었
지만, 일본에 큰 신뢰를 보이고 있으며, 1935년 최초의 의회에서도
마노파콘(Phraya Manopakorn Nititada, 1884~1948) 전 수상은, '우리나라
의 전진은 오로지 일본을 배우는 한 가지 길 뿐'이라는 의미의 말을
했다.

타이라고 하면, 불교와 유행병 특히 콜레라, 페스트, 천연두, 말라
리아, 뇌척수막염 등을 생각하며, 불인과 함께 알콜 중독환자가 많다
고 생각한다. 그리고 불교 의식에서 시작하여 불교 의식으로 끝난다
고 해도 좋을 정도로 교육, 풍속, 문화의 모든 것이 불교적이다.

『남양 독본(南洋讀本)』(동양경제조사국 편)에는 타이에 대해 다음과
같이 기술되어 있다.

　　남자는 오늘날에는 점차 양복을 입는 경향이 있지만, 섬라 고유의
　　복장으로서는 흰색 옷깃에 금 단추를 한 상의에 '파 눙(pha nung)'을
　　사용한다. '파 눙'은 폭 1아르(are)[4] 내외의 화려한 색채를 한 견직물
　　로, 이것을 허리에 둘러 하퇴부까지 감싼다. 매일 다른 일정한 색의

4　1아르(are)는 10평방m.

'파 눙'을 걸치는 습관이 있어서 '파 눙'의 색에 따라, 그 날이 무슨 요일인지 알 수 있다고 한다. 또한 경조사의 경우에는 상의는 평상대로 입고 '파 눙'의 색깔만 다른 것을 사용한다. 여자의 복장 역시 '파 눙'을 사용하지만, 그 색채는 남자들의 것보다 화려하고 꽃모양이나 당초무늬를 배합한 것을 사용하며, 상의는 집에 있을 때는 유방을 감출 정도의 민소매 셔츠를 걸치지만, 외출 시에는 그 위에 얇은 천과 같은 상의를 걸치며, 여름에는 그 위에 여름 숄을 걸친다. 신발은 중류 계급 이하에서는 남녀 모두 전혀 사용하지 않아, 농부, 순사, 병사, 노동자 등은 맨발이다. 두발은 남녀 모두 구미 풍으로 깎고, 남자는 깔끔하게 가르마를 타며, 여자들은 그 때 그 때 유행을 빠르게 따르고 있다. 주거는 도회에서는 벽돌로 지은 서구 풍의 것이 많지만 한 걸음만 도회를 벗어나서 지방으로 가면 민가는 모두 목조, 죽조(竹造), 또는 부가(浮家)이다. 목조 주택은 바닥을 대여섯 척 높이로 짓고 사다리로 출입을 한다. 이는 우기의 범람에 대비한 것으로, 건기에는 바닥이 납량장이 된다. 지붕은 종려나무 잎이나 바나나 잎으로 잇고, 창문은 일반적으로 내지 않고 강렬한 태양을 피하는 것을 목적으로 한다. 그 외에 죽조에 풀 이엉 집이 있으며, 하천 유역에는 부가가 있다. 부가는 우기의 범람에 대비하여 대나무로 짠 뗏목 위에 지은 작은 집을 말한다. 방곡(盤谷, 방콕), 아유타야(Ayutthaya) 등의 도시에서는 우기가 되면 어디에서랄 것도 없이 이 부가가 모여들어 일정한 장소에 장이 서서 갖가지 상거래를 하고, 건기가 되면 어디론가 흩어진다. 섬라인들의 주식은 쌀이며, 부식으로서는 어류가 많고, 또 열대 국민이 늘 그렇듯이 고추, 후추 등 자극적 향신료를 많이 사용한다. 과일도 향기가 진하고 기름진 것을 좋아한다. 남자들은 유년 시절부터 담배를 피우고, 성인이 되어서는 남녀를 불문하고 거의 모든 국민이 애연가가 된다. 술은 불교의 계율에 저촉되기 때문에 종교가 없는 토민 외에는 손님 접대 때에도 사용하지 않는 것이 보통이다. 섬라인에게는 일생 동안 중대한 의식이 세 가지가 있다. 삭발식, 결혼식, 장례식이다. 남아는 유년기에는 전두부에 약간의 초발(初髮)을 남겨 두는데, 12~13세가 되면 장엄한 의식을 치루며 이 머리를 밀어버린다. 삭발식을 끝낸 남자는 바로 성년이 된다. 다음으로 결혼인데, 예부터 조혼의 풍습이 있어서 삭발식을 끝낸 남자는 아내로 삼을 여자의 집에 일정 기간 기거하다가 부부 생활에 익숙해지고 나면, 나중에 결혼식을 올리는 것이 일반적이다. 그러나, 최근 이런 풍습은 거의 폐지되고 보통 남자 24~25세, 여자 17~18세가 혼기로 되어 있다. 결혼식은 불교식에 따라 독경과 기도로 시작하여 성대한 연악(宴樂)으로 끝난다. 이에는 신분 이상으로 과시하려는 습관이 있으며, 막대한 비용을 들기 때문에 이혼률이 비교적 낮다. 장례식은 물론 불교식으로 화장인데, 회장자(會葬者)는 조의금 대신 작은 향수병을 지참하고 가서 그것을 시체에 뿌린다. 섬라에는 태고부터 벼농사에 어울리는, 1년에 한번 하는 중대한 제전이 있다. 그것은 바로 '로이 끄라통(Loi Krathong)'이라고 해서 농작과 가장 중요한 관계가 있는 우기 동안의 날씨와 작물의 풍흉을 점치는 전작제(田作祭)이다. 이는 매년 경작 개시 전에 실시되며, 궁정에서는 국왕, 농무대신, 지방에서는 주지사가 사제(司祭)가 되는 엄숙하고 고풍스런 제전이다. 소위 섬라인인 타이인은 성질이 온순하고 종교적 양심이 강하며, 의례에 엄격하다. 다만, 잔재주를 잘 부리고 싫증을 잘 낸다는 결점이 있으며, 매우 보수적이다. 동북부의 노과인은 견인 불굴의

기백이 있어, 노동에 적합하다. 북부 지방의 노과인은 순종적이지만,
남자들은 게으르고 여자들이 근면하다. 몬인들은 온순하고 이들도
여자가 남자들보다 강건하고 근면하다. 또한 몬인들은 일반적으로
용모가 단려하고 미인이 많으며, 외국인 특히 유럽인과 결혼하는 사
람들이 많다.

불교의 나라 타이에서는 불타의 탄생일인 5월 14일 밤, 방콕 기타
사원에서 성대한 제전이 실시된다. 타이 문화의 정수를 모아 사원에
서 이루어지는 이 의식은, 매우 장엄하고 화려하다.
　타이국 사람들은 그 문화가 낮고 위생 관념이 결핍되어 있기 때문에
늘 유행병에 시달리고 있다. 그러나 본래는 청결을 좋아하는 민족이
다. 이 점에 대해서 릴리이 아베크는 「태국의 어제와 오늘(泰國の昨日
と今日)」(『개조(改造)』, 1941.8. 시국판)에서 다음과 같이 언급하고 있다.

　방콕에서는 방콕 운하를 이용하여 교통이 이루어지는데, 많은 기
행가들의 책에 의해 매우 안타까운 오명을 얻게 되었다. 그 이유는
이 운하가 말로 다 설명하지 못할 만큼 더럽기 때문이다. 강물은 갈색
을 띠고 있으며, 종종 시커멓고 악취를 풍긴다. 외국인들은 이곳 사
람들이 이 물로 세탁을 하고 야채를 씻고 또 거기에서 목욕을 하는
것을 공격하고 싶어 한다. 그렇다고는 해도, 방콕밖에 모르는 많은
외국인들은 믿지 않을지 모르지만, 태국인은 원래는 청결한 국민이
다. 나는 태국의 북단에서 남단까지 제 도시와 소촌락을 방문해 봤는
데, 어디에서나 청결하게 손질된 가옥들만 눈에 띄었다. 또한 어디에
서나 이 국민들이 하루에 몇 번이나 농촌의 맑은 물에서 목욕을 하고

늘 청결한 의복을 입고 있는 것을 보았다. 그렇기 때문에 태국민들은
방콕과 같은 대도회 생활에는 아직 충분히 적응을 하지 못했고, 그
때문에 농촌의 습관을 도회에서 악용하는 결함에 빠지기 쉽다는 인상
도 받았다.(중략) ―

또한 교육과 청년 조직에 대해서는 이렇게 말하고 있다.

앞 장에서 경제가 '위에서' 조직되고 있음이 밝혀졌지만, 경제의
운용자 즉 인간에 관해서 보면 태국 정부는 최근 수년 동안 청년의
교육에 주의를 기울여 왔다. 나는 태국 정부 최대의 사업으로서 교육
은 1932년의 변혁 이후 효과적인 조직을 이루었다고 믿는다. (중략)
여기에서 태국인은 오늘날의 지나 지역에서 일어났고 그들의 언어는
순수한 지나어에서 유래했음에도 불구하고, 그들이 인도 문자나 말
레이 문자와 비슷한 철자를 사용한다는 사실을 부기해야 한다. 의심
할 것도 없이 이 사실이 무문맹 운동을 용이하게 하고 있다. 이와
같은 인도와 지나의 영향의 교착은 일반적으로 태국의 특질에 속한
다. 오늘날의 태국인들을 보면, 그들이 과거 수세기에 걸쳐 인도인,
캄보디아인, 말레이인과 심하게 혼합되어 온 것이 틀림이 없다는 사
실을 알 수 있다. 오늘날 타이 민족의 대부분은 순몽고 종족이었던
그 조상이 지나를 거쳐 오늘날의 태국으로 이동해 왔을 때보다 훨씬
거므스름해졌다. 그 외에 새로운 중학교 및 특별히 수공업과 상업의
후계자를 교육하기 위한 직업 학교가 정부에 의해 설립되었다. 또한
외국에서도 본토의 쭐랄롱꼰대학(Chulalongkorn University)에서도
미술사나 문학 등에 주로 흥미를 보이는 태국 학생들의 오늘날의

흥미를 자연 과학이나 기술 부문으로 유도하기 위한 노력을 경주해
왔다. 이 노력은 효과를 거두었다. (중략) 새로운 태국의 상징으로서
무엇이 생각나느냐고 묻는다면, 교사(校舍)와 유바촌(Yuwachon)이
라고 나는 대답할 것이다. 유바촌이란 태국의 큰 청년 조직이며, 교
사는 모든 도시에서 가장 큰 건축물이다. (중략) 태국의 모든 학생은
동일한 제복을 입는다. 소녀들은 대체적으로 푸른 스커트에 흰 블라
우스를 입고 소년들은 녹색 카키복에 반바지이다. 대부분의 학생들
은 유바촌 단원이 표시되어 있는 붉은 밴드를 학모에 두르고 있다.
─ 모든 소년들이 바로 유바촌 단원이 될 수는 없으며, 우선 시험과
체격 검사를 받아야 한다. 가입은 자유 의사이지만, 가입하고 싶어하
는 그들의 희망은 매우 강렬하다. 유바촌의 훈련은 매우 힘들지만,
철포를 멜 수 있게 되기 위해서 모든 청년들이 가입을 희망한다. 유바
촌의 조직은 주로 이 운동의 지도자인 교육차관 쁘라윤 파몬몬트리
(Prayun Phamonmontri, 1897~1987) 대좌의 공적이다. (중략) 유바촌
은 일본의 군사 교련이나 독일 히틀러의 유겐트(Jugend)와 비슷한
조직이다. (중략) 유바촌의 최고 목적은 청년의 국가 의식, 희생 정신,
봉사 정신의 강화이다. 대부분 순수한 군인적 방법으로 이 목적에
도달하고자 시도하고 있다. 유바촌은 예증적으로 보면, 독일 히틀러
의 유겐트보다 훨씬 더 군사적으로 정비가 잘 되어 있다. (중략) 태국
인들은 수세기에 걸쳐 열대 지역 풍토 안에서 지내는 동안, 정신은
완전히 해이해졌고 육체적으로도 실행력과 빈격력을 모두 잃어 버렸
다고 한다. 그것은 절반은 진실일지 모른다. 그러나 나약함이란 정신
적으로 규정된 것이기 때문에 오히려 의지력에 의해 극복될 수 있다
고 믿는다. 외국으로 유학을 가서 스포츠를 하고 있는 많은 태국의

학생들은 어디에서든 절대로 다른 학생들에게 지지 않는다. 만약 기회가 주어진다면, 이 열대산 청년들이 뛰어난 스키어가 될 수 있다는 것은 허언일까? 6월 24일 태국의 국민 대제 당일 방콕 유바촌의 군사 훈련이 실시되었다. (중략) 전 청년들이 동원되어 실시되었고, 비행기 승무원만이 정규 병사였다.[5] 마지막으로 섭정 전하의 명령을 받은 프라윤 대좌 지휘 하에서 왓 프라 케오(Wat Phra Kaew=에메랄드사원[Temple of the Emerald Buddha]) 옆을 전차가 지나가는 소리를 우리들은 들었다. 이는 오늘날의 태국의 상징이었다. 기괴한 모양을 한 색채가 선명한 지붕이나 탑, 오층탑으로 둘러싸인 고대 사원의 열대국, 태국은 생존 경쟁을 위해 무장을 하고 긴장감과 위기감으로 가득 찬 오늘날 세계에서 자신의 지위를 주장하려 하는 것이다.

이로써 근대 타이국 풍속의 일단을 엿볼 수 있다.

4. 해협식민지, 폴리네시아

해협식민지 정권의 1938년 12월 말 조사에 의하면, 말레이 인구는 527만 9천 명이며, 그중 지나인이 2,220,244명으로 총인구의 42%이다.

---

5 [원주] 일종의 마지노선은 기계화 부대, 전차, 포병대, 항공대 등 근대적으로 편성된 14에서 18세의 유바촌대에 의해 공격되었다. '전투'는 40분간 계속되었다, 라고 앞 글에 기록되어 있다.

소위 말레이인의 종족적 기원에 대해서는 제설이 있지만, 발상지
는 수마트라일 것이라고 한다. 현재의 말레이인은 심하게 혼혈이 되
어 있다. 외관은 거무스름한 올리브색 피부를 하고 있고, 사지의 균
형도 잘 잡혀서 다부지다. 코는 짧고 비공은 넓으며, 두발은 직모인
데, 가끔은 물결 모양이나 곱슬머리도 있다. 성질은 온량하고 내성적
이지만, 쉽게 남을 믿어 속기 쉽고 느긋하고 게으른 경향이 있기 때문
에 경제적 능력은 결핍이 되어 있다. —(중략) 가장 광범위하게 사용
하는 언어는 말레이어이다. 그 다음이 영어일 것이다. (중략) 인종과
언어를 달리함에 따라 종교 역시 다양하다. 일반적으로 말하면 말레
이인은 회교를, 원주 종족은 애니미즘을, 영국인은 기독교를, 인도인
은 힌두교를, 지나인은 불교 내지 유교를 믿는다.[6]

여기에서 잠깐 풍속과 관련이 깊은 위생 상태에 대한 문헌을 찾아
보자.

또한 위생 상태는 정부의 위생 시설이 좋아서 페스트, 콜레라,
천연두 등과 같은 전염병은 근래 말레이에서는 전혀 발생하지 않는
다. 말레이의 주된 풍토병은 말라리아, 설사, 각기병, 12지장충병,
상피병(象皮病)[7] 등인데, 이 중 말라리아 환자는 해마다 점멸 경향에
있으며, 신가정, 피남(彼南=페낭[Penang]), 콜람보(Kolambo) 등의 대

----

6 [원주] 전게서 『남양독본』 2.
7 필라리아의 기생, 혹은 국소(局所)의 임파(淋巴)의 울체(鬱滯)로 인하여 피부와 피하
   조직이 부어올라 코끼리 살가죽 모양을 나타내는 만성병.

도시 구역에서는 말라리아에 걸리는 일은 거의 없다. 그 외에 열대의
풍토병으로 뎅기열이 있으며 대부분의 사람들은 한 번은 걸리지만,
방치해 두어도 완쾌하므로 걱정할 필요는 없다.[8]

말레이족과 기타 민족의 풍습에 대해서는 다른 장에 언급되어 있다.
내가 여기에서 굳이 폴리네시아를 넣으려고 한 것은 내가 소설가
로서 화가로서 숭경하는 고갱(Paul Gauguin, 1848~1903)이 타히티를 열
애했기 때문으로, 풍속과 별 깊은 관계는 없지만, 반가워서 사족을
붙이겠다.

나카무라 마사토시(中村正利) 씨의 『태평양 풍토기(太平洋風土記)』
에는 다음과 같은 기술이 있다.

폴리네시아는 뭐니 뭐니 해도 태평양의 낙원이다. 하와이 군도를
비롯하여 문학 상 우리들에게 친근한 타히티 섬은 이 안에 포함되어
있다. 녹색 파도에 휩싸인 산호초의 섬. 늘 변함없이 바람이 바다를
건너오는 섬. 토인들은 일을 할 줄도 모르고 풍부한 자연의 혜택 속에
서 노래하고 춤추며 잠드는 생활을 하고 있다. 그들의 피부는 갈색
또는 암갈색이며 쭉 뻗은 훌륭한 사지, '라발라바(lavalava)'라는 천만
허리에 두른 인간다운 모습. 수많은 시인이나 화가들이 이 환상의
섬을 얼마나 동경했던가? 그리고 그 꿈을 쫓아 섬으로 찾아와서는,
유럽 문명을 모두 단념하고 원시 속으로 돌아가려고까지 했다. 폴리

....
8 [원주] 나쓰메 하치로(夏目八郎) 「신가정을 중심으로 하는 영령 말레이(新嘉坡を中心
とする英領馬來)」 전게서 「남양 연구호」에서.

네시아 섬들은 그 정도로 강렬한 매력을 가지고 있다. 그 만큼 구주 문명이, 문명의 풍습이 가장 빨리 들어가 있는 곳도 폴리네시아 섬들이다. 요즘의 토인들은 양복을 입고 일을 하려들지 않는 것 같고 문명인에게 들러붙어 그 문명의 떡고물을 받아먹으려는 모습을 보면 마음이 좋지 않다. 문명의 물이 든 그들의 모습은 가슴이 아프다. 그러나 화원을 어지럽힌 것은 누구인가?─태평양의 시를 사랑하는 우리들에게 제일 먼저 떠오르는 것은 타히티의 화가 폴 고갱이다. "나는 소생했다. 어쩌면 내 마음 속에 순수하고 강력한 인간이 태어났다고 하는 것이 나을지도 모른다. 이 강력한 충격은 문명 및 악에 대한 최상의 결별의 말이라고 해야 할 것이다. 내가 호흡하고 있는 이 청신한 공기와 퇴폐적인 혼 안에 숨어 있는 타락한 본능의 대조와 경이로움은 내가 지금까지 습득해 온 성스럽고 단순한 생명에 신비한 매력을 가져다주었다. 이 내부 경험이란 환언하면, 정복을 경험하는 것이었다. 나는 이제 다른 인간이 되었다. 나는 마오리인이며 야만인이다." 그는 자신의 기행문인 『노아 노아』에서 이렇게 말하고 있다. 그는 타히티의 태양과 자연, 그리고 인간에게서 피어오르는 강렬한 향기에 취해서 살았다. 이 책에서는 피에르 로티(Pierre Loti, 1850~1923),[9] 『모비 딕』,[10] 로버트 루이스 스티븐슨(Robert Louis Stevenson, 1850~

....

9 프랑스의 소설가, 해군. 본명은 루이 마리 줄리앙 비오(Louis Marie-Julien Viau). 19세 해군 사관 이등후보생, 지중해에서 남북 아메리카에 이르는 연습 항해를 시작한 이후 60세 해군 대좌로 물러날 때까지 세계 각지를 항해. 『오키쿠상(お菊さん)』, 『가을의 일본(秋の日本)』, 『오우메상 세 번째의 봄(お梅さん三度目の春)』 등은 근대적인 이국 취향으로 유럽의 독자를 매료시킨 전형적인 오리엔탈리즘의 양상을 보인다.

10 허먼 멜빌(Herman Melville, 1819~1891)의 장편 소설. 'Moby Dick, 백경(白鯨)'(1851년).

1894)¹¹을 태평양의 시인으로 들고 있다. 스티븐슨의 걸작『보물섬』은 우리 일본에도 잘 알려져 있다. 이 스티븐슨은 전후 3회의 항해 끝에 사모아 군도 중 우폴루(Upolu) 섬에 정주할 집을 정했다. 그의 이 항해기는『남양에서』에 기록되어 있다. 이 섬에서 그는 남양의 보헤미안답게 여유로운 삶을 살며 토인들로부터는 '이야기하는 사람'으로서 존경을 받았다. 1894년 12월, 스티븐슨은 그곳에서 죽었다. 그는 죽기 전에 묘비명을 자신이 직접 썼다.

광대하고 별이 빛나는 하늘 아래
무덤을 파고 나를 눕혀라
나는 기쁨에 살고 또 기쁨에 죽고
기쁨을 가지고 나를 눕힌다

이곳이 바로 그가 갈 수 있게 해달라고 바라던 곳
수부는 돌아오지 않는다, 바다에서 집으로
사냥꾼은 산에서 집으로 돌아왔다
이것이 바로 내 무덤에 새길 당신의 노래라네

뭔가 폴리네시아의 남양 민족의 생활상을 엿볼 수 있지 않은가?

....
11 『보물섬』을 쓴 영국의 작가.

5. 남양의 언어

다음은 남양의 언어에 대한 것인데, 남양어는 매우 복잡하기 때문에 그냥 간단한 문헌만 기록해 둔다.

남양어의 수는 매우 많아서 학자들에 따라 일정하지 않지만, 6백종이라고도 하고 5백종이라고도 한다. 그러나 그것이 동원어(同原語)라고 하니까 놀랄 수밖에 없다. 이 남양어족은 말레이 폴리네시아어라고 부른다.

아사이 게이린(淺井惠倫) 씨의『남양어(南洋語)』(『아시아문제 강좌(アジア問題講座)』 민족, 역사편에서)에 의하면 다음과 같은 어족과 특징이 있다.

　―이렇게 언어에서 본 남양 민족의 분포 지역과 '남양'의 지역은 완전히 일치하지 않는다. 언어만으로 본 분류를 시도해 보자. 남양어족을 대별하면, 인도네시아어군, 멜라네시아어군, 폴리네시아어군이 된다. 언어의 특질로 나눈 것이다. 지리와 반드시 일치하는 것은 아니지만, 대체로 병행적이다. 인도네시아어군은 네덜란드령 동인도 제도와 호주, 필리핀, 말레이 반도, 마다가스카르(Madagascar) 섬에 걸쳐 있다.

　1) 인도네시아어군
　말라가시(Malagasy, 마다가스카르 섬), 고사어(高砂語, 대만), 아바카스(abacus)어, 아탄(Atan)어, 아유타야, 아파야오(Apayao), 암바(Amba), 바고보(Bagobo), 바탄(Bataan)어, 비콜(Bikol)어, 플루앙(Pl

uang), 비사야(Visaya), 본토크(Bontocs)어, 이바나그(Ibanag)어, 카
라미안(Calamian), 이타우이(Itaw)어, 칸나카이(Kankana-ey), 카타
완(katawan), 세부(Cebu), 코쿠보, 타그바누와(Tagbanuwa), 다약,
카투단어(Katudanr), 가무나간, 기아나(Guianese), 기나안, 하라야,
힐리가이논(Hiligaynon)어, 이푸가오(Ifugao), 이고로트(Igorots), 일
로코(Iloko), 나발로이(Nabaloi), 이라야(Iraya), 이시나이(Isinai), 마
긴다나오(Maguindanaon), 팜팡가(Pampanga), 키앙간(Kiangan), 시
리반(Siriban), 타갈로그, 틴얀(Tinyanh), 타이노(Taino), 테일라이
(テイルライ)(이상 41개 필리핀 제도)

차모르어, 팔라우어, 산길어(Sangiric, 산길 섬), 톤템보안(トンテ
ムボアン)어, 보라안노(Borana)어, 몽곤도우어(Mongondow), 호론타
로(ホロンタロ)어, 마카사르어(Makassarese), 토라자어, 부기스어
(이상 셀레베스 섬), 다약, 테툼(Tetum), 보로건(Borogan) 타라칸어(T
arakan)(이상 4개, 보루네오 섬), 순다어, 자와어, 마두라어(이상 3개
자와 섬), 발리어, 아체(Aceh)어, 미낭카보우어, 바타크어, 믄타와이
어, 니아스어(이상 5, 수마트라 섬), 말레이어(말레이 반도, 수마트라
기타), 빔바(Binh Ba)어, 숨바어(Sumba), 소롤어(Sorol), 로테(Rote)
어, 키셀어(kissell)어, 아루(Aru)어, 카이(Kai)어, 시카(Sikka), 테
툼, 쿠폰(クポン), 카로리(이상 4, 플로레스 섬)

2) 멜라네시아어군
뉴카레도니아(Nouvelle-Calédonie), 로열티(Loyalty), 아나톰(Aneiteum),
에로망고(Erromango), 뉴헤브리디스(New Hebrides), 피지(Fiji), 솔로
몬, 뉴포메론(Neu-Pommern), 뉴메크렌부르크(Neumecklenburg), 애

드미럴티(Admiralty), 산타크르주(Santa Cruz), 발리, 모노(Mono), 울바(Ulva), 타라와(Tarawa), 캐롤라인, 야프, 보나페, 마샬(이상 일본 위임통치)

3) 폴리네시아어

파카오포(Fakaofo), 후토나어(Futunan), 사모아(Sāmoa), 토가(Toga), 우베아(Ouvéa), 니우에(Niuē), 마오리(뉴기니아), 마르키즈(Marquises), 망가레바(Mangareva), 라로통(Rarotongan), 하와이

남양어는 모음이 풍부하며 음조는 참으로 아름답다. 특히 폴리네시아의 언어는 음악적이다. 스틸 기타의 리듬에 맞추는 하와이의 노래는 사람을 몽환지경으로 이끈다. 남양어의 단어 구성은 자음+모음+자음+모음+자음을 기조로 한다. 모+자+모+자 혹은 자+모+자+모 혹은 자+모+자의 형태도 보인다. (중략) 남양어는 어간에 접두사, 삽입사, 접미사를 부가하여 어간으로 동사를 만들거나 형용사를 만들기도 하고 명사를 만들기도 한다. 동사에 발동(發動)이 있고 수동(受動)이 있으며, 과거와 미래가 있다. 모든 접사에 의해 표현을 한다. 여러 가지 색에 대한 명사도 접사의 조력에 의해 만들어진다. 구문은 자유롭고 정확하다. 남양어 만큼 자유롭고 풍부하게 표현을 할 수 있는 언어는 없을 것이다. 게다가 딱 적당하게 어렵지 않은 정도로 정확한 문법이 있어서 표현을 명료하게 한다. ― (중략) ―상류 사회, 지식 계급 사람들은 토어보다 오히려 스페인어, 영어를 사용하는 상황이다. 상류 계급, 노인은 스페인어, 젊은 사람들은 영어를 좋아한다. 게다가 영어의 보급은 굉장해서 시골 구석구석까지 통

한다. (중략) 그러나 필리핀은 1945년에 독립을 하기 때문에,[12] 적어
도 국어가 있어야 한다. 대통령 케손은 공용어로서 영어를 사용하는
것은 체면이 상한다고 생각해서, 1937년에 타갈로그어를 공용어로
한다는 법률을 공표했다. (중략) 타갈로그어가 국어가 되는 것은 확
실해서 독립을 하면 국어를 애용하느니 만큼 타갈로그어로 이야기
를 하게 될 것이다. 앞으로 필리핀에서 뭔가 발전을 도모하고자 하
는 사람은 타갈로그어를 배워야 할 것이다. 난령 동인도의 토착민은
총계 6천만 명으로 많은 언어가 있음은 분류표가 보여주는 대로이지
만, 문자가 있고, 문헌이 있는 높은 수준의 문화가 있는 언어는 유감
스럽지만 매우 적어서 자와어와 말레이어 정도이다. ―문화가 있는
언어는 말레이어와 자와어 둘뿐이라고 해도 좋다. 그러나 둘 뿐이지
만, 이에는 예상 외로 많은 문헌이 있다. (중략) 말레이어를 모어로
하는 사람들은 말레이 반도의 말레이인(약 2백만 명), 수마트라 섬
팔렘방 지방의 토인, 보루네오 섬의 폰티아낙(Pontianak), 반자르마
신(Banjarmasin), 발릭파판(Balikpapan) 부근에 사는 말레이인계 사
람들이다. 말레이어는 말레이인이나 말레이계 사람들에 의해 사용
이 될 뿐만 아니라, 전 난령 인도의 공통어 역할을 하며 점점 더 세력
을 확장하고 있다. 말레이 반도와 자와의 화교들 중에서 모어 복건
어를 모르고 말레이어를 일상어로 삼고 있는 사람들도 많다. 자와인
은 지나인, 백인, 일본인 상대로는 말레이어를 사용하고, 자국어인
자와어, 순다어, 마두라어는 동향 사람들이나 가정 내에서 사용하고
있는 상황이다.

----

12 [원주] 미국 상대의 이야기이기 때문에 매우 의심스럽기는 하다.

　　나는 이 군도에 있는 섬들을 여행하면서 거의 전인미답이나 마찬
가지인 지역에서 상당히 많은 어휘를 모았다. 그리고 이들의 말을
통상의 말레이어 및 자와어를 제외하고 약 57개의 어계로 분류했다.
그중 몇 가지 언어는 몇 명이 기록하여 남아 있지만, 약 반수 이상은
언어학자들조차 전혀 모를 것이라고 나는 믿는다. 그런데 유감스럽
게도 내가 수집한 것 중의 약 반수가 상실되었다. 나는 몇 년 전에
계통별로 분류한 것을 고 존 크로포드 씨에게 빌려주었고, 그 후 수개
월 동안 돌려받지 못했다. 그리고 어느 사이엔가 동 씨는 이사를 했
고, 25종의 어휘로 되어 있는 그 책도 분실했음을 알게 되었다. 결국
은 그 후에도 그것을 찾을 수가 없었다. 이들 사본은 너무 오래되고
낡아서 아마 다른 쓰레기들에 섞여 버렸던 것 같다. 나는 전에 9개의
말을 언어표 안에서 베껴 두었다. 지금 그것을 나머지 31개의 어휘
전부와 함께 기록해 두기로 한다.

　　민족이 너무 야만스럽고 언어 소통이 지극히 불완전한 지방에서는
단순한 명사 및 가장 일반적으로 사용되는 형용사 이외에는 말을
충분히 파악하기 어렵다는 것은 내가 이미 경험을 한 바이다. 때문에
나는 우선 120개어를 골라 실제로 사용되는 것을 모두 검토하기로
했다. 다른 언어와의 비교상, 영어 다음에 말레이어를 부기하기로
한다.

　　문자에 대해서는 대략 모음의 대륙적 발음법에 다소의 수정을 가
하여 사용한다. 즉 다음과 같다.

영어 : a　e　I　또는　ie　ei　o　ǔ　ū
발음 : af　a　ee　　　I　o　ė　또는 ėh oo

그리고 이들 음은 철자의 마지막에 가장 센 강세가 있다. 또한 자음을 동반하는 경우 그 음은 보통의 발음과 큰 차이가 없다. 때문에 Api는 Appee로 발음되고 동시에 Minta는 Mintah라고 발음된다. 단음 ŭ는 영어의 er과 똑같이 발음하지만, 후자음(喉子音, K 혹은 G처럼)을 동반하지 않는다. 특히 긴 철자, 짧은 것 및 악센트가 있는 철자는 보통의 방법으로 기록된다. 언어는 지리적으로 서쪽에서 동쪽으로 분류해서 모으기로 했다. ―이들 어휘로는, 일정한 결론을 내리는 것은 거의 불가능하다고 여기에서 공언하겠다. 언어가 각 섬 사이에서 오랜 세월 동안 왕래하다보니 심하게 변했기 때문에, 언어가 유사하다고 해서 그것을 근거로 바로 종족을 결정하는 것은 아무런 신빙성이 없다고 나는 믿는다. ―파푸아어는 문자가 매우 복잡하고 또 단철어는 자음으로 끝나기 때문에 쉽게 판별이 된다. 이런 특징은 말레이어에는 거의 보이지 않는다. 테르나테, 티도레 및 바칸 등의 민족처럼 확실히 말레이 인종이라도 완전히 파푸아계 언어를 사용하는 경우도 있다. 그것은 그들이 소수로 이들 섬에 이주하여 토착인 여성과 결혼하고 그 언어의 대부분을 습득한 것이 애초의 기원으로, 그 후에 이주해온 말레이인도 그 지역에 정착하는 경우는 토어를 습득하여 그것을 사용할 수밖에 없게 된 것에 기인한다고 나는 믿는다. (전게서, 월리스 저 『말레이 군도』에서)

미크로네시아 제도인의 언어는 대체로 말레이 폴리네시아계에 속한다고 하는데, 절대 각 지역이 동일한 언어를 사용하는 것은 아니어서 방언 이상의 차이가 있고, 특히 차모르어 같은 것은 일종의 독특한 어휘를 가지고 있다. 마샬어 및 팔라우어 역시 다른 캐롤라인 제도의 언어와 비교하면, 일본 국어와 아이누어 이상의 차이가 있다. 이후의 캐롤라인 제도에서도 각 섬마다 다소의 차이가 있어서 떨어져 있는 지역하고는 서로 의사 소통이 어려운 정도이며, 대체로 이를 아래 다섯 개 군으로 나눌 수 있다.

쿠사이어 8백여 명의 같은 도민에게서만 사용된다. 단, 보나페어에 가깝다.

보나페어 보나페(인구 약 5천) 외에 속도 핑겔라프(Pingelap), 나티크, 모킬(Mokil)에서 통용된다.

누쿠오로어 순전한 사모아어로 약 6백년 전 폴리네시아에서 이주한 필리핀 섬의 토인(인구 약 120)들 사이에서만 사용된다.

중앙 캐롤라인어 루쿠 섬을 비롯하여 모르트록(Mortlock), 할(Hall), 라모트레크(Lamotrek), 올레아이(Woleai), 울리티 군도 등 보나페 이서, 야프 섬 동방에 위치하는 손소롤, 메릴(Meril) 등의 이도민(離島民) 그리고 마리아나 군도에 재주하는 캐롤라인인들 사이에서 사용되는 언어로, 약 2만의 민중 사이에 보급되어 있다. 물론 그중에는 여러 가지 방언이 있지만, 서로 전혀 소통이 안 되는 정도는 아니다.

야프어 야프(인구 약 5천) 및 누르(Ngulu) 섬에서만 사용된다.

위와 같은 다종다양한 언어를 일률적으로 논하는 것은 불가능하지만, 이를 나열 비교하는 것 역시 매우 번기로울 뿐이므로, 나는 차보르, 마샬, 팔라우어 외에 캐롤라인어의 대표로서 중앙 캐롤라인어(이하 편의상 루쿠어라고 칭한다)를 선택하여 북서어에 대해 본서의 목적 ―즉 민족의 실상을 그리고 그 원류의 탐구에 이바지하는 목적―

에 필요한 정도에서 내 관견(管見)을 기술해 보겠다.

월리스 씨의 어음(語音), 어법에 대한 연구는 대단히 간명하고 정제
되어 있지만, 여기에서는 문자에 대해서만 발췌하여 인용해 보겠다.

— 제도에는 문자라는 것이 없다. 이 제 언어가 기록되게 된 것은
로마자를 알고 나서의 일로, 기독교의 목사 등이 도민에게 복음을
전하기 위해 열심히 토어를 배우고 그것으로 교의를 설파하는 한편,
성서를 토어로 번역하기 위해 로마자로 토어를 적고 또 이를 읽는
것을 가르쳤기 때문에 비교적 빨리 문자가 보급된 것은 우리 언어학
에 종사하는 사람들이 감사해야 할 점이다. 그렇지만, 대부분의 선교
사들은 언어학자가 아니기 때문에 언어의 구성에까지는 눈길이 미치
지 못하여 현재 일본의 로마자론자처럼 자기 귀에 들린 대로 임의로
쓴 것이어서, 오늘날 우리 후학자들에게 의혹을 일으키는 결과를 야
기했다. 문자를 모르는 도민은 중대한 기록을 일종의 형상으로 남겼
다. 괌 섬의 수부(首府) 아가냐(Agana)에 가까운 이나라한(Inarajan)
마을의 동굴 벽에는 옛 여왕이 남겼다는 형상 문자의 조각이 있다고
하며(크리스티앙), 팔라우 관사의 기둥, 상량 등에 새긴 조각의 대부
분이 바로 그것이다. 그러나 널리 일반적으로 통용되는 형상 부호가
정해져 있는 것은 아니기 때문에 일종의 수수께끼 같아서 이를 해독
하는 것은 매우 드물다. 물론 특별한 장부에 사용한 형상도 없지는
않다.(중략) 결승(結繩)의 방법도 사용된 것으로 보여서, 셈 벨에 의하
면 팔라우인은 새끼줄의 끝을 묶거나 원을 만들어서 교우(交友)들
사이에서 통신을 한다. 이를 '루스루'라고 하는데, 편지에서도 이 언

어를 사용한다고 한다. 올레아이 섬에서는 새끼줄 매듭으로 날짜를
계산했다. 팔라우의 추장이 소중하게 보관하는 기념품이 야자잎 또
는 '아바아(アヴァ)' 뿌리로 만든 것이라고 바스티안이 보고한 것은
아마 토어 '주오이(ズオイ)'를 말하는 것이겠지만, 이는 지나인의 인
수(印綬)에 해당하는 것이다. 추장의 별명 '주오이'도 묶는다는 뜻의
'주오이부루크'라는 말에서 나온 것이다. (「사카모토 소좌[坂本少佐]
조사」)

제8장
남양 화교의 문제

1. 화교의 역사

화교(華僑)의 '화(華)'자는 중화인(中華人)이라는 뜻이며, '교(僑)'자는 즉 '교거(僑居)'[1]의 뜻으로 일시 재류한다는 것이다. 그러므로 소위 화교란 실제적으로는 '외국에 이주한 지나 이민 및 그 자손'(후쿠다 쇼조[福田省三] 씨)이라는 뜻이 되며, 이를 법률적으로 말하면, '일반적으로 지나인이면서 외국 영역에 이주 또는 교거하며 아직 지나 국적을 상실하지 않은 자를 말한다'(구한평[丘漢平] 씨)라고 하게 된다. 이러한 법률적 해석은 극단적인 혈통주의의 국적법에 의한 것이다.

중화의 이민군(移民群) 그룹에는 북방 이민군 즉 북방 지나에서 만주, 시베리아로 흘러간 무리들과 남방 이민 즉 남지(南支)에서 남양 제도, 태평양 연안으로 이동한 무리들이 있다.

북방 이민의 역사는 청조 초기부터 활발해졌지만, 남방 이민군의 역사는 대단히 오래되어서 2천 년 전인 서한(西漢) 시대에 이미 그

....
1 교거란 타관살이를 말함.

사실이 확인되며, 송, 원, 명 시대에는 이민선(移民船)이라고 하면 으레 중화인의 것이라고 여겨졌을 정도이다.

여기에서 문제가 되는 것은 남방 이민군인데, 그 내용, 종류, 직업은 매우 복잡다단하다.

화교 연구가 후쿠다 쇼조 씨는 고저(高著)『화교 경제론(華僑經濟論)』에서 다음과 같이 말하고 있다.

> 현재 동아 경제를 일별(一瞥)할 때, 우리는 남양과 지나에 강력한 경제망을 가지고 있고 상공업에 농업에 무역에 모든 경제적 활동에 있어 큰 세력을 갖는 화교의 존재에 놀라지 않을 수 없다. 그들은 단순한 이민에 불과하다. 그러나 그들은 남양 1억만 토인의 경제 생활의 태반을 컨트롤하는 보이지 않는 손이고, 또한 지나 본국이 경제적 파탄에 빠지지 않게 하는 공로자이며, 현재의 국민 정부를 건설한 유력한 한 축이다.[2]

이들 이민의 내용도 만주 방면 이민군과 달리 다종다양하다. 즉 (1) 필리핀 부근의 제도 및 말레이 제도와의 무역에 종사하면서 동시에 인도, 지나, 섬라의 북방에서 점차 남양으로 침도(侵到)해 간 기업적 항해업자의 일단을 주로 하는 그룹, (2) 19세기에 북방 아메리카, 포와(布蛙=하와이), 페루, 구마(玖瑪=쿠바) 등의 신개지 발전으로 인해 개방된 노동 수요의 파이오니어가 되고 또 남양의 주석, 고무 기타 각종 재배 사업에 흡수된 지나 노동자군 ― 그들은 선박입자에 의해

---

2 [원주] 이런 연유로 손문(孫文)은 '화교는 혁명의 어머니이다'라고 하고 있다.

보급되었지만, 그 대우는 완전히 노예와 같았다, (3) 남양 및 태평양 연안 제국의 어디에서나 보이며 남양 제국의 상업적 근간을 형성하고 있는 중개 상인으로 나눌 수 있다. 이들 남지나에서 온 이민군들이 화교의 중심을 이룬다. 그리고 우리들은 화교 경제를 연구함에 있어, 남양에 재류하는 화교에 중점을 두고 그 외 남북 아메리카, 호주 등에 재류하는 화교는 참고로 하는데 그쳤다. 왜 그렇게 다루었는가 하면, 그들은 경제적 활동을 함에 있어 천양지차를 보이기 때문이다. 남양 제국의 화교들은 남양의 경제적 패자(霸者)라 일컬어진다. 그들은 남양 특산물인 고무, 주석, 사탕수수, 쌀, 커피, 담배, 야자유 등의 생산과 공급에 중요한 역할 담당할 뿐만 아니라, 토인의 생활에 직접 필요한 모든 물질의 배급망 역시 독점하고 있다고 해도 과언이 아니다. 따라서 남양에서는 수많은 화교 부호와 사업가들이 배출되었다. 예를 들면, 난인(蘭印)의 건복(建福), 황중함(黃仲涵), 임송량(林松良), 곽춘앙(郭春秧) 등이 있고, 영령 말레이의 호문호(胡文虎), 김동시(金東施), 혹은 진가경(陳嘉庚) 등이 있으며, 섬라에는 진송명(陳宋明)이 있고, 필리핀 섬에는 정치적 세력까지 가진 진겸선(陳謙善) 등 일일이 예를 들 수 없을 정도이다. 이러한 화교의 존재는 지나 본국에 직접 큰 영향을 미치고 있다. 즉, 그들은 지나 본국의 정치, 경제와 밀접하게 결부되어 있다.

이러한 실제 세력과 복잡한 내용으로 인해 고래로 중화에서는 대내외적으로 여러 가지 문제를 야기했기 때문에, 역대 왕조는 국법으로 엄금(嚴禁) 정책을 취했으며 이 국금(國禁)을 어기는 자는 생명을 빼앗고 재산을 몰수하였다.

그 정책의 취지는 조상의 묘를 방기한다고 하는 도덕적 이유였는데, 그것은 당 이래로 성문화되었다. 명대에는 표면적으로는 매우 엄중했지만, 실은 화교에게 원조를 받는 바가 많았다고 한다.

명의 조정은 정부의 해외 통상 정책 통제의 필요상 법률로 이민 억제 정책을 채용하여 '인민으로서 해외로 나가는 자는 마음대로 욕심을 부리고 적과 내통하는 죄와 같으므로 참수에 처한다'라고 하며 엄하게 처형했다. 이는 당시 명의 조정으로서는 정책상 어쩔 수 없는 일이었겠지만, 그럼에도 불구하고 계속해서 이민이 증가했기 때문에 모순을 초래하고 말았다. 특히 아이러니한 것은 명 조정이 몰락한 후, 그 유신(遺臣)들은 남양으로 도망을 쳤기 때문에 그 수가 10만이나 되었고, 그 때문에 남양 화교의 세력이 급격하게 증대했다는 사실이다.

명조 법률의 모순의 예로는 건륭 5년(1740)에 화란인이 자와의 화교 6만 명을 참살한 사건이 일어났는데, 명조는 그 사실을 알면서도 금지법에 속박되어 어찌할 수가 없었다는 것이다. 다만, 국력이 약한 중국에서는 그와 같은 방임주의가 국제적 분쟁을 피하는 수단이 된 것은 어찌 보면 유효한 것이었다고 할 수 있다.

청조는 청조에 대한 반역의 배경이 남양 화교에 있다고 인식하고 사무역(私貿易) 내지 이주의 목적으로 해외에 나가는 자를 군정(軍情) 누설죄로 참수의 극형에 처하는 규정을 두었지만, 겨우 순치(順治)와 강희(康熙) 연간밖에 실시되지 못하고 사문화되었다. 그리고 여진히 이민은 금지하였지만, 자국선에 의한 남양 통상은 금지하지 않았다. 이는 원래 모순된 생각이었기 때문에 사적인 이민은 공공연한 통상과 함께 행해졌다.

중화 왕조는 외국과 교섭이 활발해진 19세기에 들어서서도 여전히 이민 금지령의 공문은 엄수하고 있었다. 그리고 이러한 공문으로 인한 여러 가지 국제 사건—1858년의 톈진조약(天津條約)의 원인이 된 애로우호 사건이 전형적이다. —이 발발했을 때, 광동의 실권자인 영국 영사 파크스(Sir Harry Smith Parkes=巴夏禮, 1828~1885)는 지나 이민을 요구하며 광동에 온 영령 기아나(Guiana) 이민국 장관 오스틴을 원조하여 당시까지 국금을 범하며 대량으로 이루어지고 있던 쿨리(苦力)[3] 무역, 저자(猪仔)[4] 무역을 근절하고 자유이민제를 광동에서 시행할 것을 중국 측에 공인하게 하였다. 이것이 계기가 되어 1860년 북경조약 이후, 중화 정부는 해외 이민 금지 정책을 포기하고 이민 보호에 나섰다.

민국 이후에는 자유이민제가 문제가 아니라 적극적으로 화교 이용책에 나섰다.

2. 화교의 활약

화교의 고향은 남지(南支)이다.

광주, 산두(汕頭), 염주(濂州), 하문(廈門), 천주(泉州), 복주(福州)의

---

3 해외에서 활동하는 인도인, 중국인 저임금 노동자를 일컫는 쿨리(Coolie)의 중국식 명칭.

4 외국으로 팔려간 해외 중국인 쿨리의 다른 말. 저자(猪仔)는 개, 돼지를 의미하며 쿨리가 개돼지 취급을 받는 노예로 전락하였음을 보여주는 명칭.

소위 광동인, 복건인(福建人)이다. 황군이 점령한 해남도(海南島)도 화교의 본고장이다.

광동인은 기개와 정렬과 원기가 넘쳐서 해외로 돈을 벌러 가는 것을 자랑으로 여겼다. 건복인은 장사도 잘하고 또 아무리 어려운 일이 있어도 잘 견디는 근로 성공자형이다. 해남인은 원래 인상이 좋고 모든 일에 있어 요령이 좋으며 늘 착실하게 일을 해서 결국 큰 성공을 거두는 대기만성형이다.

그들의 기질에는 모두 비약하는 힘이 있어서 아무리 힘든 일이 있어도 전혀 끄떡없고, 또 지극히 느긋하고 대륙적이라 소소한 일에는 구애받지 않는다. 이에 화교 기질의 강점이 있다 할 것이다. 견인불굴, 실질근검으로 형용할 수 있다.

화교라고 하면 바로 남양을 떠올릴 만큼 남양은 화교의 낙토이며, 그 분위기나 지역색은 화교의 기질을 대표하고 있는 것 같다.

그들 대부분은 자신들이 이민해서 살고 있는 나라를 자신의 나라라고 생각하기 때문에 고국의 산하해변을 떠났어도 전혀 센티멘털해하지 않는다. 입은 옷 한 벌, 타올 한 장, 물통과 부채, 자물쇠로 잠근 나무 상자 하나가 다인 것이 보통이고, 좀 나은 경우라면 그 외에 양산에 아편 담뱃대를 들고 고구마 죽을 들이키며 콧노래를 부르면서 5~6백 톤 되는 소형 기선에 몸을 흔들리며 목적지로 나간다.

게다가 천지 모두가 자신들의 것이라 생각하기 때문에, 아무리 힘이 들고 비참한 상황에 처해도 아무 불평불만도 하지 않고 애써 고생해서 모은 돈을 도박이나 아편, 도둑으로 잃어도 천하태평이며, 또 돈이 아무리 많이 생겨도 한도를 모른다.

보기에 따라서는 참으로 무서운 기생적(寄生的) 존재이다.

남양의 화교는 모두 거칠고 도박을 좋아하며 미신을 믿고 아편을 좋아한다고 한다. 하지만, 일은 정말로 잘한다. 그리고 남양의 생활에 희망을 걸고 즐기고 있다.

조국은 항상 정세가 불안하고 생활이 힘이 드는 데다가 어수선하기 때문에, 남양의 별천지에 상륙을 하면 이야, 이것 참 살기 좋은 곳이구나 라고 하듯이, 바로 남양 분위기에 휩싸여 버리고 만다. 정말이지 동화력 하면 지나인만큼 강한 민족은 없을 것이다.

화교는 전 세계 어디에나 있다. 그들은 뱀장어와 같은 존재들이다. 뱀장어는 산꼭대기든 바다든 웅덩이든 어디에서나 생존한다.

그렇다면 화교들은 어떤 직업에 종사하는가 살펴보자. 교거하는 장소에 따라 차이는 있지만, 대체적으로 농업, 개간, 어부, 소매상인, 행상, 다방, 세탁업, 이발업, 음식업, 보이, 자유노동자, 직공, 공사장 인부 그리고 쌀, 생사, 목재, 도자기상, 무역상, 금융업, 매변(買辨)[5] 등 거의 모든 직업에 종사하고 있다.

그러나 문명 수준이 높고 자본주의가 발달한 나라에 사는 화교는 대자본주의에 압박을 당하고 제어를 당해 자본적으로 발달할 수 있는 여지가 좀처럼 없다.

그런데 남양과 같이 경제적으로 생활 수준이 낮은 곳에 교거하는 화교들은 자신의 노력과 기회만 있으면 어떤 식으로든 발전하여 성공할 기회가 있다.

그래서 남양이 세계 제일의 화교 왕국이 된 것이다.

....

5   청조 말기에서 중화민국에 걸쳐 외국 상사, 은행 등과 중국인의 거래를 중계하던 중국인.

남양의 화교는 고무 제조, 시멘트, 항만업, 수출입업, 금융 등을
비롯하여 각 산업 방면에 걸쳐 활약하고 있다.

많은 광동인이나 복건인들은 불인을 중심으로 활약하고 있어서 불
인 무역에 대한 화교의 세력은 압도적이다. 특히 광동인은 서공 및
촐론(cholon)[6]에서 정미, 목제, 제판(製板), 견포(絹布), 석탄, 벽돌, 중
고품 제조, 그리고 모피, 수골(獸骨), 자황(雌黃),[7] 카다멈(Cardamom)[8]
등의 지역 산물의 수출에 종사하며, 복건인으로 서공을 중심으로 크
게 활약을 하고 있는 자들은 촐론의 공장이나 미곡을 독점하고 있다.

타이나 버어마의 화교 세력은 대단하다. 특히 타이에서는 화교가
경제상의 전권을 장악하고 있고, 상업, 무역, 은행, 회사, 보험, 쌀,
농업, 목재의 각 방면에서 중심 세력을 이루고 있다.

화교의 수가 가장 많고 큰 활약을 하고 있는 곳은 인도네시아, 난
인, 영령 말레이, 불인, 필리핀 등이다.

이 '세계의 잡초'의 수는 사람들에 따라 제각각 달리 파악하고 있
다. 그것은 중화의 조사가 제대로 미치지 못한 탓도 있지만, 확실한
수를 알 수 없는 데에 '세계의 잡초'가 잡초인 소이가 있다. 전술한
바와 같이, 화교의 역사는 2천 년에 걸쳐 있지만, 19세기에는 약 3백
만 명이라 했다. 그 후 윌리엄 웨일즈(William Wales, 1734?~1798)는 약
4백 명으로 계산하였으며, 20세기 초에 이르러 역사가 H.S. 몰은 남
방 지나, 대만, 자바와 화교를 7백만으로 추산했다. 1906년에는 8백

---

6 베트남 하노이 근교의 최대 화교거리.
7 황과 비소의 화합물.
8 인도 원산지인 생강과 식물 종자에서 채취한 향신료.

만이라 했지만, 1919년 S.K.체인 씨에 의하면 638만에 이르고 있다. 또한 1925년 지나 정부의 조사에 의하면, 일본 등을 제외한 대략의 숫자는 763만 4천 명으로 되어 있다. 그 후 지나 정부는 850만이라고 발표했지만, 1929년 지나 정부 발표를 보면 전성시대에는 천만 명에서 천 5백만 명 사이를 오간다고 보는 것이 타당할 것이다.

그런데, '그러나 지나 정부의 무위무책(無爲無策), 근래의 경제 공황, 일본 무역의 진출과 만주사변을 바탕으로 하는 화교의 일본 제품 불매 운동의 결과 몰락 운명에 처하여 속속 본국으로 돌아간다'[9]고 하는 쇠퇴 추세를 초래하여, 현재는 650만 이하에 이르렀다. 또한 이번 사변이 원장화교(援蔣華僑)[10]에 미친 영향은 심대하여 경제적, 민족적으로 토인으로부터 역습을 당하는 결과가 되기도 했고, 그 결과 그들의 꿈은 맥없이 무너짐과 동시에 일본 제품 불매로 인해 오히려 자승자박의 결과가 되어 사면초가에 빠진 상황은 당시 신문에 보도된 바와 같다.

오늘날의 화교에 대한 현실 문제에 대해서는 후술하겠다.

여기에서는 1934년 남경교무위원회의 통계에 따라 총수 780만, 남양 6백만 설을 취한다.

그렇게 되면, 상술한 열강 식민지에서 화교의 대부분의 직업 분포는 아주 거칠게 말하면 다음과 같다.

....

9 [원주] 『시국 해설 백과요람(時局解說百科要覽)』(平凡社, 1937).
10 중일전쟁으로 인한 일본제국과 중화민국의 대립 시, 주로 영국, 미국, 소련이 중화민국 군사 즉 장개석(蔣介石)을 원조하기 위해 사용한 수송로를 원장루트라고 하는데, 이에서 유래한 말로 보임.

타이국은 남양 유일한 독립국(실제는 구미 민족의 정치적 지배하에 있지만)이며, 중화와는 공혼(共婚)에 의해 피가 연결되어 있는 친척의 나라이다. 이런 의미에서 중화의 정치적 세력은 매우 강하고, 따라서 경제적 세력이 강한 것은 당연할 것이다. 국민정부는 타이에 있는 화교의 경제력을 이용하기 위해 조국애를 내세워 타이화를 저지했지만, 아이러니하게도 이번 사변 이후 타이는 화교의 지나화를 금지하고 있다.

타이국은 본래 농업국으로 쌀 산지이며, 수출의 60%를 차지하고 있다. 화교는 이 쌀에 대해 절대적이라 할 만큼 큰 지배력을 가지고 있으며, 티크재 벌채와 제재에도 서구인 다음 가는 힘을 가지고 있다. 상업에 대해서는 화교는 많은 미개지에서 국산품의 무역, 교역 등을 모두 한 손에 장악하고 있다. 재산이 있는 타이인들은 고래로 상업을 천히 여기는 풍습이 있어서 그 틈을 타서 세력을 장악한 것이다. 그러나 그 상업 기관은 근대적이지는 않다. 그것은 이들 화교가 지식이 없는 계급 출신들이기 때문에 근대적 상업 기구에 대응할 수 있는 지식을 가지지 못했기 때문이다. 화교는 이 외에 전당포, 고리대금업, 송금 사업 등을 독점하고 있다. 하지만 은행과 같은 금융 기관은 구미인의 수중에 있다.

근년 일본 제품의 수입이 활발해졌지만, 이를 취급하는 것 역시 화교이기 때문에 일본 대 화교라는 문제가 발생했다. 일본의 지나 및 아시아에 대한 정책의 진의를 이들 화교가 정당하게 제대로 인식하느냐 아니냐가 일본 상품의 타이 진출 성쇠의 갈림길이다.

불인은 지금까지 프랑스 본국의 배타적 정책으로, 외국에 대한 자본 투하가 없기 때문에 경제적으로 뒤쳐져 있다. 특히 프랑스인과 관계가 없는 사업은 전혀 되지가 않는다.

이 불국 독점주의로 인해 화교의 활약 무대는 좁아졌지만, 그래도 여전히 농민과의 전분 원료 중개를 거의 독점하고 있고, 정미업,[11] 쌀의 수출입 무역은 화교의 수중에 있다. 국내 상업은 전부 화교의 것이며, 또한 매변은 종횡으로 활약하며 외국 자본가의 대리 역할을 하고 있다.

화교 노동자는 프랑스인들이 경영하는 광산에서 일하거나 연안 어업에 종사하며 안남인을 늘 억압하고 있다.

영령 말레이는 거의 화교의 왕국이다. 화교에게 있어 이곳은 숫자보다 더 실질적 장소이며 그 밀도는 매우 높다. 말레이에는 화교와 말레이 여성과의 혼혈인 바바[12]가 많다. 그 정도로 화교는 말레이에 깊이 들어와 있다.

싱가포르 등은 1931년 조사에 의하면, 인구 44만 5천 명 중 화교 34만, 말레이인 4만 3천, 인도인 4만 천으로 약 7할을 차지하며 화교의 도시를 이루고 있다.

모든 화교의 약점은 정치적 세력을 가지지 못한다는 점인데, 말레이의 화교도 정치적으로는 영국 정부의 지배하에 있다. 그러나 싱가포르를 화교의 도시로 만들고 위대한 경제적 세력을 장악하고 있는 것은, 비록 잡초라고는 해도 화교의 강점이다.

화교의 활동 분야는 거래상, 소상인, 농업(복건계 화교가 31% 차지),

....

11 [원주] 정미업과 관련하여 중소 공장은 안남인과 화교가 경영하고 있고, 큰 공장은 말할 것도 없이 프랑스인이 경영하고 있다.
12 [원주] 지나어의 바바(峇峇)에서 유래.

주석광산, 재배업(광동계 화교가 24.5% 차지, 그 다음에 만주계가 12.2% 차
지), 주석 노동자(객가계가 의외로 많아서 18.6% 차지), 도회의 가정 노동
자, 고무 농장 노동자(해남계가 5.9% 차지) 등이다.

말레이 화교의 주요 사업은 고무 재배이며, 그 다음에 세계 제1위
인 주석이 있고, 파인애플업이 있다. 다만 주석은 근대 과학에 의한
신식 채굴법에 압박을 받아 화교들의 구식 방식은 점차 쇠퇴 일로에
있으며, 이곳의 세계적인 파인애플업은 거의 화교가 독점하고 있다.
수산업은 지금까지는 일본인 쪽이 우위에 있었지만, 지나사변 이후
모든 수단을 동원하여 일본을 압박하려 하고 있다.

상업 방면에서 화교의 세력은 단연 발군으로 이곳에서는 금융 방
면으로도 진출하고 있다. 난인에는 120만의 화교가 있다. 역시 복건
계가 가장 많으며, 객가, 광동, 조주(潮州), 기타의 순이다.

그 분포는 자와의 마두라, 수마트라, 보루네오, 셀레베스, 발리의
롬복, 몰루켄(Molukken),[13] 티모르로 되어 있으며, 1930년 조사에 의
하면 자와 마두라는 58만 2천 명, 수마트라 44만 8천 명으로 단연코
발군이다.

직업은 상업, 산업, 공업, 교통, 자유노동, 관공서 관리 등의 순이
다. 산업은 잡화 소매상, 행상인이 많으며, 무역상은 적다. 농업 노동
자도 매우 많으며 지방에 따라서는 목재업, 어업, 광부 등이 들어와
자리를 잡고 있다.

공업 방면에 대해서 도미타 요시로(富田芳郎)는 「남양 화교의 경제

....

13 영국식은 말라카(Moluccas).

적 기구(南洋華僑の經濟的機構)」(전게서, 남양 연구호)에서 다음과 같이
소개하고 있다.

공업 방면에서도 기업가로서 노동자로서 활약하고 있으며, 제조
업에서는 화교 제당 공장은 십수 년 전에 40곳을 넘었으나 1922년에
는 14곳이 되었으며 거기에 또 세계적 경제 공황에 의해 심한 타격을
받아 지금은 겨우 5~6곳을 남기고 있다. 그러나 정미 공장, 카사바[14]
공장, 케찹 공장, 코브라 제유 공장 등에서는 우세한 지위를 차지하
고 있고, 화포(花火), 석탄, 벽돌, 비누, 담배, 제재, 제빙, 인쇄 등의
소공장 또는 수공업으로서 제모자(製帽子, 주로 대나무 모자), 재봉,
목공, 가구, 신발, 금세공, 은야금, 주석공, 자전거 수선 등 잡다한
방면에 진출하고 있는 것이 현저한 특징이다. 이러한 현상은, 조와는
인구가 조밀하여 노동 임금이 저렴하기 때문에, 서구인의 대규모 기
업이나 중소기업 하에서 중소기업자로서 가내 공업이나 수공업 방면
에서 화교가 지위를 획득하고, 토착민에 대해 원료나 노동 임금을
대여하여 노동 의욕을 불러일으키기 때문이다. 1931년 조사에 의하
면, 조와 경사(更紗)와 같은 바틱[15] 공업 부문 경영 공장 수는 전 조와
에서 보면, 토착인 3,515, 화교 727, 아랍 130, 유럽인 12이다. 이를
숫자상으로만 보면, 토착인보다 적기는 하지만, 이들 산업이 노동자

----

14 카사바(cassava). 대극과의 열대 관목. 높이 약 2m. 라틴아메리카 원산. 고구마와
   비슷한 커다란 덩이 뿌리가 나는데, 열대 지방에서는 가장 중요한 주식의 하나임.
15 바틱 염색(batic dyeing)을 말하는 것으로, 왁스를 가열하여 용해한 것으로 무늬를
   그리거나 또는 틀로 찍은 후 왁스가 식으면서 굳어서 강력한 방염력(方染力)을 갖는
   점을 이용하여 무늬를 만드는 방염법(防染法)이다.

의 가내 수공업으로 이루어지고 있고 그에 대해 원료의 전대(前貸)가
금화 형식으로 이루어지는 경우가 많기 때문에, 화교의 세력은 상술
한 것 이상이다.

필리핀에서 화교가 통상 분야에서 활약한 것은 스페인 영유 당시
한때 맛보았던 일장춘몽이 되었으며, 미국령이 된 오늘날에는 입국
금지 때문에 그에 종사하는 화교의 숫자는 매우 줄어서 고작 11만
내외이다.

이곳의 화교는 복건이 8할을 차지하고 광동은 겨우 2할이지만, 남
지인(南支人)으로 한정된 것에 특이성이 있다.

필리핀의 화교는 식민지 화교 본래의 특질을 충분히 발휘하여 구
미 자본가와 토착민 사이에 물자의 중개자로서 존재하며, 양자와 깊
은 관련을 맺고 있음과 동시에 양자에게서 이익을 올리고 있다.

그리고 그들의 직업은 상업, 고리대금업, 전장(錢莊),[16] 쌀 매매 거
래, 생산업(쌀, 마, 담배, 목재, 야자, 사탕수수, 코브라, 술, 기타 농작물)
등이다. 특히 쌀 관련 일과 매변은 화교의 전업이 되어 있다.

그러나 필리핀 토착인은 독립에 대비하여, 1934년부터 전국경제옹
호협회,(National Economic Protectionism Assa ciation) 즉 NEPA를 조직
하여 도내 상업 화교로부터의 탈환을 꾀하고 있다. 이는 일면 경제적
인 것으로 보이지만 거기에는 다분히 민족 운동의 의미가 있다.

여기에서도 화교의 장래와 그 귀추를 볼 수 있다. 남양 1억의 민족

---

16 중국에서, 환전(換錢)을 업으로 하던 상업 금융 기관. 청나라 중기에 번영함.

은 민족 의식에 불타오르고 있으며, 우리 민족인 남양을 재건하기
위해 반드시 화교적 기생충을 배격할 것이다. 또한 이 운동을 통하여
백인에 저항할 것이다. 그 축도가 현재의 필리핀이다.

3. 화교 진흥론

지나에서는 지나 대로 '화교 진흥론'이 있다. 참고삼아 다음에 글
하나를 번역해 보겠다. 그것은 즉 『우공(禹貢)』에 실린 허도령(許道齡)
의 〈남양 화교 몰락의 원인〉이다.

> 남양이라는 존재는 아마 국내의 지식 계급의 뇌리에 인상적으로
> 박혀 있지만, 이는 역시 그곳이 화교의 중심이기 때문이며, 또 이
> 지역이 우리 중국에 가깝다는 이유가 있기 때문이다. 생각건대 명
> 이전에는 단지 동서양이 있었을 뿐으로 남양이라는 이름은 없었다.
> 장섭(張燮)의 『서고 동양(西考東洋)』 권5의 〈문래조(文萊條)〉에 '문래
> 는 곧 파라국(婆羅國)으로 동양이 끝나는 곳, 따라서 서양이 시작되는
> 곳이다'라고 되어 있다.

이에 의해서도 현재 소위 남양이라는 것은 실제상 명대의 동양과
서양의 일부분이었던 사실을 알 수 있다. 당시의 동양이라는 것은
일본 3도(島)와 비율빈(菲律賓)[17] 군도까지를 일컬어 말하는 것이며,
서양이란 마카사르 해협(Makassar Strait)의 서쪽이라는 것이다. 오늘
날 남양의 범위를 요약해서 말하자면, 곧 프랑스령 인도지나 반도,

샴(타이), 영국령 인도지나, 네덜란드령 동인도지나, 보루네오, 필리
핀 군도 등의 지역이다. 그 면적은 170만 평방리로 약 일본의 3분의
1 남짓을 차지하며, 인구는 1억 정도이고, 우리 일본의 4분의 1이 약
간 못된다. 땅이 넓고 인구밀도는 희박하며, 기후는 온화하고 해발은
4백 미터 이하이기 때문에 농업에 편리하다. 또한 문화도 뒤처지고
공업도 발달하지 않았기 때문에 외국 화물에 대한 수요가 있다. 이것
이야말로 진정 인구 과잉 국가의 좋은 식민지이며, 생산 과잉 사회의
좋은 시장이다.

이와 같이 그 지역의 객관적 조건은 모두 이민에 매우 적합하기
때문에, 화교는 이곳에서 유구한 역사를 지니며 견고한 기초를 다지
고 있는 것이다.

정치상으로 명의 영락(永樂) 연간 양도명(梁道明)은 일찍이 삼불제
(三佛齊=스리비자야)[18]의 일부를 점거하여 왕으로 칭하였고, 진조(陳租)
는 일찍이 구항(舊港=팔렘방)의 두목이 되었다. 성화(成化) 연간, 사문
빈(謝文彬)은 섬라에 봉직하여 지위가 '곤악(坤岳)'[19]에까지 이르렀으
며, 가청(嘉靖) 연간에 임도건(林道乾)은 발니(浡泥=보루네오)의 광산
외사(外事) 담당자가 되었고, 만력(萬曆) 연간에는 민해(閩海, 복건성)
의 해적 이마분(李馬奔)이 일찍이 그 건아의 일단을 이끌고 비율빈에
눌러앉았다. 그리고, 청초에는 오상현(吳尚賢)이 황요조(黃耀祖)와 함

....
17 필리핀의 중국식 음역.
18 수마트라는 일찍부터 인도 문화의 영향을 받아오다가 7세기 후반부터는 팔렘방을
    중심으로 일어선 불교 국가 스리비자야(Srivijaya) 왕국의 지배를 받았다.
19 [원주] 생각건대 지나의 학사와 같은 것은 아닐까?

께 면전의 국경으로 숨어들어 호노(葫蘆)[20] 국왕이 되었다.

건륭 연간에는 정소(鄭昭)가 샴에 봉직하여 지위가 재상에 이르렀고, 후면전이 샴에 반항을 하자 정소는 그것을 극복하고 민중에게 추대되어 왕이 되었다. 그 외 월남의 왕족 원씨(阮氏) 같은 사람도 역시 지나의 혈통인데, 라방백(羅芳伯), 진난방(陳蘭芳), 엽래(葉來) ……들도 모두 일찍이 한 자리 하던 사람들이다. 상세한 것은『남양 화교 식민 위인전(南洋華僑植民偉人傳)』을 보라. 실로 화교는 남양에서 정치상의 권위를 장악하고 있었다.

경제적으로는『속속문헌고(續續文獻考)』에 '(조와) 새 마을의 촌주는 강동인으로 번선(藩船)이 이곳에 이르러 장을 여니, 금보(金寶)가 넘쳐난다'라고 하고 있다. 영국의 전 총독 프랭크 스웨테넘(Frank Swettenham, 1850~1946)은 '말레이 각국의 오늘이 있기까지에는 중화인의 힘이 컸다. 우리들의 초창기에는 완전히 중화인의 재력에 의지하여 도로를 평탄하게 하고 토목 공사를 크게 일으켰으며, 행정의 비용은 그들에게 도움을 받았다'라고 하고 있다.

1912년 비도(菲島=필리핀 섬)의 이무국(釐務局)[21] 통계에 의하면, 비도의 상인의 수는 중화인이 가장 많다고 하며(3,335명), 비인(菲人=필리핀인)은 그 다음이고(2,152명), 서반아 및 미국인은 2~3백 명에 불과하다. 무역상의 화물 매상 대금 역시 중화인이 가장 많아서 총계 3억

---

20 [원주] 짐작컨대 호노국은 일명 잡와(卡瓦)라고 하여 영창(永昌)에서 18 정도 떨어진 곳에 있으며 고대부터 면전에 속하지 않았다.

21 '이무(釐務)'는 '이금(厘金)'의 사무(事務)를 말하며, 이금이란 청대(淸代), 상품의 지방 통과세를 말함.

2천만 원을 초과하는데, 비인은 8천만 원에 불과하고 서반아인 및 미국인은 겨우 4천만 원에 불과하다. 이에서도 화교가 과거에 남양 방면에서 경제를 장악하고 있었음을 알 수 있다.

사회적으로는 어떤가 하면, 『송사외국전(宋史外國傳)』에는 '도파(闍婆)에서는 중국의 상인이 오면 빈관(賓館)으로 대우한다'라고 나와 있고, 『도이지략발니조(道夷志略浮泥條)』[22]에는 '불상을 엄하게 숭앙한다고 해도 당인을 가장 경애하며 ……'라고 나와 있다. 이에 의해서도 과거에 남양 사회에서 화교가 제일 당당한 지위를 차지하고 있었음을 알 수 있다.

이렇게 기술되어 있으므로, 이곳 화교의 각종 지위와 세력은 당연히 나날이 향상될 것이라 생각하겠지만, 이에 반해 몰락의 방향으로 나아가고 있고 때로는 상인들이 파산을 한다는 이야기가 들리며 실업 노동자들이 속속 귀국을 한다고 하는데, 이는 어찌된 일일까? 그 원인은 절대적으로 매우 복잡하여 간단히 설명할 수 없겠지만, 보고들은 바를 네 가지로 요약하면 다음과 같다.

1) 국가의 쇠퇴

우승열패, 약육강식의 이 세계에서는 인민이 국가의 보호와 양육을 필요로 하는 것은, 갓난아이가 자애로운 어머니를 필요로 하는 것과 같다. 그러나 내지에서 성장하고 조국을 떠난 적이 없는 사람들

----

22 발니(浮泥)는 명나라 때 중국의 속국. 오늘날 칼리만탄 섬 북부 브루나이 일대.

이, 하루하루 정부의 압박을 받고 전전하다가 죽을 고비에 처한 동포
들을 보면 어떤 사람들은 단지 국가를 사랑하지 않을 뿐만 아니라
오히려 국가를 원망하게 된다. 그러나 우연히 기회를 얻어 외국 영토
에 진출하여 강대국 사람의 위풍과 자유, 행복을 확실히 보고 갑자기
마음이 바뀌어 반성을 하고 국가를 사랑해야겠다고 느끼지 않는다
면, 이는 애국심이 전혀 없는 것이다. 인민과 국가의 관계는 참으로
매우 밀접하다. 화교는 과거에 남양의 각 방면에서 가장 우월한 지위
를 차지하고 있었지만, 오늘날에는 사업상 압박을 받고 여러 가지
제한을 받고 있어서, 상인들은 그 자본을 전부 이용할 수 없고 노동자
도 모두 그 기능을 발전시킬 수가 없으며, 농민은 모두 노력(勞力)을
다 발휘할 수 없기 때문에, 모든 일에 있어 그저 현상을 유지하고
있을 뿐이다. 사업 역시 물길을 거슬러 올라가는 배와 같은 상태로
더 나아갈 수가 없어 후퇴할 수밖에 없고, 옛날부터 보지(保持)하고
있던 것도 정지 상태가 되는 것은 당연하다. 국가가 쇠퇴하고 있기
때문에 이를 보호하고 자유롭게 발전시킬 힘이 없으며 예전의 습관은
성격이 되고 외교는 마비되었으며, 민국 25년 현재 전 해의 샴의 참
극과 같이 최근 각지의 배화(排華) 운동도 정부는 보고도 보지 못한
척을 하고 있다. 이것이 실로 남양 화교 몰락의 주요 원인이다.

2) 국내 공업의 미발달

초기에 서양으로 나간 우리의 동포는 승려를 제외하고는 열 명 중
에 여덟, 아홉 명은 상인들이었다. 당 이후에는 적지 않은 농공분자
가 생활고로 인해 어쩔 수 없이 그곳에 도달하여 교거했다. 당의 의정

(義淨)은 일찍이 4년 동안 수마트라 섬에 교거했고, 신가파에는 당인들의 묘비가 있다. 송, 명 2대에는 유신(遺臣), 유민(遺民)이 정치적 압박 때문에 어쩔 수 없이 그곳에 도달하여 피난했다. 전해지는 바로는 남송의 유신 진중선(陳仲宣), 정사상(鄭思尙)은 조와로 갔고, 명의 계왕(桂王)은 일찍이 면전으로 망명했다. 그러나 역시 상인들이 중심이며, 또한 토인들의 환영을 받은 것도 역시 상인들뿐이다. 『제번지(諸蕃志)』[23]의 〈소리길원조(蘇利吉圓條)〉에는 '소길원(蘇吉圓)은 곧 도파의 우국(友國)이다 …… 장사꾼을 후히 대하고 숙박, 음식 비용이 무료이다'라고 기술되어 있다. 또한 동서 〈발니조〉, 〈삼불제조〉, 〈도이지략문노고조(道夷志略文老古條)〉에도 상인 우대에 관한 기록이 있다.

그에 바탕하여 보면 당시 남양에서 화상(華商)들의 지위는 매우 우월했음을 알 수 있다. 그들의 장사는 반드시 시장 이익의 세 배였다. 이에 의해서도 지나인이 과거에는 남양 토인의 환영을 받았음을 알 수 있는데, 이는 절대로 국가가 융성했기 때문이 아니라 당시 지나의 공업이 비교적 진보했기 때문이며, 그들이 지나인에게 공급을 요구했기 때문이다. 무릇 인류가 국제적으로 서로 접촉하는 곳에는 반드시 서로 이로운 점이 있어야 비로소 영구히 그 관계가 유지될 수 있는 법으로, 만약 한쪽에만 편의가 있고 다른 한쪽에는 결손이 되는 교정(交情)은 오래가지 않아 냉담해지고 소멸하게 되며 심한 경우에는 내일의 친구가 오늘의 적이 될 수도 있다.

지금 화교가 남양 토인의 신앙과 존경심을 잃은 것은 물론 우리

----

23 조여괄(趙汝适)이 1225년에 지은 교류의 문헌적 전거로서의 개괄 소개서.

나라의 공업이 쇠락하고 그 생산품이 토인의 수요를 충족시키지 못하
게 되었기 때문이다. 그러니까 앞으로 만약 우리 나라의 공업이 장족
의 진보를 이루어서 정교하고 좋은 제품을 남양의 화교에게 보낸다
면, 곧 과거의 그 경당애당(敬唐愛唐)의 심리가 다시 회복될 것이다.
우리나라의 우방 중 공업이 발달한 나라는 욱일(旭日)이 처음으로 떠
오르는 기세로 남양에서 환영을 받고 있지만, 우리나라는 이 길에
서툴기 때문에, 도처에서 백안시당하고 배척을 당한다. 지금의 남양
화교들은 매매 거래를 할 줄 모르기 때문에 아무리 재산이 많아도
놀고먹으면 순식간이라는 말이 있듯이, 이런 상황으로는 얼마 안 있
어 몰락의 길을 걸을 수밖에 없을 것이다.

3) 상호부조와 단결 정신의 결핍

명의 만력(萬曆, 1575~1619) 연간에 지나는 남양 방면에서 무형적이
기는 하지만 종주국의 지위를 가지고 있었다. 그 이후 백인의 동아
진출이 나날이 심해지고 해군의 위협 정책으로 남양에 식민주의를
실시했기 때문에 우리나라의 일관된 속박 정책은 이에 이르러 곧 실
패를 고하고, 이로 인해 화교의 지위 역시 제2위로 추락해 버리고
말았다. 19세기 초엽에 이르자, 남양에서 백인들의 세력은 마침내 견
고해지고 범위가 확정되었기 때문에 이곳에서 곧 각자 그 여력을 발
휘하여 경영에 임했다. 아마 당시의 남양은 아직 초원미개의 처녀지
여서 개간과 식민에 종사하기 위해서는 실로 많은 노동자를 필요로
하는 상황이었고, 복건, 광주 연안 일대는 나날이 인구 과잉을 고하
며 생활고에 시달렸기 때문에 이들 일반 농공인들은 이 천재일우의

기회에 편승하여 서로 이끌어 가며 남양으로 향했다. 이렇게 해서
남양 화교는 농공을 중심으로 하게 되었다. 이는 화교의 질적 변화임
과 동시에 그 양 역시 급증했다. 이와 같이 인구가 너무 심하게 늘자
분자도 복잡해졌고 그에 따라 양유(良莠)[24]가 일정하지 않아 선량한
자는 원래보다 더 각고(刻苦), 공작(工作)을 하며 스스로의 생활을 꾀
했지만, 열등한 자는 곧 게으른 습성으로 변하여 일하기를 싫어하게
되었다. 단지, 타지에서 아는 사람 하나 없이 매우 외롭기 때문에,
한때 생활의 압박을 받게 되면 결국 악행을 일삼고 잘못을 저질러
법규를 어기고 말게 되는 것이다. 이는 소수 중의 소수에 속한다고
해도, 군중 속에 이러한 '해마(害馬)'가 있다는 사실은 곧 외국인들로
하여금 화교를 우습게 보는 마음을 불러일으키게 했다. 또한 일반적
으로 화교들은 아직 견식은 넓지 않고 뇌리에는 전통적 사상이 충만
하며 향토 관념이 매우 깊다. 그리하여, 장주방(漳州幫), 천주방(泉州
幫), 복주방(福州幫), 객가방(客家幫), 호주방(湖州幫), 경주방(瓊州幫)
과 같은 것을 만들어 서로 경계를 지키고 분문별호(分門別戶)의 상태
로 옛 진(秦), 월(越)의 태도를 지키고자 하며, 교육을 잘 실시하고 실
업을 잘 일으키며 자선 역시 잘 실행한다. 이런 점에서는 문제가 없지
만, 모두 각자의 방(幫, 동향의 무리들)에서 모의를 하여 서로 연락을
취하지 않고 심한 경우에는 상호 공격을 하기도 하고 때로는 목적을
위해서는 수단을 가리지 않으며, 현지 정부의 실세를 이용하여 조국
의 동포를 압박하기도 한다. 이런 종류의 비열한 이기주의의 근성은

....

[24] 좋은 풀과 나쁜 풀.

실로 외국인들이 지나인을 경시하는 심리의 주요 원인이 된다. 불행한 사건이 매우 많은 것도 모두 이런 심리에서 조성된 것이다. 이에 의해서도 화교가 몰락하는 것은 상호 부조와 단결 정신의 결핍에 있음을 알 수 있다.

4) 지식의 결핍

백인종의 남양 개발 초기에는 범위가 광대하고 노동자의 수요도 많았다. 따라서 당시의 노동력은 고가여서 노동자들의 생활은 매우 윤택했다. 하지만 시간이 어느 정도 흐르자 미개한 땅인 '번지(蕃地)'든 비옥한 땅인 '숙지(熟地)'든 모두 변화하여 실업이 진흥하고 원료는 풍부해졌다. 그러자 숙련공이 중시되고 기술이 없는 노동자들은 경시되었다. 게다가 이런 종류의 공작(工作)은 아무래도 상당한 기술과 숙련도가 필요했지만, 대부분의 화교들은 지나 내지(內地)의 농부 노동자라서 소위 현대적 훈련과 기술은 모두 부족했다. 이것이 바로 남양 화교의 실업 문제의 중대 원인이다. 또한 개인적 가내 공업에 혁명이 일고나자 자본주의는 상업 자본에서 공업 자본으로 발전하였고 더 나아가 금융 자본이 되는 등, 그 형태는 끊임없이 변화하고 그 조직은 나날이 합리적으로 되었다. 또한 구미 제국주의에 기생하는 식민지의 화교는 역량은 부족하지만, 그 제국주의를 환영해야 했기 때문에 절대적으로 급한 용무에 대응을 함으로써 과도한 낙오를 벗어났다. 그러나 사실이 우리에게 알려주는 바는, 그들은 절대로 이런 식으로는 하지 않고, 모든 일에 있어 옛날 방식을 고수하여 장부도 여전히 옛날식으로 주먹구구식으로 되는 대로 기록하는 '유수식(流水

式)'을 사용하며 신식 부기를 이용하는 것을 받아들이지 않았다. 고용인도 여전히 '부자공손(父子公孫), 삼대동거(三代同居)'로, 외국인들에게 고용되는 것을 좋아하지 않았고, 그 임무도 대부분 일률적이지 않은데다 현대의 조직법 채용도 받아들이지 않고 책임은 주무자에게 지게 하여 사람들로 하여금 그 능력을 다 발휘하지 못하게 했다. 이런 고집 하에서 백인들과 경쟁을 한 것이다. 또 한 가지 안타까운 것은 세계 경제 공황의 분위기에 대응하여 자본을 긴축하는 방법을 취하지 않아 매우 큰 손실을 입었다는 것이다. 이때에 이르러서도 여전히 '개문대길(開門大吉)'을 믿고 있다가 스스로 쓰러졌고, 심한 경우에는 생활고로 인해 자살을 하기에 이르렀다. 이에 의해서도 남양 화교의 몰락이 실로 지식의 결핍에 의한 것임을 알 수 있다.

요컨대, 오늘날 보교구교(保僑救僑)를 원한다면, 모름지기 근본 방법을 바꿔야 하지 군함을 파견하여 위문을 한다든가 화교 부락을 즐겁게 하는 정도로는 안 된다는 것이다. 즉 유치한 상태에 있는 공업을 진흥시켜서 국내외에 있는 자를 불문하고 이를 도와야 한다. 공업이 발달하여 생산이 풍부해지고 양질의 제품을 염가로 공급한다면, 같은 경제 권역 안에 있는 4억의 단원은 국내외를 불문하고 모두 이윤을 증대시킬 수 있는 것이다.

이 화교 진흥론의 정신은 적어도 구 국민정부인 장개석(蔣介石, 1887~1975) 정권의 정책과 일치하는 것이다. 장개석 정부는 화교의 재산과 지위를 적극적으로 이용하며, 경제적으로는 일화(日貨)를 배척하고 정치적으로는 국비 후원과 선동에 열을 올려 왔다. 또한 화교들도 그 장단에 맞춰 충분히 춤을 추어 왔다. 게다가 그 광란의 춤은 장개석의 장단에 박자를 맞추었을 뿐만 아니라, 지나사변의 원장국(援蔣國), 삼국동맹의 적성국 등 악마들의 피리에도 맞추어졌던 것이다.

그러나 어떠한 방해에도 불구하고 일본의 전승이 확실해지고 중경의 몰락을 알게 되자, 화교들은 상당히 동요를 하기 시작했다. 그곳에 왕정위(王精衛, 1883~1944)[25]를 주석으로 하는 국민당 정부가 건전한 발육을 이루고 있는 상황을 보고는 점차 냉정을 되찾고 있다.

그와 관련해서도 화교 7백만의 존재는 남양으로서는 큰 문제이다. 그것은 남양이나 지나 본국의 문제일 뿐만 아니라 화교들 자신의 진퇴의 문제이기도 하다.

4. 화교에 대한 대책

이상 상식적 수준에서 소위 화교의 의의에 대해 기술했다. 여기에서는 화교의 특질을 들어 그에 대한 일본의 대책을 생각해 보기로 하겠다.

원래 화교는 동족 동향인 사람들이 서로 부조하면서 하나의 특수한 화교 사회를 만들어낸다. 그것도 과학적으로 '조직'을 했다기보다는 자연스럽게 조직된 것이 많다. 표면적으로 보면, 그들은 중류 계급에 뿌리를 내렸고 그것을 기초로 하는 화교의 조직은 강력하기도

----

25 중국의 정치가. 신해혁명과 국민혁명, 중일전쟁에 걸쳐 정치가로 활동을 했으며 친일 정부를 조직하여 주석으로 취임하였다. 이 때문에 중화 민족을 배반한 친일파로 오명을 남겼다.

하고 강고하기도 한 것 같지만, 잘 관찰해 보면 상하 계급을 결합하는 기생적 존재에 불과하다. 따라서 경제적으로는 큰 역량을 가지고 있어도 그 역량이 아직 정치적으로는 발달하지 못한 것에 화교의 특질과 약점이 있다.

그렇기 때문에 그들은 늘 일을 하고 있는 식민지의 영유국과 토착민의 민족적, 정치적, 경제적 압박과 대항해야 하는 입장에 처해 있다. 그들은 동화력은 상당히 강하지만 아무래도 교거하는 지역의 민족 그 자체와는 동화되지 못한다. 이 역시 그들의 특질 중의 하나이다.

그렇기 때문에 조국의 위정자 측에서 보면, 조국의 조상을 잊은 괘씸한 자들로 보이는 경우에도 절대로 조국을 잊지 않고 고향을 잊지 않는 것으로 보인다. 그 증거를 들자면, 화교가 있는 곳에 지나거리가 없는 곳이 없다는 것이다. 이 한 가지만 봐도 화교들이 민족 정신과 조국을 가슴 속에서 잊지 않고 있음을 알 수 있다. 조국을 생각하고 고향을 잊지 않기 때문에 조국의 혁명가 손문의 후원자가 되고 조국의 정치가들의 보이지 않는 선동에 넘어가고 장개석에게 헌금을 하며 항일 활동을 하는 것이 아닐까? 이에도 한 가지 특질이 있다.

적어도 제남사건(濟南事件)[26]에 헌금을 하고 상해사변의 룸펜군 19로를 돕고 지나사변에 헌금망을 펼치며 남양의 모든 곳에서 일본 상품 배척 운동을 하는 화교는 우리 일본으로서는 등한시할 수 없는 문제이다. 그러나 워낙 뿌리가 경제에 있는 사람들인 만큼, 돈이 되

----

26 1928년 일본군이 산동의 중심인 제남에 출동하여 중일전쟁을 도발한 사건.

느냐 안 되느냐에 대한 판단은 정말로 뛰어나다. 요는 그들은 대부분 경제적 성공만을 열망하기 때문에 딱히 정치적 야망까지는 가지고 있지 않다. 여기에도 하나의 특질이 있다.

자기 자신이 경제적으로는 남양의 주인[27]이어도 정치적으로는 늘 억압을 당하고 있기 때문에, 꼭 조국애라고 할 수는 없어도 조국의 정치가에게 가담을 하는 것이다. 물론 거기에는 그들 류의 체면이 작용을 하고 있지만 말이다. 이 점에 있어서는 조국의 정치가들의 구미 의존과 미묘한 관계에 있다. 왜냐하면, 화교의 교육은 조국의 정권을 본받아 매우 심하게 배일적, 항일적이기 때문이다. 여기에도 백인의 영토에서 일을 하는 자들의 비굴함이 있다고 생각된다. 대체적으로 화교에는 무지한 자들이 많기 때문에 선동에 쉽게 넘어간다. 이렇게 앞을 내다볼 수 없는 조국애는 거시적으로 보면, 상당히 비참한 것이라 할 수 있다. 정치력이 없는 경제력이 어떤 것인지 모르는 그들은 딱해 보인다. 이것도 그들의 특질 중의 하나이다.

또한 구체적으로는 일화(日貨) 배척의 문제가 있다. 이는 특질이라기보다는 흔히 있는 자승자박 행위의 하나인데, 단 한 가지 특질이라고 할 수 있는 것을 이번 사변 중에서 볼 수 있다. 잠깐 여기에서 화교의 일화 배척의 현실 문제에 대해 참고가 될 만한 서적 하나를 하나 살펴보겠다.

무역을 통한 일화의 진출은 남양 토인의 경제 생활을 향상시키는

....

27 [원주] 그들의 영혼의 절반은 기생충으로 그렇게 믿는 것도 무리는 아니며 그들의 실적이 그것을 말해 주고 있다.

유력한 근간이기도 하다. 하지만, 남양 제국은 현실적으로 구미 제국의 지배하에 있어서, 일화의 진출 및 그에 수반하는 우리 일본인의 남진은 용이하지가 않다. 현재 남양에서 활약하는 일본인은 1939년 현재 불과 4만 명으로, 그 대부분은 각종 재배 사업에 종사하며 상업 방면에서 활약하는 자는 5천 명에 불과하다. 따라서 우리 일본의 상품을 남양에서 직접 매각하는 자는 적다. 그 대부분을 남양의 경제적 패자(霸者)라고 불리는 화교에게 맡기지 않을 수 없다. 예를 들어 난인을 상대로 하는 우리의 상품 수출은 최근 1억 5천만 엔에 달하였으며, 우리나라 사람들의 진출도 상당히 현저하지만, 이 수출 상품 중 우리 일본인들이 직접 토인에게 매각한 액수는 약 6백만 엔이었다고 한다. 우리 일본 상품의 판매도 대부분은 화교의 배급망에 의존해야 하는 것이다. 이에 무역상 화교 경제와의 관계가 발생한다. 한편 화교 자신들 입장에서도 일본 상품은 오직 토인 및 화교의 일상 생활품이 주를 이루고 있으며 또한 양품(良品)에 염가이기 때문에 다른 제국(諸國)의 상품보다 더 많은 이익을 얻고 있을 것이다. 따라서 이와 같은 점에서 말하자면, 우리 일본의 경제와 화교의 경제는 밀접하게 제휴를 할 수 있는 셈이다. 그런데 사실은 그 반대로, 화교는 지나 본국 정부의 정책에 호응하여 자주 일화 배척 운동을 함으로써, 우리 남양 무역업자들에게 고배를 마시게 하고 우리 남양 무역을 저해하는 존재라는 인상을 주고 있다. (중략) 우리 일본의 남양에 대한 경제적 진출의 다른 형태는 기업 투자이다. 현재 일본은 고무, 철, 마 등의 제 기업을 경영하고 있으며, 그에 대한 투자도 결코 적다 할 수 없다. 그런데 이들 기업 경영을 떠받드는 노동자들은 대부분 화교이다. 따라서 남양에서 가장 유능한 노동자인 화교들의 동향은 남양에서 활약하는 우리 일본의 기업에 영향을 미치고 있다. (중략) 그렇지만, 기업 방면 상 화교와의 관계는 무역 방면에서 만큼 중대하지는 않다. 그것은 우리 일본의 기업 방면 진출이 아직 한정된 범위의 소규모 상태에 있고, 또한 때에 따라서는 화교 대신 인도인 쿨리, 조와 쿨리 혹은 산동 쿨리로 대체가 가능하기 때문이다. 마지막으로 일지 관계는 늘 남양에 영향을 미치며 또한 동시에 화교의 동향이 일지 관계에 중대한 영향을 미친다는 점을 잊어서는 안 된다. 일지의 관계는 결국 동아의 관계이며, 그 사이에 있는 화교의 역할을 경시해서는 안 된다. 현재 주창되는 동아 경제의 결성에 있어 화교의 참가야말로 문제를 해결해 주는 키 포인트이다.

지나가 국민정부에 의해 지배되기에 이르고나서 화교는 늘 본국 정부에 호응하여 크든 작든 일화 배척을 실행해 왔다. 그리고 그 유효성면에서도 보면, 그들이 사실상 남양 경제를 지배하고 있는 만큼 상당한 타격을 주어 왔다. 그러나 전체적으로 보면, 화교가 일화 배척을 하는 것은 그들에게 가장 큰 이익을 주는 것을 거절하는 셈으로, 그들이 입는 손실도 결코 작지는 않았다. 그럼에도 불구하고 왜 일화 배척을 하는 것일까? 그 이유는 여러 가지일 것이다. 다음에 그 주된 이유를 들어보겠다.

첫째, 화교 내 국민 의식의 강화 (중략) 국민정부의 화교에 대한 국민 의식 고취는 세계의 민족 해방 자결 운동 고조의 흐름을 타고 점점 더 박차를 가하고 있다. 그러나 화교 재주국 정부로서는 화교의 이러한 행동은 토인 통치 상에 중대한 영향을 미칠 뿐만 아니라, 화교가

가지고 있는 경제력을 정치 방면으로 향하게 하는 셈이 되어 제국의
정치, 경제 방면 내지 사회적으로 큰 혼란을 초래할 염려가 있다.
그 때문에 화교의 국민 의식 고양에 따라 화교에 대한 화교 재주국
정부의 압박도 강화될 수밖에 없었다. 그것은 또 역으로 화교의 국민
의식을 강화하는 결과가 되었다. 이리하여 남양에서 종래 지나 본국
에 대해 비교적 냉담했던 바바들도 그 흐름에 휘말리게 되었다. 국민
정부는 근대 국가 건설을 위해 우선 타도(打倒) 제국주의를 표방했다.
하지만 그것은 어느새 일본이라는 특정한 제국을 타도하는 것으로
변했다.[28] 최근 10년 동안 지나 국민정부는 항일 내지 배일 즉 건국이
라는 잘못된 정책으로 시종일관했다. 따라서 화교의 국민 의식 고양
은 곧 항일 내지 배일의 고양이 되어도 이상할 것이 없었다. 사실
국민정부는 라디오, 신문, 잡지를 통해서[29] 혹은 화교 교육기관을
통해 많은 데마와 함께 이 일을 선전해 온 것이다.

둘째, 일화 배척에 의해 이익을 얻는 자의 강요 내지 원조 화교는 일
화를 많이 취급하고 있기 때문에 이익이 많은 일화를 배척하는 것은
현실적으로는 주저하지 않을 수 없다. 일면으로는 애국자라는 미명
하에 일화 배척을 강요하는 화교도 존재한다. 즉 일화와 경쟁적 입
장에 있는 화교 제조업자 및 일화를 전혀 취급할 필요가 없는 화교의
배일 운동이며, 또 이 일화 배척을 원조하는 것에 외상(外商)이 있

---

28 [원주] 이는 장개석 정권의 구미 의존과 공산당의 암약에 의한 것이다.
29 [원주] 마치 라디오, 통신사, 신문사, 영화의 선전 기관을 전 세계에 포진시키고 있는
유태인 재벌처럼 말이다. 국민정부는 구미 유태인 재벌과 결합함으로써 이번 사업의
데마, 항일 의식 선동을 모두 유태인 기관을 통해서 실시했다.

다. (중략)

셋째, 일화 배척 테러단의 강요   일화 배척을 하는데 중요한 역할을 하는 화교 단체에는 두 종류가 있다. 하나는 소위 등록된 단체로 중화총상회(中華總商會)를 중심으로 하는 것이다. 이들 단체는 화상(華商)의 총의를 대표하는 것이기 때문에 일화 배척에 있어서는 비교적 미온적 태도를 지니고 있으며 이번 지나사변에 있어서도 주로 헌금 및 구국 공채에 힘을 쏟고 있다. 그러나 등록된 이들 단체 중에도 항일적 색채가 매우 농후한 곳이 있다. 예를 들면 작년(원주: 1938년?) 9월 '식민지의 안녕과 질서를 파괴할 목적으로 행동했다' 라는 이유로 해방된 신가파의 청년낙심사(靑年樂心社)와 같은 것이다. 또 하나는 일화 배척 테러 단체로 대부분은 비합법단체이다. 이들 단체에는 여러 가지가 있으며 파락호에 무뢰한을 주체로 하는 것, 공산당 분자를 주체로 하는 것,[30] 국민정부의 선전원을 주체로 하는 것, 혹은 이상의 혼합에 의해 이루어진 것 등이 있다. 예를 들어 이번 사변에서 말레이의 비합법 항일 단체는 10개 주요 단체 외에 작은 단체들이 무수히 많고, 그 총수는 화교항적후원회(華僑抗敵後援會)이며 그 외에 중화 민족해방선봉대(中華民族解放先鋒隊), 청년구국서간단(靑年救國鋤奸團)과 같은 것이 있다. 일화 배척 테러단의 전횡은[31] 화교의 일화 배척을 강요하는데 가장 유효하다. 그들의 행동은 직접적이고

....

30 [원주] 정동헌(井東憲) 저 『지나의 비밀(支那の秘密)』의 〈편의대 난무사(便衣隊亂舞史)〉, 〈테러단과 낭자군(テ口團と浪子軍)〉에 그들의 조직과 활동 방법이 구체적으로 기술되어 있다.

31 [원주] 그 비용은 국민정부, 공산당에서 나오는 것임은 물론, 일화 배척에 의해 유리한 입장에 서는 외상(外商)에서 나오는 것이다. 또한 그 횡행을 원조하는 외상도 있다.

또한 일화를 취급하는 화상(華商) 내지는 일화를 구입하는 화교 및 토인은 종종 생명의 위험에 노출되느니 만큼, 일화 배척에 참가하지 않을 수 없다. 그들은 경고, 코르타르 칠, 참수, 참살(慘殺)[32]의 순서로, 일화를 취급하는 화상을 대하고 있다. 그들은 감찰대(監察隊)를 만들어 온 시내를 횡행하며 배일화(排日貨)의 철저한 조사와 기금의 강제 모집을 실시한다. 현재 신가파에서만도 이 비합법 항일 단체에 가맹한 화교는 1만 명이라고 보도되고 있다. (중략)

넷째, 남지와 화교의 관계에서   화교와 그 고향인 복건, 광동 지방과의 관계가 밀접한 것은 전장에서 기술한 대로이다. 복건, 광동 지방에 평화와 선정이 찾아오느냐 아니냐의 여부는 화교의 동향을 매우 크게 지배한다. 만약, 화교이면서 배일화 운동에 참가하지 않기 때문에 그들의 향토에 있는 부모와 처자 혹은 인연이 있는 사람들이 박해를 받는 일이 있다면 적극적으로 배일화 운동에 참가할 것이다. 황군에 의해 하문(廈門), 광동이 몰락을 하자 화남(華南)의 배일화 운동은 매우 활발해졌다. 그러나, 그 후 황군에 의해 동 지방에 평화와 선정이 찾아왔다는 사실이 차차 판명이 되자, 배일화 운동도 점차 수그러들게 되었다. 이 점은 조와 화교의 동향과 하문 함락의 관계에서 좋은 예를 볼 수 있다. 금후 남지에서의 우리의 공작은 화교의 동향에 매우 큰 영향을 미칠 것임은 특히 주의를 요한다. (후쿠다 쇼조 저 『화교경제론(華僑經濟論)』)

----

32 [원주] 사실은 더 여러 가지가 있는데, 여기에서는 대표적인 것들만을 열거한다. 이 참살 행위에 출자하는 외상에 유태인이 많은 것은 주목할 만하다.

이 일화 배척 문제도 화교의 특질의 하나이다. 그와 동시에 이 문제는 경제 문제만이 아니라, 정치 문제와 관련이 있다는 점에 중대성이 있다.

중화에서 보면, 남양 화교에는 국적 문제라든가 교무(僑務) 문제, 화교 동국(同國) 투자책 등 여러 가지 문제가 있지만, 대륙 정책의 실행자(實行者)이자 동아공영권의 지도자로서의 일본은 이들 화교를 가장 올바른 아시아 경제국으로 만들 사명이 있다.

화교는 남양의 경제적 일대 세력인데다가 어디까지나 조국을 사랑하는 중화 민족국이다. 남양에서 토인과 결혼을 하고 제2세를 낳아도 조국이나 고향을 잊을 수는 없다.

인도와 중화의 민족 운동의 동향이 전 아시아의 장래에 결정적 영향을 미친다는 의미에서 남양 화교의 민족적 각성은 대아시아의 장래에 절대적 영향을 미친다.

만약 화교가 진정 아시아 민족으로서 각성하고, 그 자각과 책임 하에 남양 민족과 함께 행동한다면, 남양에서의 백인의 정치적, 경제적 세력은 순식간에 위험과 쇠퇴 일로를 걷게 될 것이다.

적어도 남양 화교가 이번 사변의 일본의 진의를 정당하게 이해할 수 있다면, 사변을 조속히 처리할 수 있을 뿐만 아니라 그들은 평화와 행복을 바로 찾을 수 있을 것이다.

제1차 세계 대전이 아시아 민족의 공전의 흥기(興起)와 발전을 초래한 것은 그 후의 사태가 증명하고도 남음이 있지만, 이번 사변을 통한 일본의 대륙 정책과 아시아 제 민족 특히 중화 민족은 심대한 인과 관계 속에 놓여 있다.

또한 유럽과 아시아에서 전 세계를 뒤흔들고 있는 제2차 세계 대전

이 아시아 민족을 보다 흥륭, 궐기시키는 것은 상상이 아니라 이미
현실의 문제이다.

이 시기에 즈음하여 화교는 장개석 정권을 원조함으로써 구미에
의존하고 민족 정신을 의도치 않게 적색으로 물들여서는 안 되며,
본래의 아시아 민족 정신, 진정한 애국자로 돌아와야 한다.

그에 대해서도 나는 역사 상 일찍이 보지 못한 민족 혁명기를 맞아,
일본의 대륙 정책, 나아가 남양 정책에 많은 반성을 바람과 동시에
큰 희망을 걸고 있다.

여기에서는 화교를 문제로 삼고 있지만, 중화 민족이 오늘날까지
부단히 열망한 것은 백인들의 제국주의 지배로부터의 해방과 그에
따른 민족 혁명의 단행, 그것을 중심으로 하는 자민족의 향상 발전이
었을 것이다.

일본의 대륙 정책은 이 점에 주목하여 좋은 지도자가 되어야 한다
는 것이다. 이 점에 대해서는『남양 민족론』에서 언급했다.

그러나 현실적으로 화교 대책은 어려움이 많은 사업이다. 이 화교
대책의 문제는 사변의 적절한 처리와 관련이 있다. 아직 장개석 정권
과 타협을 보지도 못한데다가 영미의 중경 원조가 강화 일로에 있는
오늘날, 사변을 해결할 수 있는 방법은 장개석 정권의 완전한 분쇄
밖에는 없다.

장개석 정권이 완전히 타도되고 영미가 국내 및 대전(大戰)의 사정
속에서 중화에서 후퇴하지 않는 한, 화교는 좀처럼 원장(援蔣) 항일의
꿈에서 깨어나지 못할 것이다. 장개석 정권의 근절이 사변 처리의
절대적 방책이며 이에 따라 화교 대책도 서는 셈인데, 한편으로는
화교 문제의 해결이 사변을 처리하는 것이라고도 할 수 있을 것이다.

그렇기 때문에 일본으로서는 남경 국민정부를 원조하고 사변의 급속한 처리를 꾀함과 동시에 장개석 정권 근절을 위해 군대를 잔여 중경 지역에 보낼 필요가 있다.

이를 화교 문제에 대해서 말하자면, 화교 왕정위의 지원을 확대하고 강화시킴과 동시에 많은 화교들의 고향인 복건, 광동의 소위 화교 구역을 정략해야 한다. 만약, 복건, 광동 양성을 완전히 우리 일본군의 제압 하에 둔다면, 대부분의 남양 화교는 매우 동요하여 일본의 실력과 진의를 알고 남경 정부를 적극적으로 지원할 것이라 생각한다.

장개석 정권은 사변 초기부터 화교의 재력과 항일력에 주목하고 교묘하게 선동하여 이용해 왔다. 중경측 보고에 의하면, 사변 이후 장개석 정권이 화교들에게서 모은 헌금, 사변 공채는 3억에 달한다. 그중 싱가포르가 1억 3천만 원, 난인이 4천만 원이라고 한다.

남양 화교의 배일 항일의 중심은 신가파, 비율빈이다. 불인, 태국, 난인, 면전 등에는 국민당부(國民黨府)나 화교총회(華僑總會), 화교구호회(華僑救護會) 등이 설치되어, 원장 자금 조달이나 항일 운동 활약을 하고 있다.

하지만, 최근 중경 정권의 몰락을 알고 일본의 남방 정책의 올바른 진전을 인식한 상황에서 왕정권의 확립과 발전을 보았기 때문에 상당히 흔들리기 시작한 화교가 있다고 한다. 즉 타이국, 불인, 난인, 영령 말레이, 필리핀,[33] 면전[34] 등의 화교는 왕정권 지원으로 변하고 있

....

33 [원주] 여기에서는 미국 정부가 장개석 정권과 연합하여 활약하고 있기 때문에, 금후
    의 형세는 알 수가 없다.
34 [원주] 이곳 1천만 버어마인은 친일적이고 따라서 반화교적이지만, 장개석 정권의

으며, 그 정도까지는 아니더라도 원장 활동이 소극적으로 되었다고
한다.

그러나 늘 형세는 안심할 수 없는 점이 있으며, 중경 정권의 화교
이용 정책은 영미의 세력을 배경으로 의지하며 끊임없이 암약을 하고
있다. 물론 왕정위 주석도 교무(僑務)에 깊은 관심을 보이며 다음과
같이 말하고 있다.

> 화교로 하여금 화평, 반공, 건국의 대의를 명료하게 하도록 주의하
> 고, 선전, 교육, 사회 활동 각 방면에서 모두 상당한 노력을 계속하고
> 있다.[35]

하지만 아무리 뭐라 해도 일본의 원조가 없으면, 신 국민당 정부의
화교 정책은 성공하지 못할 것이다. 따라서, 일본은 모든 화교들이
왕정권을 지원하도록 노력해야 한다.

화교 대책에 대해 공산당 출신 이화태(李和太) 씨는 재미있는 「남양
화교 대책론(南洋華僑大策論)」을 발표하고 있다. 그 개략을 소개해 보
겠다.

가. 화교 산업의 진흥을 꾀할 것 남양 화교는 1929년 이후 세계적
공황의 타격을 받아 많을 때는 백만에 가까운 실업자를 배출하였고
수년간에 걸쳐 귀국자는 출국자 수를 해마다 현저하게 초과했다. 하

....

손이 뻗치기 쉽고 또한 장개석 정권은 이곳 화교의 획득에 열을 올리고 있다.

35 [원주] 왕정위, 「남경 환도 1주년 기념식전에서」, 1941년 3월 30일.

지만 한편 이주지 정부의 블록 경제의 강화를 목적으로 하는 영업 단속, 입국 제한, 기타 정치적 압박 또는 동화 정책의 실행, 그리고 토인의 경제적 자각 혹은 지나 상인의 자살적 배일 운동 등으로 인해 화교 경제는 그야말로 천 길 낭떠러지로 떨어지기 일보 직전의 궁핍한 상황에 빠져 있다. 남양 각지에서 자원의 개발, 산업의 발달에 대해서는 파이오니어로서 화교의 공적이 대단히 크다는 사실을 인정해야 하지만, 최근에는 새로이 발흥한 백인들의 현대적 사업과 대립할 수 없기 때문에 부진 상태에 있다. 때문에 앞으로는 일지 공동 사업 하에 화교 자금 투하를 더 촉구함과 동시에 우리 일본으로부터 기술을 공급하고 경영을 지도하는 등, 백인의 사업에 길항하게 해야 한다.

나. 상업상 화교의 혁명을 달성하게 할 것 (중략)

다. 화교 금융 기관의 충실을 꾀할 것 (중략)

라. 남지 남양의 교통망을 확충할 것 화교 대책 상 가장 중점을 두어야 할 것은 남지 남양의 항로에는 영국, 네덜란드를 비롯하여 남양에 대식민지를 가지고 있는 나라의 기선이 세력을 점하고 있다. 그런데, 그중에서 특히 홍콩 중심의 상해에서 산동까지 남지 항로에서 사변전 영국계 기선은 50척 이상에 달하고 있는데 대해, 일본 기선은 내지, 지나, 대만의 각 노선을 합해도 10척도 못된다. 작년 10월말 현재도 남지 연안의 일본 선적은 4척에 그쳤지만, 영국 선적은 18척에 이른다. 게다가 배일화 운동이 일어날 때마다 지나인 승객은 격감했고, 영란 등 외국 기선은 남양을 왕래하는 화교의 취급을 독점하고 그에 따라 직접적, 간접적으로 막대한 이득을 취했다. 즉 금후에는 남지, 남양을 연락하는 화교 세력의 기선 회사를 창립함과 우리 일본의 남지, 남양 항로의 확장에 더 한층 노력해야 한다. 또한 항공로의

확장은 광대한 구역에 산재하는 남양 화교의 경제 문화의 발달에
이바지하는 시설로서 불가결한 것이다.

마. 남지, 남양의 축항 시설을 완비할 것

바. 화교의 참정권을 강화할 것 (중략) 혹은 민국 20년의 국민대회
개최 시 모두 신가파 기타에서 유력 화교가 참가하였으며 혹은 지방
문제에 대해서도 민국 22년 복건성 건설위원회 성립 당시에 신가파
기타에서 유력 화교가 참가한 것 같지만, 금후에는 이러한 임시 위원
의 참가 외에 친일 중앙 정부 또는 복건, 광동 양성 정부에는 각 출신
지 화교의 실력자 및 덕망을 갖춘 자를 수뇌부로 임명해야 한다. 이는
화교 사무 진전 상 가장 시의 적절한 공작이다.

사. 교무 기관을 확대할 것 (중략) 신정권의 화교 대책은 위 화교 위원
회의 기구를 확대하고 친일 체제 하에 교무의 쇄신을 꾀하여 실효를
거두어야 한다.

아. 항일적 문화 시설 건설에 철저를 기할 것 현재의 화교 문화 시설
중 항일 공작을 가장 잘 조성하고 강화하고 있는 것은 화교 학교,
신문, 단체 등의 활동이다. 남양의 화교 학교는 오직 삼민주의를 교
육 방침으로 하여 거주지 정부의 동화 정책의 취지에 반하기 때문에
단속당하고 탄압을 당하고 있지만, 특히 항일 사상 배양 기관의 역할
을 하기 때문에 앞으로는 근본적으로 이것을 새로 지어야 한다. 남양
각지에서 간행되는 대부분의 한자 일간지는 역시 삼민주의를 고취하
고 반일론을 강조하고 있다. 예를 들면 태국의『국민일보(國民日報)』,
『중화일보(中華日報)』,『화교일보(華僑日報)』등은 항일 선전이 많았
기 때문에, 모두 1939년 정부로부터 발행 정지 명령을 받았다. 영령
말레이에서는 신가파의『남양상보(南洋商報)』(진가경[陳嘉庚] 창간,

부수 약 1만 8천), 『오주일보(吳洲日報)』(호문호[胡文虎] 창간, 부수 약
1만 5천)[36]의 2대 신문을 비롯하여, 『성중일보(星中日報)』, 피남(彼南)
의 『광화일보(光華日報)』, 콜람보(Kolambo)의 『마화일보(馬華日報)』,
난령 인도에서는 바타비야의 『신보(新報)』, 『천성일보(天聲日報)』,
수라바야(Surabaya)[37]의 『대공상보(大公商報)』 등은 모두 항일 논조
를 띠고 있으며, 프랑스령 인도지나의 『화교일보(華僑日報)』, 『화교
상보(華僑商報)』, 『신중국보(新中國報)』, 『공리보(公理報)』 등 역시
반일 선동에 힘쓰고 있다. 이들 배일 신문은 주로 현재 장개석계 또는
국민당에 속해 있으며, 중경 정부를 지지하며 허위 선전을 하여 화교
사회의 인심을 널리 지배하고 있기 때문에 장래에는 이들의 폐간
또는 논조의 전환을 꾀해야 할 것이다.

이들 논의는 당연히 일본의 남방 정책 상, 첫 번째로 해결해야 할
문제라고 생각한다.

남양의 신문들의 항일 선전과 관련하여, 유태인 재벌의 통신, 신문
에서 많이 볼 수 있는 원장적 항일 선전도 반드시 거론하여 규명해야
한다. 아무리 국적이나 성명을 숨겨도 세계 일류의 신문, 통신, 영화
회사는 모두 유태인 자본 하에 있으며 유태주의 선전을 일삼고 있다.
소련, 영, 미, 불 등의 신문, 통신으로 유태인 자본의 입김이 미치지
않은 것이 하나라도 있던가?

현대의 독일을 제외하고 어느 나라에서나 공중에 대한 뉴스 제공

....

36 [원주] 진가경, 호문호 모두 항일의 거두. 그러나 사업상으로는 서로 적대적임.
37 인도네시아 동자와주의 주도.

은 모두 유태인이 좌우하며, 유태인의 이익에 조금이라도 반하는 것
은 지상에 나타나는 것을 허락받지 못한다. 신문 중계 판매점조차
종종 유태인의 통제 하에 있으며, 적어도 오늘날에는 설사 통제가
불완전한 신문이 왜곡되지 않은 사실을 독자에게 제공할 의도를 가지
고 있어도, 대광고주의 권력은 이를 보이콧하여 분쇄할 수 있다.

예를 들어 미국의 헨리 포드(Henry Ford, 1863~1947)는 그 저서 『국
제 유태인(The International Jew : The World's Foremost Problem)』에서
다음과 같이 논하고 있다.

> 1890년 무렵 뉴욕 시의 신문은 아직 유태인의 간섭을 전혀 받지
> 않고 있었다. 그러나 오늘날에는 사실상 유태인의 지배를 받지 않는
> 뉴욕의 신문은 거의 없을 것이다. 이는 제종(諸種)의 유태적 악행이
> 이루어지고 또한 실행되는데 얼마나 편리한지를 이야기해 주는 것
> 이다.[38]

신문, 통신의 유태적 음모에 대해서는 이토 겐 저 『유태인 문제의
연구(ユダヤ問題の研究)』에서도 자세히 언급한 바 있다.

여기에서 굳이 영미소불(英美蘇佛) 지역에 존재하는 유태인 재벌의
실력에 대해 기술한 것은 당연히 남양의 항일 신문과의 관련성을 생
각했기 때문이다. 지나사변과 관련하여 남양에서 이루어진 모든 항
일 선전은 유태인들의 통신사와 신문과 라디오, 영화를 통해 이루어

----

38 [원주] 헨리 포드 『국제 유태인(The International Jew : The World's Foremost
Problem)』 제3권 제3책 「국제 비밀력의 연구(國際祕密力の研究)」에서.

진 것이다.[39]

이에도 화교 대책에 대해 유의할 문제가 하나 있다. 요컨대 남양의 화교에 대한 대책은 이번 사변의 처리 촉진 완성과 깊은 관계가 있다. 삼국동맹의 체결, 우리 군의 불인 진주, 태불인(泰佛印) 조정의 체결과 우리 일본군의 중경 압박의 강화, 세계 대전에서 독이(獨伊)의 유리, 일·불인 공동 방위 선언과 실행 등은 그대로 남양 화교에도 영향을 미친다.

이에 일본이 적극적으로 취해야 할 길이 있다고 믿는다. 화교를 올바른 화교인으로 만들어 아시아인으로서 바로 살게 하고 발전하게 하는 데에 진정한 화교 대책의 근본적 의의가 있다고 생각한다.

....
39 [원주] 이토 겐 저 『변화하는 지나(変り行く支那)』(秋豊園出版部, 1940) 참조.

제9장
지나 남양 민족의 대일 감정에 대해

1. 민족적 감격

일본의 청일전쟁 승리는 지나 변경 민족인 남양 민족에게 회교도를 중심으로 상당히 큰 영향을 미쳤다.

경이로운 일본의 청일전쟁 승리에 가장 크게 감동을 한 것은 지나 서역의 이슬람 교도들이었다. 이곳에는 감숙(甘肅)을 중심으로 한민족 회교도들이 있으며 신강(新疆)의 천산(天山) 북로를 중심으로 터키계의 회교도가 있다.

터키계는 그 전쟁에는 별로 관심이 없었던 것 같지만, 한민족 회교도들은 엄청난 감동을 받았다. 한민족 회교도로 청일전쟁에 장군으로 참가한 사람에는 마일족(馬一族)인 마옥귀(馬玉鬼), 마복상(馬福祥), 마연갑(馬聯甲), 마량(馬良)이 있으며, 외교적으로 참가한 사람에는 마유린(馬維麟), 양신(楊晨), 오소린(吳疏麟), 마용표(馬龍標) 등이 있었다. 그들 중에는 후에 매우 친일적 태도를 보인 사람들도 있다. 그 당시부터 일본이 서역 회교도의 세력에 주목을 했더라면, 지나에 큰 정치적 변화를 줄 수 있었을 것이다.

러일전쟁은 지나의 변경 민족인 남양 민족에게 심대한 영향을 주었다. 그들은 대제국 러시아를 격파한 작은 나라 일본에 대해 진심으로 박수를 보냈고, 일본의 승리를 자신들 아시아 민족의 승리로 여기며 기뻐했다. 우리 아시아 민족 중에도 진정 강력한 민족이 있구나 하는 감격은 일본에 경의를 표하게 함과 동시에 아시아 민족으로서의 자신감을 고취시켰다.

그 실증은 문헌에 많이 남아 있지만, 인도에서 다년간 영국의 스파이로서 활약하고 있던 F. C. 앤드류는 다음과 같은 경탄의 말을 본국에 보내고 있어, 그 영향의 심대함을 말해 주고 있다.

> 러일전쟁은 아시아의 제 민족으로 하여금 실로 감동하여 그들의 장래를 대망하게 하였다. 그 흥분의 물결은 지나의 변경뿐만 아니라 북인도를 넘어 근동으로까지 돌진했다. 매우 오지인 이곳 주민들조차 누구나 모이기만 하며 일본의 승리에 대해 이야기하며 기뻐했다.

또한 한편으로 러시아를 누르기 위해 일본에 유태인 자본을 투자하고 있었던 영국은 이 문제에 대해 매우 신경이 과민해져서, 서아시아에 오랫동안 거주하고 있던 영사 등에게 아시아의 변경을 돌아보게 했고, 그 영사는 어디를 가나 일본의 승리에 대한 아시아 민족의 감격이 흘러넘치고 있는 모습을 보았다. 그리고 아시아 민족은 그에 자극을 받아 사라센(Saracen)이나 금(金)의 문화 이래 계속해서 구미에 압박을 받아왔던 아시아 민족의 몽매함이 타파되는 것을 보고, 자신들의 민족이 강하다는 확신을 얻었다. 그리고 그 감동의 물결은 미국에까지 영향을 미쳤다.

그러나 아편전쟁 이래로 급속하게 지나를 파고들었던 비아시아 인종의 세력은 수단을 바꾸고 물건을 바꾸며 근동 지나를 중심으로 아시아 제 민족의 굴복에 마수를 뻗쳤다.

2. 구미인의 회유 공작

마침내 인도를 발판으로 지나에서 안남을 빼앗고 버어마를 취하며 서북을 회유한 그들은 지나와 남양을 경제적, 사상적, 문화적으로 자신들의 손아귀에 넣어 버렸다. 그 중대한 의미는 강력하게 일본의 힘을 견제한다는 것이었다. 그들은 모든 수단과 달콤한 미끼로 아시아 민족 특히 지나인의 대일 감정 악화를 꾀했다.

이번 지나사변도 결국은 그로 인해 일어난 것인데, 구미 의존파, 친소파의 변경 민족 회유책은 실로 음모에 의해 치밀하게 계산된 것이었다. 예를 들어 혜융유(醯隆劉)의 『중국 근대 외교사(中國近代外交史)』 등을 봐도 제국주의의 중국 압박사를 다루고 있지만, 구미 세력에 대한 인식 부족이나 착오 사항이 아주 많고 특히 일본에 대해서는 오류가 많다. 그것은 곧 억지로 구미적, 친소적 견해를 취하고 있기 때문이다. 여기에서 중국의 불행이 시작되는 것으로, 참으로 딱하게도 그들은 데마에 선동되어 온 변경 민족이다.

내가 얼마 전에 번역한 책에 『서장 풍속사(西藏風俗史)』가 있는데, 이 역시 대단히 변태적인 책이다. 서장의 풍속은 잘 이해가 되지만, 그것을 기술하는 태도가 완전히 영국의 식민지라도 되는 듯한 논조이다. 그도 그럴 것이 서장 여성을 아내로 삼고 있는 로이스 킹이라는 런던 출신 지나 변경의 총영사가 아내의 이야기를 영국인들을 대상으로 적당히 바꾸어서 쓴 책이기 때문이다. 그것은 어쩔 수 없다고 넘길 수 있다. 그러나 세계에서 가장 존경할 것은 런던으로, 일본은 거의 문제로 삼지 않고 있다는 점이다.

진안인(陳安仁)의 『중국 근세 문화사(中國近世文化史)』 등은 비교적 일본인에 대해 공평하다. 그러나 최근 출판된 것임에도 불구하고 일본의 진정한 실력에 대해서는 역시 인식이 부족한 점이 많다. 하물며 무지한 사람들이 많은 변경 민족은 일본의 진정한 모습을 전혀 모르는 것으로 되어 있다. 러일전쟁 당시의 그들의 감격은 정말이지 교묘한 방법에 사라져 버렸다.

그러니까 변경 민족의 대일 감정을 아는 것은 더욱 더 어렵다.

3. 현재의 문화 정책

암시적으로 말하자면, 외몽(外蒙), 신강, 청해, 수원(綏遠), 영하(寧夏), 협서(陝西), 사천, 운남 등과 같은 곳에는 운남을 별도로 치고 일본인들의 족적이 적기 때문에, 어느 사이에 친소, 친구미로 분위기가 바뀌어 일본을 전혀 모른다. 운남도 원래의 친일적 태도에서 친영적(親英的)이 되어 버리고 말았다.

구미는 선교사와 저널리스트를 선전 담당자로 삼아 지나 변경의 도처에 보냈고, 소련은 적화 사상을 무기로 하여 모든 방면으로 잠입하고 있지만, 일본인은 겨우 몇 안 되는 특별한 사람들 이외에는 들어가 있지 않다. 대일 감정에 잘못이 있는 것도 무리가 아니다. 문사나 저널리스트들 중에서 용감한 사람을 더 적극적으로 그 방면으로 보내 글로 말로 일본 그 자체를 깊이 이해하게 할 필요가 있다고 생각한다. 지나어를 전혀 모르는 사람을 그저 저널리즘 상에서 유명하다고 하여 쉽게 접근할 수 있는 곳으로 보내 어물쩡거리게 해 봤자 아무 소용도 없다.

나는 지나의, 선무(宣撫)에 어려운 변경으로 기회 있을 때마다 필력이 되는 용사를 보내야 한다고 생각하는 사람이다. 지나 변경의 여행기나 연구로 유명한 저술은 대개 구미인의 손으로 집필된 것은 진심으로 유감스럽게 여기는 바이다.

나는 이 짧은 글을 쓰기 위해 구미인의 손에 의해 나온 유명한 지나의 연구서를 다시 읽어보았지만, 크렌시의 『지나 풍토기(支那風土記)』든, 윗트포겔(Karl August Wittfogel, 1896~1988)의 『지나 연구 보고(支那研究報告)』든, 근세의 마르코 폴로라고 일컬어지는 L.A. 유크의 『지나 변경 여행기(支那邊疆旅行記)』든 모두 벽안으로 어떤 의도를 가지고 본 바를 적은 것들뿐이다.

이 중에서 흥미로운 것은 유크의 여행기인데, 특히 주의해서 보아야 할 것은 유크가 프랑스의 라자리스트(lazaristes)파[1]의 선교사라는 사실과 그가 돌아다닌 곳이 하투(河套), 감숙, 서장, 사천, 호북, 강서, 광동이라는 사실이다. 유크는 3년 동안 소위 위험을 무릅쓰고 변경 여행을 시도했는데, 나는 그가 자신의 족적에 무엇을 남기고 왔는지를 생각할 때, 일본이 한 발 늦었다는 생각이 들었다.

....

1 빈센시오회(Vincentian, Congregatio Missionis, C.M.) 회원의 통칭. 빈센시오회는 성 빈센트 어 파울루에 의해 1625년 프랑스에서 창립된 선교회.

한때 펄 벅(Pearl Buck, 1892~1973) 여사의『대지』가 지나의 진상이라도 쓴 것처럼 평판이 자자했지만, 그 장편의 최후는 결국은 구미 찬미로 끝나고 있다. 환언하면, 일본의 존재를 완전히 무시한 소설인 것이다. 미국인인 그녀의 진정한 테마를 모르고 경탄을 한 사람들은 아마 신체제를 따르지 않는다고 해야 한다. 이와 마찬가지로 일본인이라도 지나를 형님의 나라라 생각하며 큰 착각을 하는 자들이 있다.

그중에서 특히 변경 민족의 대일 감정 등에 이르러서는 전문가들조차 그냥 지나치는 점이 많다. 이 중대한 문제를 소홀히 해서는 지나, 그리고 아시아 문제를 해결할 수가 없다.

4. 일본의 진가 선양

나의 지인이 최근 지나의 변경에서 돌아와서 병으로 쓰러졌다.

그는 시종일관 일본의 지나 변경 정책이 적극적이 되기를 열망하고 있었다. 그것이 의미하는 바는, '일본을 일본인의 손으로 분명하게 이해하게 하는 것'에 있었다.

러일전쟁 때 영국을 깜짝 놀라게 할 정도로 일본의 강점과 실력에 경탄한 적이 있는 변경의 사람들이다. 이야기를 하면 못 알아 들을리가 없다. 진정한 흥아(興亞)는 이런 점에 착목하여 착수하지 않으면, 구미소련의 데마의 횡행 앞에서 패배해 버릴 것이다.

이상하게 남의 저작만 인용하는 것 같지만, 형양(衡陽) 사빈(謝彬, 1887~1948)의『운남유기(雲南遊記)』를 한번 읽어 봐도 친일 운남에 대해서는 아무 것도 언급되지 않고 있다. 원래 운남인들은 일본의 산물을 좋아하며, 따라서 일본인들을 좋아할 것이므로, 그 문제에 대해 조금은 언급을 해야 한다. 그런데 그렇지 않은 것은 일본의 경제력을 축출한 원래의 프랑스 세력, 그리고 현재의 영국 세력에 현혹되어서 쓴 것이기 때문이다.

이것을 일본인이 쓴다면 어떻게 될까? 그리고 그것은 아시아 및 세계에 대해 어떤 영향은 미칠까? 나는 단순히 운남에 산악을 보거나 오리구이를 먹으러 가거나 소극적으로 군벌과 악수를 하러 간 일본인들을 생각하면 이해가 되지 않는다. 더 적극적으로 운남인들의 대일 감정을 선도해야 하지 않을까?

고힐강(顧頡剛)·사념해(史念海) 저 『중국 강역 연혁사(中國疆域沿革史)』는 지나 변경의 변천을 아는데 상당히 도움이 되는 저서이지만, 그 마지막에 〈아편 전쟁 후 강토(疆土)의 상실〉, 〈민국 성립 후의 강역 구획 및 제도의 개혁〉이라는 두 개의 장이 있다. 주의해야 할 것은 뒷장부터 잠깐 읽어보면, 단순히 국민정부의 정책 상 개혁을 한 것 같지만, 그 순서와 변개 지역의 정세, 구미주의, 소련과의 깊은 관계를 생각하면 그것은 모두 비아시아적, 대일본적으로 이루어진 것임을 알 수 있다.

지금 식으로 생각하면, 그 모든 것이 소련 루트, 영미 루트, 대일본 루트였던 것이다. 특히 변경은 회교도의 이용과 적화 및 구미 의존주의—따라서 반일주의—의 교통로였던 것이다.

그러나 우리들은 절대 비관할 것 없다. 일본의 진의를 잘 이해하면, 언제든 아시아인의 피가 끓어오를 지나 변경인들이다. 내몽고가 그 좋은 예로, 일본의 진의를 알기 시작하면 바로 이해를 할 수 있는 민족들뿐이다.

지나 변경의 대일 감정은 아직 좋다 나쁘다 말할 수 있는 단계가
아니지 않은가? 그러니 만큼, 일본의 진짜 모습을 분명하게 알려할
때가 아닌가?

지나의 민족, 풍토 연구 잡지인『우공(禹貢)』등을 읽으면, 지나 변
경 남양의 민속은 구미인들을 동경하며 따르고 있지만, 그 대부분은
경제적인 이유에서이고 진짜 민족 감정으로서는 일본의 존재를 알고
있는 사람들은 호의를 보이고 있는 것 같다. 말하자면, 누구보다 빨
리 진의를 이해하는 사람들인 것이다.

이 점, 항상 일본 당국에 바라는 바가 매우 많은 사람들이다.

흥아를 위해一.

제10장
남양과 대일본의 사명

1. 아시아 민족의 각성

동아공영권의 지도적 지위라는 일본의 현실적 입장은 아시아 제민족에게 생명과 같은 중대 문제이다. 지도적인 일본의 이 지위는 일본에게 있어 하나의 운명인 것인 만큼 그것이 심각하고 광대하고 진지한 것임은 분명하다.

우리 대일본제국은 저 러일전쟁의 승리로 인해 아시아 민족의 호프이자 신비로운 감격의 중심이 되었다. 그 위대한 신흥 역량은 아시아 민족 중 우수 민족인 야마토 민족의 전통적 힘을 통합적, 적극적으로 맹사(猛射)한 점에 드러나지만, 이 역량을 현실적으로 키운 것은 메이지유신(明治維新)의 순리(純理)와 진지함과 웅휘와 과감한 혁신력이었다.

일본은 이 혁신력으로 국내를 개혁하는데 있어 구주 문화를 받아들였다. 그 동안에는 겉핥기식도 있고 지나침도 있고 오해도 있었지만, 그것을 잘 저작(咀嚼)하여 옳고 그름을 판단함으로써 국력 발전의 기초를 만들었다. 이 때 서두르다보니 본래 아시아 민족에게 맞지 않는 것도 많이 받아들였다. 그러나 그것은 민족의 강인한 피가 흐르면서 세월과 함께 정화되고 있다.

어쨌든 이렇게 획기적인 역량을 보여주어 아시아 제 민족의 숭앙을 받고 떠오르는 태양의 광휘를 떨친 일은 아시아로서는 역사적 사건이었다. 일찍이 구주를 문화적으로 석권하고 구주 문화의 씨앗을 뿌려온 사라센 문화 및 동남 아시아 민족에게 심대한 영향을 미친 고대 중세의 지나 문화도 아시아 민족의 역사적 광휘라 할 수 있지만, 메이지유신을 통한 일본의 신흥 위력의 발양 특히 러일전쟁의 승리는 정치, 문화, 경제, 군사 등을 통틀어 아시아 민족의 해방을 위한 승리였고 실로 고금 미증유의 역사적 광휘였다.

고로 동방의 왕도의 나라 일본국을 걸고 아시아 민족의 운명을 건 러일전쟁의 승리는 수세기 동안 위축되어 일어서지 못한 아시아 제국을 사자의 잠에서 분연히 깨워 일으켰다. 제1차 세계 대전에서 아시아 민족 제국이 구미의 굴레에서 맹연히 벗어나 민족 해방의 결실을 맺을 수 있었던 것도 이미 이 때 무지몽매한 오래된 잠에서 깨어나게 했기 때문이다.

이번 지나사변을 중심으로 하여, 혼미한 구주의 전운을 목전의 큰 불로 여기고 일본이 아시아 민족 맹주의 지위에 선 것은 절대 우연이 아니다.

2. 아시아의 맹주 일본

일본은 바야흐로 아시아 민족의 빛나는 장래를 짊어지고 일어서 있다. 일본의 사명은 매우 중대하다.

나는 일본의 오늘날의 융성은 메이지유신에 의해 용감, 솔직하게 구미의 진보적 제도, 문물, 기술 등을 받아들여 자신의 것으로 만들었기 때문이라고 했다. 하지만, 당시 이 아시아 민족의 구미 문물에 대한 신뢰와 열망은, 한편으로는 구미 제국주의의 아시아에 대한 진로를 만든 것이기도 하다. 그것은 그 후의 지나, 인도, 타이, 터키, 남양 등의 실상이 여실히 말해 주고 있다. 그 피해가 가장 큰 것은 인도, 지나, 남양이다.

그러나 지나가 구미에 의존하고 소련의 민족 정책의 괴뢰가 된 첫 번째 원인은 지나의 혼란, 그에 따른 국가 세력의 약체에 있으며, 일본에도 유감스런 부분이 없다고 할 수는 없다. 이러한 것은 공평하게 비판을 하는 것이 쌍방의 장래를 위해 좋다고 생각하기 때문에, 감히 말하자면 1924년의 국민 혁명 때 일본에 대한 손문의 신뢰를 당시 대부분의 당면 정치가들이 진심으로 이해하고 구원해 주지 않았던 사실은 여러 가지 화근을 남겼다고 할 수 있다. 손문은 일본을 대사(大師)로 여기고 메이지유신에 이어 지나 혁명을 수행하고 싶어 했다. 그러나 일본의 정치가들이 그것을 이해하지 못하는 바람에, 어쩔 수 없이 구미를 의존하게 되고 소련을 의지하게 된 것은 일지 양국 모두에게 유감스러운 일이다.

이에 지나가 구미에 의해 짓밟히고 적화의 연병장이 되는 커다란 허점이 생기게 된 것이다.

하지만 이는 당시의 일본만이 실책을 한 것이 아니라 일본을 별도로 한 다른 아시아 민족 특히 지나의 사회층이 이미 배후와 가슴 속으로부터 국제 비밀력에 압박을 당하고 있었기 때문이다. 하지만 이것을 일본의 문제로 한정해서 보면, 당시에는 이미 메이지유신에서 발휘한 정도의 진보적 혁신력이 부족했기 때문은 아닐까? 이 점과 관련하여 지나사변의 처리에 대해서도 언급하고 싶은 점이 있다.

그것은 무엇인가 하면, 러일전쟁은 아시아 민족 연맹의 맹주로서 운명지어진 일본국이 거국적으로 일어선 민족의 명운을 건 결전이었고, 현재 당면한 대난국도 일본을 중심으로 한 아시아 민족 전체의 결전에 의해서만 해결이 될 수 있는, 아시아 민족 갱생의 좋은 기회이다.

그러니만큼, 일본의 대륙 정책, 남진 정책은 책임이 매우 크며, 영원한 발전성을 지니고 있다. 그러기 위해서는 우선 훗날 후회가 없도록 혁신 지나를 이해하고 명책(名策)을 세워야 한다. 아시아 민족의 생명선, 남양의 중대 의의를 이해하고, 아시아 민족 해방의 성지로 삼아야 한다.

동아공동체, 동아공영권의 핵심 문제는 일본이 그 진지함과 여력으로 아시아 제 민족 본래의 요망을 적절히 충족시키는 것이다. 여기에서 여력이라고 하는 것은 당연히 남은 힘이라는 의미도 포함하지만, 여력을 가질 정도로 충실하다는 의미 쪽이 더 강하다. 구체적으로 말하면, 국가 전체가 긴장감을 가지고 충실하게, 권위와 자신감과 용감함과 진심을 가지고 전면적으로 아시아 민족의 요망을 밀고 나갈 정도의 국력을 말하는 것이다.

오랜 동안 구미, 소련의 의도대로 움직여 온 전 아시아 민족의 비원(悲願)은 제국주의 및 아시아 민족의 대두(擡頭)와 발전을 방해하는 모든 것으로부터, 완전히 해방되어 영토의 안전을 획득하고 독립을 단행하여 그 민족 문화를 마음대로 발양하는 것이다. 그러기 위해서 일본은 소위 여력을 가지고 경제적으로 지원해야 하며, 그 형태는 아시아 민족 연맹의 맹주다운 깊은 이해와 관대함을 지닌 것이어야 한다.

이는 말로는 쉽지만, 실행을 하려면 용이하지 않은 어려움과 희생이 동반하는 사업이다. 그러나 일본은 당연히 이를 수행할 수 있는, 우수한 민족의 사명 속에 있다.

3. 대일본의 사명

남양 민족의 아시아적 특질에 대해서는 다른 장에서 상술했다.

하지만, 오늘날의 남양 민족은 정치적, 경제적으로는 구미의 압박과 착취 속에 있으며 인종적으로는 구주 민족의 피와 섞임으로써 본래의 아시아성을 잃거나 박약해지고 있다. 이 문제도 〈민족과 혼혈〉 항목에서 이미 설명했다. 이 남양 민족의 민족적 쇠퇴는 거의 모두 아시아를 먹이로 삼고 있는 구미 백인들의 음모이다.

오이와 마코토(大巖誠) 씨는 「남방 민족의 문제(南方民族の問題)─주로 인도지나의 제 민족에 대해─」(『중앙공론(中央公論)』 1941년 8월호)에서 이렇게 명쾌하게 논단하고 있다.

─일본이 그들의 경모의 대상이 된 것은 러일전쟁의 결과였다. 이 정세를 민감하게 깨달은 서양 제국 특히 영국은 일본을 아시아 민족으로부터 떼어내서 러일전쟁 후의 위대한 성과인 아시아의 결합을 근저에서 소멸시킬 다양한 공작에 광분했다.[1] 꺼지기 전의 촛불은

더 빛을 발한다. 아시아는 그 집요한 이간, 억압의 방책에 넘어가서 강력한 문화에 의해 잠들고 경제력에 의해 속박되었으며, 가공할 고립의 상태에서 각개 격파의 희생이 되었다.[2] 동아의 비극도 이 정책의 하나의 큰 성과이다. 증오스러운 이 성과는 4년간의 지나사변을 통해 훌륭하게 이를 지나에서 격파하고 있다.[3] 그러나 이 격파전은 더 철저히 남방에서도 수행되어야 한다. 남방 문제는 지나사변의 세계 정치성에 내재된 필연성에 의해 야기된 것임과 동시에 그 완전한 해결은 여전히 같은 지나사변의 완수와 깊은 관련이 있기 때문이다. 남방 민족이 공유하는 농촌 문제는 민국에서의 같은 문제의 해결과 서로 관련이 있으며, 그들 제 민족이 품고 있는 다른 아시아 민족에 대한 적의 특히 일본에 대해 품고 있는 공포심은, 일만화(日滿華) 삼국민이 긴밀하게 정신적으로 연대하여 모든 시련을 차차 극복하고 세계의 대도(大道)인 황국 정신을 실현함으로써 극복하고 해결할 수 있을 것이다. 영미는 가령 일본에 대한 남해선전(南海線戰)이 붕괴되더라도 공동의 목적과 사상을 모르는 동남 아시아 민족이 서로 반발하고 투쟁하기를 희망하고 있다. 이러한 영미의 희망은, 이상에서 언급한 요청을 실천함으로써 구체적으로 주체 아시아 건설을 실행한다고

....

1 [원주] 그러면서도 영국계 유태인 재벌은 일본에 군자금을 빌려주고, 원래라면 자신이 싸워야 할 제정 러시아와 싸우게 한 것이다. 특히 너무나도 유태인적인 것이, 러시아를 일본과 전쟁을 하도록 선동한 것은 영국이었다. 게다가 영국은 영일동맹을 맺고 있었다.

2 [원주] 그것은 이미 아시아 속에 악성 스파이 이상의 유태주의자가 ― 무의식적이라도 ― 있었기 때문이다. 오늘날의 장개석 등이 그런 예이다.

3 [원주] 그러나 일찍이 국내에도 유태주의자가 많이 있었다. 특히 외교관에는 많다고 하는데, 삼국동맹 이후에는 머리가 있는 사람은 각성을 한 것 같다.

하는 황국의 전진에 의해서만 타파할 수 있다.

나도 오이와 씨와 동설, 동감이다. 일본이야말로 남양 민족의 불행을 즉 태평양의 불안과 혼란과 이곳 민족의 고뇌와 쇠퇴를 구하고 영원한 행복과 평화를 초래해야 한다고 하는, 대사명을 띠고 있다.
이런 일본 민족에게 부과된 다른 현실적 문제는 없다.

게양			揭陽	지명
게오스, 노오스	ゲオス, ノオス			개념어
경주			瓊州	지명
계롱도			鷄籠島	지명
계왕			桂王	인명
고데프로이 박물관	ゴーデフロイ博物館	Museum Godeffroy		건물명
고리(→캘커타)			古里	지명
고마이 요시아키			駒井義明	인명
고부국			古附國	국명
고사(족, 어)			高砂族	종족명/어명
고아	ゴア	Goa		지명
고인명			顧因明	인명
고적형리		Cordier, M	考狄亨利	인명
고힐강			顧頡剛	인명
골라이어스	ゴライアス	Goliathini		종족명
과과족, 오만, 자만			猓猓族, 烏蠻, 自蠻	종족명
곽춘앙			郭春秧	인명
광동인			廣東人	종족명
광서			廣西	지명
광주			廣州	지명
굉우			轟友	인명
교주			交洲	지명
교지, 교지인(→안남인)			交趾(人)	지명/종족명
교지지나			交趾支那	지명/종족명/어명
구광			究廣	지명
구나라타			拘那羅陀	인명
구나발마			求那跋摩	인명
구루 제도	ヌグウロ	Ngulu Atoll, Ngulu Islands		지명
구마(→쿠바)			玖瑪	지명
구무레우	グムレウ			개념어
구성			丘姓	종족명
구수우			丘守愚	인명

구와바라 지쓰조			桑原騭藏	인명
구항(→팔렘방)			舊港	지명
국민당부			國民黨府	단체명
귀주			貴州	지명
금린(→태국)			金隣	지명
긍하(→갠지즈 강)	カンカ		恆河	지명
기			岐	종족명
기나안	ギナアン	Ginataan		어명
기아나	ギアナ	Guianese		지명/종족명/어명
길랴크인	ギリヤーク	Gilyak		종족명
길버트 섬	ギルバート島	Gilbert Is.		지명
김동시			金東施	인명
나가노현	長野縣			지명
나고아(→바타크)			那孤兒	국명
나란타(→날란다)			那爛陀	지명
나면이트	ナモヌイト	Namonuito Atoll		지명
나발로이	ナバロイ	Nabaloi		어명/종족명
나우르 섬	ナウル島	Nauru Island		지명/어명
나정화			羅井花	인명
나차오, 남조국, 남소국	ナチヤオ		南紹國, 南詔國	국명
나카무라 마사토시			中村正利	인명
나트랑, 상림		Nha Trang	象林	지명
나티크, 가틱, 은가틱	ナチツク, ガテク	Ngatik		지명/어명
난마돌	ナンマタール	Nan Madol		지명/종족명/어명
날란다, 나란타	ナーランダー	Nālandā	那爛陀	지명
남교, 남해			南交, 南海	지명
남기(→사이공)			南圻	지명
남만			南蠻	종족명
남무리(→람무리)			南巫里	지명
남발리(→람무리)			喃渤利	지명
남소국(→나차오)			南紹國	지명/국명

남양어			南洋語	어명
남월			南越	종족명
남장국			南掌國	국명
남정원			藍鼎元	인명
남조국(→나차오)			南詔國	국명
남해(→남교)			南海	지명
낭			狼	종족명
낭가술(→랑카스카)			郎迦戌	지명/국명
낭아수국(→랑카스카)			狼牙修國	지명/국명
네그리트, 소흑인	ネグリート	Negrito	小黑人	인종명
네린 아누	ネリン・アヌ			개념어
노과인(→라오스인)			老撾人	종족명
노박덕			路博德	인명
녹스	ノックス	Robert Knox		인명
농편(→하노이)			籠編	지명
뇌산만			牢山灣	지명
누르	ヌル	Ngulu		지명
누사 뜽가라 열도, 소순다 열도	小スンダ列島	Kepulauan Sunda Keci, Kepulauan Nusa Tenggara		지명/어명
누쿠오로 섬	ヌクオロ	Nukuoro Island		지명
뉴기니아	ニューギニア	New Guinea		지명
뉴메크렌부르크	ノイ メクレンブルク	Neumecklenburg		어명/지명
뉴웬하이스	ニュウエンホイス	Anton Willem Nieuwenhuis		인명
뉴질랜드, 신서란	ニュージーランド	New Zealand	新西蘭	지명/국명
뉴카레도니아	ニュー カレドニア	Nouvelle-Calédonie		어명
뉴포메론	ノイ ボメロン	Neu-Pommern		어명/지명
뉴헤브리디스	ニューヘビリデス	New Hebrides		어명/지명
능가수(→랑카스카)			棱伽修	국명/지명
니그로	ニグロ	Nigro		종족명
니그리토족	ネグリート	Negrito		종족명
니아스	ニアス(人)	Nias		지명/종족명/어명
니우에	ニウエ	Niuē		어명/지명
니코바르	ニコバル	Nicobar		지명/종족명

다바오	ダバオ	Davao		지명
다약족, 다이야족	ダヤケ, ダイヤ	Dayak, Dyak		어명/종족명
다이야족(→다약족)		Dayak, Dyak		어명/종족명
다카마			高天	개념어
다카야마 요키치			高山洋吉	인명
다케미 요시지			武見芳二	인명
단단국			丹丹國	국명
단주			亶洲	지명
담이(국)			儋耳國	지명/국명
대갈란(→퀼른)			大葛蘭	종족명
대금사강 (→에이야르와디 강)			大金沙江	지명
대맥도(→자와)			大麥島	지명
대진(→로마)			大秦	지명
대흑산			大黑山	지명
덴지쿠 도쿠베			天竺德兵衞	인명
델링커		Deniker		인명
도리침			圖理琛	인명
도미니크파	ドミニカン派	Dominican		개념어
도미타 요시로			富田芳郎	인명
도원국(→말레이시아)			都元國	국명
도추			屠唯	인명
도파			闍婆	국명/지명
도파달국			闍婆達國	국명
도파르, 주파르, 조법아, 조호르		Dhofar, Zufar	祖法兒	지명
돈킨(→하노이)		Đông Kinh	東京	지명
동			獞	종족명
동강			東江	지명
동경(→하노이)			東京	지명
두화발저국 (→드바라바티)			杜和鉢底國	국명/지명
듀이	ヂューヴィー	George Dewey		인명
드라비다	ドラヴィダ, ドラビタ	Dravidian		종족명

드바라바티, 두화발저국	ドバラビテイ	Dvaravati	杜和鉢底國	지명/국명
라국(→주유국)			裸國	국명
라로통	ラトロガ	Rarotongan		어명/지명
라모트레크	ラムトリク	Lamotrek		지명/어명
라발라바	ラバア	lavalava		개념어
라방백			羅芳伯	인명
라브안 섬		Labuan Island		지명
라오스인, 라오인, 노과인	ラオ人	Laotian, Lao people	老撾人	종족명
라오인 (→라오스인, →태국)	ラオ人	Lao people		종족명
라와스(→사카이 와)	ラワス	Lawas		종족명
라우트	ラウト	Laut		종족명
라이스바이크	ライスウィツク	Rijswijk		지명
라이엘	ライエル	Charles Lyell		인명
라자, 랄살	ラザ	Lasa	刺撒	지명
라자리스트 (→빈센시오회)	ラザリスト	lazaristes		단체
라타크 열도	ラタツク列島	Ratak		지명
란스로트 덴트	ランスロット・デント	Lancelot Dent		인명
란창		Lancang	瀾滄	지명
랄리크 열도	ラリツク列島	Ralik		지명
랄살(→라자)			刺撒	지명
람무리, 남무리, 람부리, 남발리	ランムリ, ランブリ	Lamuri, Lambry	南巫里, 藍無里, 喃渤利	지명
람브리(→람무리)	ランブリ	Lambry		지명
랑아수(→랑카스카)			狼牙修, 狼牙須	지명/국명
랑카스카, 랑아수, 능가수, 낭가술	レンカスカ	Langkasuka	狼牙修, 狼牙須, 棱伽修, 郎迦戌,	지명/국명
로로족	ロロ族	Lolo		족명
로마, 대진	ローマ	Roma	大秦	지명
로버트 루이스 스티븐슨	ロバート・ルイズ・スチブンソン	Robert Louis Stevenson		인명

로열 더치 셸	ロイヤル ダッチ シエル	Royal Dutch Shell		회사명
로열티	ロヤルテイ族	Loyalty		지명/어명/종족명/지명
로이 끄라통	レークナー	Loi Krathong		개념어
로이스 킹	ロイス・キング			인명
로족, 로와족	ローワ	Rowa		종족명
로타	ロタ	Rota, Luta		지명
로테어, 로테 섬	ロッテ語	Rote Island		지명/어명
로토	ロト	Roto		지명/어명
론게릭 섬	ロンギリツク島	Rongerik Atoll		지명/어명
론젤랍 섬	ロンゴラツプ島	Rongelap Atoll		지명/어명
롬복 섬	ロムボツク	Lombok		지명/어명
롬브로소	ロンブロオゾオ	Cesare Lombroso		인명
루돌프 피루호	ルードルフ・ヒルヒョウ	Rudolf Ludwig Karl Virchow		인명
루브족, 습지, 택지의 사람	ルブ族		沼澤地の人	족명
루손, 여송	ルソン	Luzon	呂宋	지명
루스루	ルスル			개념어
루이 드레퓌스	ルイ・ドレフユース	Louis Dreyfus		인명
루이 마리 줄리앙 비오 (→피에르 로티)		Louis Marie-Julien Viau		인명
루크 섬	ルク島			지명/어명
류송			劉宋	인명
리데, 여대	リヂ	Lidé	黎伐	지명/국명
리살	リサール	Jose Rizal		인명
리스 로스	リース・ロス	Sir Frederick Leith-Ross		인명
리오토, 식인종	リオト			종족명
리프 라프	リブ・ラブ	Lip-Lap		인종명
릴리이 아베크	リリイ・アベック			인명
마가타국		Magadha	摩珂陀國	국명
마긴다나오	マギンダナオ	Maguindanaon		종족명/어명
마네키욘족	マネキヨン族			종족명
마노파콘	ビヤ・パーボン	Phraya Manopakorn Nititada		인명

마다가스카르	マダガスカル.	Madagascar		어명/지명
마두라 섬	マドラ, マヅラ	Madura Is.		어명/지명/종족명
마두라이 성	マデユラ	Madurai Castle		지명
마라에사	マラエ社	Marae		개념어
마량			馬良	인명
마르 델 수르(=남양)		Mar del sur		지명/개념어
마르케사스 군도	マーケサス群島	Marquesas		지명
마르케스 제트랜드	ゼットランド	Marquess of Zetland		인명
마르키즈	マルキサス	Marquises		어명
마리아나	マリアナ, マリヤナ	Mariana		지명
마림(→말린디)			麻林	지명
마마크	ママク	mamak		종족명
마복상			馬福祥	인명
마부치 도이치			馬淵東一	인명
마샬	マーシャル	Marshall		지명/어명
마연갑			馬聯甲	인명
마오리	マオリ	Maori		어명/종족명
마오주			馬五州	국명
마옥귀			馬玉鬼	인명
마용표			馬龍標	인명
마우그	マウグ	Måug		지명
마유린			馬維麟	인명
마일족			馬一族	종족명
마젤란	マゼラン	Ferdinand Magellan		인명
마지나이			禁壓	개념어
마지모노			蠱物	개념어
마카사르 해협	マカサル海狭	Makassar Strait		지명
마카사르어	マカサル	Makassarese, Makasar, Makassar, Macassar		어명/지명
마카오, 오문	マカオ	Macao	澳門	지명/국명
마타람	マタラニム	Mataram		지명
마환			馬歡	인명
만라가(→말라카)			滿刺加	지명

만료			蠻獠	종족명
만몽			滿蒙	지명
만얀	マンヤン	Mangyan		종족
만인(→모이인), 만족, 만어			蠻人, 蠻族, 蠻語	종족명/어명
말라가시	マラガン語	Malagasy		어명
말라카, 몰루카, 말루쿠, 몰루켄, 문노고, 만라가, 미락거, 향료군도	モルツカ, マラツカ	Moluccas, Maluku, Molukken	文老古, 滿刺加, 美洛居, 香料群島	지명/국명
말레이(인), 말레이시아, 도원국, 오문국	マレー(人), マレーシア	Malayan, Malaysia	馬來人, 馬來西亞, 都元國, 烏文國	국명/지명/종족명/어명
말레이 폴리네시아어	マレー・ポリネシア語	Malay-Polynesia		어명
말로에라프 섬	マルエラツプ島	Maloelap		지명
말루족	マル族			종족명
말린디, 마림	メリンデ	Malinde	麻林	지명
말콤 맥도널드	マルコルム・マクドナルド	Malcolm MacDonald		인명
망가레바	マガレヅ	Mangareva		어명
매령			梅嶺	지명
맹인, 맹족(→몬족)		Mon	猛人	종족명
메난(→차오프라야 강)	メナン		湄南	지명
메릴	メリル	Meril, Melekeok		지명
메스티조	メステイヅ	Mestizo		종족명
메오(→몬족)	モン, メオ族	Meo		종족명
메카, 천방	アラヒト	Mekka	天方	지명/국명
멜라네시아	ミアネシア, メラネシア	Melanesia		지명/인종명/어명
멩구(→몽고)	メング			종족명
면전(→미얀마)			緬甸	국명/지명
모가디슈, 목골도속	モグドラス	Mogedoxu	木骨都束	지명/국명
노간족	モルガン族			종족명
모굴제국	モグール帝國	Mughal Empire		국명
모노	モノ	Mono Island		어명/지명
모르트록	モルトロツク	Mortlock		지명
모이인, 만인	モイ人	Moï	蠻人	종족명

모킬	モキル	Mokil		지명
모토	モト	Motuo		종족명
모하메드의 법, 회율	モハメダン・ロー	Muhammadan Law	回律	개념어
목골도속(→모가디슈)			木骨都束	지명/국명
몬인, 몬족, 맹인, 맹족, 메오족	モン族	Mon, Meo	猛人, 猛族	종족명
몬크메르	モンクマール	Mon Khmer		종족명
몰디브, 유산	マルヂベス	Maldives	溜山	지명/국명
몽고, 멩구, 몽구, 몽골, 타타르	メング, モング, モンゴール, モンゴル, タタール	Mongoloid species, Mongolia	蒙古種	종족명
몽곤도우어	モンゴンドウ	Mongondow		종족명/어명
몽골(→몽고)	モンゴール, モンゴル	Mongolia		인종명
몽구(→몽고)	モング			종족명
묘족			苗族	종족명
무라이, 아 무라이	ムライ, ア・ムライ			개념어
문노고(→말라카)			文老古	지명
문래(→파라국)			文莱	국명
뮬라토	ムラツト	Mulato		인종명
므엉족	ミュオン族	Muong		종족명
믄타와이인	メンタイ人	Mentawai		지명/종족명/어명
미남 강 (→차오프라야 강)	メナン河		湄南河	지명
미낭카보우(어)	メナンカボ	Minangkabau		지명/국명/어명
미락거(→말라카)			美洛居	지명
미소기			禊	개념어
미솔	ミソル	Misool		지명
미얀마, 면전, 부감도려국, 탄국, 부칸다르, 버어마	ミャンマ, ビルマ	Myanmar, Burma, Buchandar	緬甸, 夫甘都盧國, 撣國	지명/국명/종족명
미크로네시아	ミクロネシア	Micronesia		지명/인종명/어명
미하사인	ミハサ人			지명/종족명

민(→복건)			閩	종족명
민다나오	ミンダナオ	indanao		지명
민류온족	ミンリュオン族			종족명
민해(→복건)			閩海	지명
밀리 섬	ミリ島	Mili Atoll		지명
바 섬	バー島	Baa Atoll		지명
바고보	バゴボ	Bagobo		종족명/어명
바나마	パナバ	Banaba Island		지명
바나메이, 치프 엔 바나메이	パナマイ族	vannamei		종족명
바바			峇峇	인종
바벨다오브 섬	バベルダオブ	Babeldaob		지명
바스라오스	バスラオス	Bas Laos		지명
바스코 발보아	バルボア	Vasco Nunez de Balboa		인명
바스티안	バスチヤン			인명
바이, 공동 집	バイ			개념어
바칸	バチアン	Bacan, Batchian		지명/어명/종족명
바타비야(인)(→자카르타)	バタヴイヤ	Bataven		지명/종족명
바타크(어, 족), 나고아	バタツク, バタカ	Battak, Batak, Bata	那孤兒	어명/종족명/국명
바탄어	バタン	Bataan		지명/어명
박라			博羅	지명
박탄주			薄歎洲	국명
반월국			磐越國	국명
반자르마신	ルヂエルマン	Banjarmasin		지명
반정규			潘鼎珪	인명
반차	バンチヤー		般茶	지명
반카	バンカ	Bangka		지명
발니(→발리)			浡泥	지명/국명
발라파, 파라다	パラダ		拔羅婆	국명
발리(어), 발니, 파리국, 보루네오	バリアイ	Bali Island	浡泥, 峇利國	지명/어명/국명
발릭파판	バソクババン	Balikpapan		지명

방갈리(→벵갈)			榜葛利	국명/지명
방곡(→방콕)			盤谷	지명
방콕, 방곡	バンコック	Bangkok	盤谷	지명
백수이			白壽彝	인명
백월			百越	지명
백이(→태국)			白夷	종족명
백희화			伯希和	인명
버어마인(→미얀마)	ビルマ人	Burma		종족명
번우(현)			番禺縣	지명
번작			樊綽	인명
베게셈 골라이어스	ベゲセム・ゴライアス			종족명
베다인	ヴエダ族	Veda		종족명
베도이드	ヴィドイド	Veddoid		종족명
베링해	ベーリング海	Bering		지명
베세무	ペセヘム			종족명
베시	ベシ	Bessi		지명
베트남, 월남, 일남	ベトナム	Vietnam	越南, 日南	지명/국명/어명
벨리퉁	ビリトン島, ビリトゥン島, ベリトゥン島, ベリトン島	Billiton, Belitung		지명
벨츠	ベルツ	Erwin von Bälz		인명
벵갈, 방갈리, 벵갈리	ベンガル, ベガレー	Bengal, Bengali	榜葛利	지명/국명/종족명
벵갈리(→벵갈)	ベガレー	Bengali		종족명
벵칼리스 섬	ベンカリ島	Bengkalis Island		지명
보나페, 폰페이	ボナペ	Pohnpei		지명/종족명/어명
보라안노어	ボラアンノ	Borana		종족명/어명
보로건	ボロガン	Borogan		어명, 지명
보루네오(→발리)	ボルネオ	Borneo		지명
복건, 민, 민해			福建, 閩, 閩海	지명/종족명
복주			福州	지명
본토크어	ボントク	Bontocs		종족명/어명

부감도려국, 부칸다르 (→미얀마)			夫甘都盧國	국명
부기(족, 인, 어), 부기스	ブギス族	Buginese, Bugis		종족명/어명
부남국(→캄보디아)			扶南國	지명/국명
부루	ブールー	Buru		지명
부칸다르 (→미얀마, 부감도려국)		Buchandar		국명
북강			北江	지명
북기(→하노이)			北圻	지명
브라바, 비랄	ブラーワ	Brawa	比剌	지명/국명
브라운		J.M.Brown		인명
브라이, 집	ブライ			개념어
브란트슈테타	ブラントシュテタ	Renward Brandstetter		인명
브로바	ブロウヴァー			인명
브리루 아카리즈, 신의 집	ブリル·アカリズ			개념어
브리야드 몽골	ブリヤート·モンゴル	Buryad-Mongolia		종족명
브리야드족	ブリヤート	Buryad		종족명
비도(→필리핀섬)			比島	지명
비랄(→브라바)			比剌	지명/국명
비랑			費瑯	인명
비로국			比擄國	국명
비사야	ビサヤ	Visayas		지명/어명
비스마르크 군도	ビスマーク群島	Bismarck		지명
비신			費信	인명
비율빈(→필리핀)			菲律賓	지명
비인(→필리핀)			菲人	종족명
비콜어	ビコル	Bikol,Bicol		종족명/어명
비키니 섬	ビキニ	Bikini		지명
비탄	ビタン			종족명
빈나전국			濱那專國	국명
빈랑서(→페낭)			檳榔嶼	지명

빈센시오회, 라자리스트	ヴィンセンシオの宣教會, ラザリスト	Vincentian, Congregatio Missionis, C.M., lazaristes		단체명
빈춘			斌椿	인명
빈탄	ビンタン	Bintan		지명
빔바어	ビムバ語	Binh Ba		어명
빙승균			馮承鈞	인명
빙유			馮攸	인명
쁘라윤 파몬몬트리	プラヨオオン·モントリ	Prayun Phamonmontri		인명
사강			四江	지명
사기어, 사길섬	サギル島	Sangiric		지명/어명
사념해			史念海	인명
사도가 섬	佐渡島			지명
사라센	サラセン	Saracen		인종
사록			史祿	인명
사리간	サリガン	Sarigan		지명
사리만니	ゲルハツタン		沙里灣泥	국명
사마르칸트	サマルカンド	Samarkand		지명
사모아	サモア	Sāmoa		지명/어명
사모예드족	サモエード族	Samoed		종족명
사문빈			謝文彬	인명
사범			師範	인명
사부	サヴー	Sawu		지명
사빈			謝彬	인명
사순	サツスーン	David Sassoon		인명
사와락	サワワク	Sarawak		지명/어명
사이공, 서공, 남기	サイゴン	Saigon	西貢, 南圻	지명
사이판	サイパン	Sa'ipan		지명
사자국 (→실론, →스리랑카)			獅子國	지명/국명
사정불국(→스리랑카)			巳程不國	지명/국명
사조국			斯調國	국명
사천			四川	지명
사카, 사카이	サカ, サカイ	Saka, Sakai		종족명

사카이 와, 라와스	サカイ・ワー, ラワス	Sakai Wa, Lawas		종족명
사회			四會	지명
산길어	サギル	Sangiric		어명/지명
산두			汕頭	지명
산월			山越	종족명
산타크르주	サンタ・クルス	Santa Cruz		지명/어명
산페르나르도	サンペルナルド	São Bernardo		지명
산호세		San Jose		지명
살라와티	サルワツチー	Salawati		지명
삼불제(→스리비자야)			三佛齊	국명
상림(→나트랑)			象林	국명/지명
상준			常駿	인명
새족			塞族	종족명
샌드위치 군도	サンドウヰツチ群島	Sandwich Islands		지명
샌들우드 섬	サンダルウツド	Sandelhout		지명
샨인, 산족(→태국)	シャン人, シャン族	Shan		종족명
샴(→태국)	シャム	Sham		국명/지명/종족명/어명
서계여			徐繼畬	인명
서공(→사이공)	サイゴン	Saigon	西貢	국명/지명
서국(→스페인)			西國	국명
서남이			西南夷	종족명
서양쇄리(→촐라)			西洋瑣里	지명/국명
서연욱			徐延旭	인명
서장면전족			西藏緬甸族	종족명
서장인(→티벳)			西藏人	종족명
서족, 써족, 세이족, 샤인	セイ	She	畬人	종족명
석란도 (스리랑카, 실론)			錫蘭島	지명
석란산 (스리랑카, 실론)			錫蘭山	지명
석법현			釋法顯	인명
설극교(→시크이즘)			雪克敎	개념어

설복성			薛福成	인명
섬라(→태국)			暹羅	지명/국명/종족명
성 라자레스 제도 (→필리핀)	聖ラザルス諸島	St. Lazarus' Islands		지명
성경불			盛慶紱	인명
세노이	セノイ	Senoi		어명/종족명
세람	セラム	Seram		어명/종족명
세망	セマング	Semang		어명/종족명
세부	セブ	Cebu		지명/어명
세이족(→서족)	セイ族	She		종족명
셀랑고르	セランゴール	Selangor		지명/어명
셀레베스(→술라웨시)	セレベス	Celebes		지명
셰흐	シェク	Syekh		지명
소간리			蘇幹利	인명
소갈란(→퀼른)			小葛蘭	지명/국명
소길원			蘇吉圓	국명
소롤어	ソロル語	Sorol		어명
소문답라(→수마트라)			蘇門答剌	지명/국명
소순다 열도 (→누사 등가라 열도)	小スンダ列島	Kepulauan Sunda Keci		지명
소주			蘇州	지명
소홍빈			蘇鴻賓	인명
소흑인(→네그리트)			小黑人	인종명
속세징			束世澂	인명
손권			孫權	인명
손랄(→순다)			孫剌	지명/국명
손소롤	ソンソル	Sonsorol		지명
솔로몬	ソロモン	Solomon		지명/어명
솔리타리아	ソリタリヤ	solitaria		지명
송문병			宋文炳	인명
송베	ソングベ	Sông Bé		지명
쇼카라이	ショカライ			종족명
수마트라, 소문답라	スマトラ	Sumatra	蘇門答剌	지명/국명

수만가트		Semangat		개념어
수원			綏遠	지명
순다(어), 손랄	スンダ	Sunda	孫剌	지명/어명/국명
술라웨시, 셀레베스	スラウェシ, セレベス	Sulawesi, Celebes		지명
술루 군도, 술루인	スーラ群島, スルー人	Sulu Archipelago		지명/종족명
술탄 바부르	スルタン・バベル	Sultan Babur		인명
숨바어	スマバ語	Sumba		지명/어명
숨바와인	スンバワ人	Sumbawa		지명/종족명
스리랑카, 실론, 사정불국, 사자국, 석란도, 석란산	スリランカ, セイロン	Sri Lanka, Ceylon	巳程不國, 獅子國, 錫蘭島, 錫蘭山	지명/국명
스리비자야, 삼불제	シュリーヴィジャヤ	Sriwijaya, Srivijaya	三佛齊	국명
스리크세트라, 실리찰저라, 실리, 표국, 프로메, 퓨족, 패	シリクトセラ, シュリ・クシェトラ, スリクシェトラ, プロメ, プユー族	Sri Kshetra	室利察咀羅, 室利差咀羅, 室利, 驃國, 覇	지명/종족명/국명
스탠리 볼드윈	ボールドウイン	Stanley Baldwin		인명
스페인, 서국	スペイン	Spain	西國	국명
습지, 택지의 사람 (→루브족)			沼澤地の人	족명
시드니	シドニー	Sydney		지명
시리반	シリバン	Siriban		어명
시베리아족	シベリア族	Siberian		족명
시아크	シアク	Siak		지명
시에라오 해변	シエラオ海邊	Sierra		지명
시채			龔柴	인명
시카	シツカ	Sikka		지명/어명
시카노 다다오			鹿野忠雄	인명
시크이즘, 설극교, 시크교	シークイズム	Sikhism	雪克敎	개념어
시크인	シーク	Sikh		종족명
신가파(→싱가포르)		Singapore	新嘉坡	지명/국명
신강			新疆	지명
신독(→인도)			身毒	지명/국명
신라국(→캄보디아)	シンラ國	Sinra		국명

신서란(→뉴질랜드)			新西蘭	지명/국명
실론, 사자국(→스리랑카)		Ceylon	獅子國	국명/지명
실리찰저라, 실리(→스리크세트라)			室利察呾羅, 室利差呾羅	국명/지명
심리국(→태국)			諶離國	국명
심증식			沈曾植	인명
싱가포르, 신가파		Singapore	新嘉坡	지명/국명
싱할라족	シンハリーゼ	Sinhalese		종족명
쓰미			穢	개념어
아가냐	アガニヤ	Agana		지명
아그리한 섬	アグリハン島	Agrihan Island		지명
아기날도	アギナルド	Emilio Aguinaldo		인명
아나타한	アナタハン	Anatåhån		지명
아나톰	アネエトム	Aneiteum		어명/지명
아놀드	アーノルド	Arnold, Sir Edwin		인명
아니			鬼	개념어
아덴	アデン	Aden		지명
아라비아인	アラビヤ人	Arabian		종족명
아라칸인, 아라한인	アラカネス	Arakan, Arakanese	阿羅漢人	지명/종족명
아라한인(→아라칸인)			阿羅漢人	
아로(→아루)			阿魯	지명/국명
아루 군도, 아루어, 아로	アル語	Aur	阿魯	지명/국명/ 어명
아루노 섬	アルノ島	Arno Atoll		지명
아리안인	アリアン人	Aryan		종족
아마라우, 총사				개념어
아메다바드, 아발파단	アハバツタン	Ahmedabad	阿撥把丹	지명/국명
아메리카인디안	アメリカインデイアン	AmericanIndian		인종명
아바아	アヴア			식물명
아바카스어	アバカス語	Abacus		어명
아발파단(→아메다바드)			阿撥把丹	지명/국명
아사이 게이린			淺井惠倫	인명
아에타	アエタ	Aeta		종족명
아열고나아			亞烈苦奈兒	인명

아우게르	アウゲル		靈神	개념어
아우게르 케크라우	アウゲル・ケクラウ			개념어
아우구스티노파	アウグスチン	Aurelius Augustinus		개념어
아유타야	アグタヤ	Ayutthaya		지명/어명
아체(어, 인)	アチニ語,アーチ人	Aceh, Achenese		어명/종족명 /지명
아카풀루코	アカプルコ	Acapulco		지명
아탄어	アタン	Atan		어명
아파야오	アバヤオ	Apayao		지명/어명
안남(인), 코친, 교지인, 임읍, 가지, 점파			安南人, 交趾人, 林邑, 柯枝, 占婆	지명/국명/ 종족명
안다라(→안연라국)	アンダラ			지명/국명
안다마, 안트(→안다만)	アンダマ, アント	Andama, Anto		지명
안다만 섬, 안다만인, 안다마, 안트	アンダマン, アンデマ, アント	Andaman Islands, Andamanese, Andama, Anto		지명/종족명
안소니 이든	アンソニイ・イーデン	Anthony Eden		인명
안연라국, 안다라	アンダラ		案連羅國	지명/국명
안트, 안다마(→안다만)	アント,アンダマ	Anto, Andama		지명
안트라	アントラ	Anthra		지명
알라마간	アラマガン	Alamågan		지명
알타이족	アルタイ族	Altaic		종족명
알프레드 러셀 월리스	ワレース	Alfred Russel Wallace		인명
알프레드 폴케	フォルケ	Alfred Forke		인명
알프로족	アルフル族, アルフール族	Alfuro, Alfuru, Alfure, Alfoer, Alfourou		종족명 Alfuro, Alfuru, Alfure, Alfoer, Alfourou
암바	アソパ	Amba		지명/어명
암본	アムボイナ	Ambon		지명/종족명
앗순시온	アツソンソン	Asuncion		지명
앙가우르 섬	アンガウル島	Angaur, Ngeaur		지명
애드미럴티	アドミラリテイ	Admiralty		지명/어명
애유략			艾儒略	인명

야마다 나가마사			山田長政	인명
야마다 비묘			山田美妙	인명
야마토 민족			大和民族	종족명
야비족	ヤビ族			종족명
야시로			屋代	개념어
야오족, 야오인(→요족)		Yao		종족명
야인(→카친인)			野人	종족명
야파도(→자와)			耶婆島	지명
야파제(→자와)			耶婆提	지명
야프 섬	ヤップ島	Yap Maap		지명/어명
양도명			梁道明	인명
양병남			楊炳南	인명
양신			楊晨	인명
양주			揚州	지명
어니스트 오 하우저	アーニスト·オ·ハウザー	Hauser, Ernest O		인명
엄종간			嚴從簡	인명
에네웨탁 섬	エニウエタツク島	Enewetak Atoll		지명
에로망고	エロマガ	Erromango		지명/어명
에메랄드 사원, 왓 프라 케오	ワト·ブラ·ケオ	Temple of the Emerald Buddha, Wat Phra Kaew		지명
에반스	エバアンス, イヴアンズ	Ivor Hugh Norman Evans		인명
에벤	イフン	Even		종족명
에본 섬	エボン島	Ebon Atoll		지명
에스키모	エスキモー	Eskimo		종족명
에스프리토 산토	エスプリト·サント	Esprito Santo		지명
에이메리크	エイメリーク			지명
에이야르와디 강, 이라와디 강, 대금사강		Ayeyarwady, Irrawaddy	大金沙江	지명
에일링랩랩 섬	アイリングラツプ	Ailinglaplap Atoll		지명
엔가노	エンガノ	Engaño		지명
엘리스 군도	エリス	Ellice Is.		지명
엘토란도	エルトランド	A. Erdland		인명
여(→요[畬]족)			畬	종족명
여, 여족			黎, 黎族	종족명

여가위			呂家偉	인명
여국창			黎國昌	인명
여금록			呂金錄	인명
여대(→리데)			黎伐	지명/국명
여송(→루손)			呂宋	지명
여조양			呂調陽	인명
여패고			余佩皐	인명
염주			濂州	지명
엽래			葉來	인명
엽조국(→자와)			葉調國	지명/국명
영반국			榮盤國	지명/국명
영백이		Bell.H	英柏爾	인명
영하			寧夏	지명
예수회파	ヤソ會派	Jesuits		단체
오가사와라	小笠原			지명
오거스트	オーガスト			인명
오구치 고로			小口五郎	인명
오랑 라우트인	オラン・ラウト	Orang-Laut		종족명
오랑 멜라유인	オラン・メラユ	Orang-Melayu		종족명
오랑 사카이인	オラン・サカイ	Orang-Sakai		종족명
오랑 세노이인	オラン・セノイ	Orang-Senoi		종족명
오랑 아키토	オラング・アキト			종족명
오랑해족	ウーリャンハイ	Uriankhai	烏梁海族	종족명
오만(→과과족)			烏蠻	종족명
오문(→마카오)			澳門	국명/지명
오문국(→말레이)			烏文國	국명
오비	オビ	Obi		지명
오상현			吳尙賢	인명
오세안 섬	オセアン島	Ocean Island		지명
오소린			吳疏麟	인명
오스티야크인	オスチャク	Ostyak		종족명
오아우	オアウ			지명
오아후 섬	オアフ	O'ahu		지명

오이라트 몽골	オロト·モンゴル	Oirat-Mongolia		종족명
오이와 마코토			大巖誠	인명
오자키 히데미			尾崎秀實	인명
오증영			吳曾英	인명
오키나와 제도	沖繩諸島			지명
오호문			五虎門	지명
옥이형리		Yule, M	玉爾亨利	인명
온박			蘊璞	인명
온웅비			溫雄飛	인명
올레아이	オレアイ	Woleai		지명
옹유조			雍由調	인명
와이지오 제도	ワイジオー	Waigeo		지명
왓프라케오 (→에메랄드 사원)	ワト·プラ·ケオ	Wat Phra Kaew		지명
왕대연			汪大淵	인명
왕대해			王大海	인명
왕망			王莽	인명
왕벽진			王闢塵	인명
왕정위			王精衞	인명
왕지성			王志成	인명
왕창			王昶	인명
왕효통			王孝通	인명
요문단			姚文枏	인명
요족, 여족, 야오족, 야오인, 카스인	ヤオ	Yao people	瑤, 獠, 峯, 畲(族)	종족명
요지천			廖志泉	인명
용천			龍川	지명
우그리아	ウゴリヤ	Ugric		종족명
우라			卜	개념어
우라카스	ウラカス	Uracas		종족명
우랄족	ウラル族	Uralic		종족명
우르기 오우크, 사당, 공물의 용기	ウルギオウク			개념어
우르크타벨 섬	ウルクターブル島	Ngeruktabel		지명

우발국			優鈸國	국명/지명
우베아	ウヴェア	Ouvéa		지명/어명
우치다 가키치			內田嘉吉	인명
우치다 간이치			內田寬一	인명
우풀루 섬	ラボル	Upolu		지명
운남			雲南	지명
운룡			雲龍	인명
울리티 군도	ウルチ	Ulithi		지명
울바	ウルアバ	Ulva		지명/어명
워트제 섬	ウオツジエ島	Wotje Atoll		지명
원전			苑旃	인명
원정			元鼎	인명
월, 월인, 월족			越(人), 粵(族)	종족명
월구			越漚	지명
월남(→베트남)			越南	지명/국명
월리스	ウオーレス	Alfred Russel Wallace		인명
월지국			月氏國	국명
위원			魏源	인명
윌리엄 웨일즈	ウイリアム・ウエルス	William Wales		인명
윌리엄 자뎅	ウイリアム・ジャーディン	William Jardine		인명
윗트포겔	ウヰツトフォーゲル, ウイットフォーゲル	Karl August Wittfogel		인명
유가하			劉家河	지명
유겐트	ユーゲント	Jugend		조직명
유계선			劉繼宣	인명
유니와	ユニワ			개념어
유라시야	ユーランシャ	Eurasier		인종
유바촌	ユヴァヨン	Yuwachon		조직명
유산(→몰디브)			溜山	지명/국명
유아시안	ヨーアシアン	Eu-Asian		인종명
유카기르인	ユカギール	Yukagir		종족명
유크	エル・エ・ユック, ガベー			인명

유태인	ユダヤ人	Jews		종족명
유태현인회			猶太賢人會	조직명
유트릭 섬	ウトロツク島	Utirik Atoll		지명
육개			陸凱	인명
융적			戎狄	종족명
의정			義淨	인명
이			俚	종족명
이고로트	イゴロチ	Igorots		종족명/어명
이나라한	イナラハン	Inarajan		지명
이라야	イラヤ	Iraya		종족명/어명
이라와디 강 (→에이야르와디 강)		Irrawaddy		지명
이란	イラン	Iran		지명
이미			淨	개념어
이바나그어	イバナグ	Ibanag		종족명/어명
이선근			李仙根	인명
이세신궁			伊勢神宮	지명
이쇼카라카루, 이치 코루코루	イシヨカラカル, イチ・コルコル			인명
이시나이	イシナイ	Isinai		종족명/어명
이연수			李延壽	인명
이윤			伊尹	인명
이이즈카 시게루			飯塚茂	인명
이인광			李麒光	인명
이장전			李長傳	인명
이종각			李鐘珏	인명
이주			夷洲	지명
이즈 제도	伊豆諸島			지명
이치 코루코루 (→이쇼카라카루)	イチ・コルコル			인명
이타우이어	イタウイ	Itaw		어명/지명
이푸가오	イフガオ	Ifugao		종족명/어명
이화태			李和太	인명

인도, 천축국, 신독, 힌두스, 천축가비려국	インド, ヒンジラ	Indo, Hindus	天竺國, 身毒, 天竺迦毗黎國	지명/국명/어명
인도교(→힌두이즘)			印度敎	개념어
인도네시아	インドネシア	Indonesia		지명/종족명/어명
인도라기리	インドラギリ	Indragiri		지명
일남(→베트남)			日南	지명/국명
일로코	イロコ	Iloko		어명/종족명
임도건			林道乾	인명
임락지			林樂知	인명
임송량			林松良	인명
임양국(→태국)			林陽國	지명/국명
임유옥			林有玉	인명
임읍(→안남)			林邑	지명/국명
임효			任囂	인명
자만(→과과족)			自蠻	종족명
자바(→자와)	ジャバ	Java		지명/인종명
자밧 섬	ジャバツト島	Jabwot Is.		지명
자와(어, 인), 자바, 조와, 엽조국, 야파도, 야파제, 대맥도	ジャバ, ジャバ人	Java, Javanese	爪蛙(人), 葉調國, 耶婆島, 耶婆提, 大麥島	어명/종족명/지명/국명
자카르타, 바타비야(인)	バタヴィヤ, ジャカルタ	Bataven, Jakarta		지명/종족명
자쿤	ジャクン	Jakun		지명/종족명
잠보(→카프소)	ザンボー	Zambo		인종
잡와(→호노)			卡瓦	국명
장개석			蔣介石	인명
장발규			張發奎	인명
장상시			張相時	인명
장섭			張燮	인명
장성랑			張星烺	인명
장영복			張永福	인명
장욱남			張煜南	인명
장유화			張維華	인명
장주			漳州	지명

장창기			張昌祈	인명
장희천			莊希泉	인명
잴루잇 섬	ヤルート島	Jaluit Atoll		
적토(→캄보디아)			赤土	국명/지명
전국경제옹호협회		National Economic Protectionism Assa ciation, NEPA		단체명
전소증			傳紹曾	인명
전학			錢鶴	인명
전현			傳顯	인명
점성(→참파, 임읍)			占城	종족명/지명/국명
점인(→참파인)		Tchams	占人	종족명
점파(→참파, 임읍)			占婆	종족명/지명/국명
정사상			鄭思尙	인명
정소			鄭昭	인명
정화			鄭和	인명
정효			鄭曉	인명
제남사건			濟南事件	사건명
제모 섬	チエモ島	Jemo Island		지명
제문			除聞	지명
제이콥 쉬크	ジエコフ・シツク	Jacob Schick		인명
조법아 (→조호르, →도파르)			祖法兒	지명
조여괄			趙汝适	인명
조와, 조와인 (→자와, 자와인)			爪蛙(人)	지명/인종명
조주			潮州	지명
조타			趙佗	지명
조호르, 조법아	ジョホール	Johor	祖法兒	지명
종성			鐘姓	종족명
주거비			周去非	인명
주국균			周國鈞	인명
주달관			周達觀	인명

주라	コーラ		周羅	지명
주보, 죽보	チヨホール	Jubo, Jubb	竹步	지명
주애			珠崖	지명
주오이	ズオイ			개념어
주유국, 흑치국, 라국			侏儒國	국명
주응			朱應	인명
주치중			周致中	인명
죽보(→조호르)			竹步	지명
중기(→하노이, 사이공)			中圻	지명
중숙			中宿	지명
중화민족해방선봉대			中華民族解放先鋒隊	단체명
중화총상회			中華總商會	단체명
쥐트제		Südsee		지명
지나족			支那族	종족명
지로로	ジロロ	Jilolo		지명
진가경			陳嘉庚	인명
진겸선			陳謙善	인명
진난방			陳蘭芳	인명
진달			陳達	인명
진랍(→캄보디아)			眞臘	국명/지명
진명추			陳名樞	인명
진사파			陳士芭	인명
진송명			陳宋明	인명
진안인			陳安仁	인명
진유청			陳裕靑	인명
진윤형			陳倫炯	인명
진제당			陳濟棠	인명
진조			陳租	인명
진중선			陳仲宣	인명
징기스칸	チンギスハーン, チンギス汗	Jingisukan, Genghis Khan		인명
쭐랄롱꼰대학	シュラロンコルン大學	Chulalongkorn University		대학명
차모르(어,인)	チヤモロ	Chamorro		어명/종족명

차오프라야 강, 메난 강, 미남강	メナン河	Chao Phraya River	湄南河	지명
참인(→참파인)		Tchams	占人	종족명
참족(→참파인)	チャム族	Cham		종족명
참파(인), 참인, 참족, 점인,점성, 점인	チャム族	Champa, Tchams	占城, 占人	종족명/국명
천방(→메카)			天方	국명/지명
천산			天山	지명
천산남로			天山南路	지명
천주			泉州	지명
천축가비려국(→인도)			天竺迦毗黎國	국명
천축국(→인도)			天竺國	지명/국명
청년구국서간단			靑年救國鋤奸團	단체명
청년낙심사			靑年樂心社	단체명
체리	チエリー	William Thomas Cherry		인명
체리국(→태국)	チエリ國			국명
체티	チエチー人, チエチイ人	Chetty, Chetti		종족명
촐라, 서양쇄리	コーラ	Chola, Cola	西洋瑣里	국명/지명
촐로	ショロ	Cholo		인종
촐론	チョロン	Cholon		지명
축치인	チユクチ	Chukchi		종족명
치프 엔 바나메이 (→바나메이)	チプ・エン・パナマイ			종족명
친인		Chin	親人	종족명
카나리아 제도	カナリー	Canarias		지명
카라미안	カラミアン	Calamian		지명/어명
카렌인(→태국)	カレン人	Karen	克倫人	종족명
카로리	カロリ			어명
카비테	カヴィテ	Cavite		지명
카스인(→요족)			瑤人	종족명
카얄, 가이륵	カヤル,カイル	Kayal	加異勒	지명
카우키어	カウキ語			어명
카이어	ケイ語	Kai		어명
카지아기르, 타하기르	カヂアギル, タハギル			개념어

카친인, 야인			吉親人	종족명
카타완	カタワン	Katawan		종족명/어명
카투단어	ガツダン	Katudanr		지명/어명
카티푸난	カティブナン	Katipunan		단체
카펜터	カアペンター	Frank George Carpenter		인명
카프소, 잠보	カフーソ,ザンボー	Kafuso, Zambo		인종
칸	カン		精	개념어
칸나카이	カンカナイ	Kankana-ey		종족명/어명
칸치푸람, 칸치푸라, 황지국, 건지보라	コンジーペラム, カーンチープラ, カーンチープラム	Kanchipuram, Kanchipura	漢支國, 建志補羅	지명/국명
칼미크	カルムイク	Kalmyk		종족명
캄보디아, 간포채, 부남국, 후난국, 적토, 진랍, 크메르족, 신라국	カムボヂヤ, キメルス, シンラ國, フナン國	Cambodia, Khmer, Sinra, Hunan	柬埔寨, 扶南國, 赤土, 眞臘	지명/국명/ 종족명
캄차달인	カムシャダール人	Kamchadal		종족명
캄파	カンパー	Kampar		지명
캐란탄, 가라단국	カランタン國	Kelantan	訶羅旦國	지명/국명
캐롤라인 제도	カロリン諸島	Caroline Islands		지명/종족명 /어명
캘커타, 고리	カルカツタ	Calcutta	古里	지명
케손	ケソン	Manuel Luis Quezon		인명
케이 군도	ケー	Kei		지명
케이트	ケイト	H.Ten Kate		인명
코나, 거인	コナ		巨人	종족명
코달 메레크, 별의 신	コダル・メレク			개념어
코랴크인	コリヤーク	Koryak		종족명
코로르 섬	コロル島	Koror Islands		지명
코스라에 제도, 쿠사이 제도	クサイ諸島, コスラエ諸島	KosraeIslands, Kusaie, Strong's Island		지명/어명/ 종족명
코친인, 가지(안남인)		Kachin	交趾人, 柯枝	종족명/지명
코코스 섬		Cocos Island		지명
코쿠보	コクボ			어명
콜람보	コーランボ	Kolambo		지명
콜럼버스	コロンブス	Christopher Columbus		인명

콰잘레인	クエジエリン島	Kwajalein		지명
쿠바, 구마		Cuba	玖瑪	지명
쿠바리	クバリ			인명
쿠빌라이, 홀비렬	クビライ	Qubilai, Khubilai	忽必烈,忽比烈	인명
쿠사이(에) 제도 (→코스라에 제도)	クサイ諸島	Kusaieelslands		지명/어명/ 종족명
쿠폰	クポン			어명
쿼터론	クオルテロン	Quateron		인종
퀼른, 콜람, 대갈란, 소갈란	キーロン	Quilon, Kollam	大葛蘭, 小葛蘭	지명/국명
크리스마스 섬		Christmas Island		지명
크리스티앙	クリスチヤン	Frederick William Christian		인명
크메르족(→캄보디아족)	キメルス	Khmer		종족명
크부	クブ	Kubu		종족명
키르기스	キルギス	Kirghiz		종족명
키셀어	キツセル語	Kissell		어명
키앙간	キアガン	Kiangan		어명
타갈(→타갈로그)	タガル 族	Tagal		지명/종족명
타갈로그, 타갈	タガログ語, タガラ族, タガル 族	Tagalog, Tagal		어족/종족명 /지명
타그바누와	タグバヌア	Tagbanuwa, Tagbanua, Tagbanwa		종족명/어명
타라와	トラウ	Tarawa		지명/어명
타라칸어	タラカン	Tarakan		지명/어명
타란	タラン	Tarahan		종족명
타르가레족	タルガレ─族			종족명
타멜랑	タメルラン	Tamburlaine		인명
타밀인	タミ─ル	Tamil		종족명
타비족	タビ族			종족명
타오크	タオク			종족명
타이 지나족	タイ・支那族	Thai-支那族		종족명
타이(→태국)	タイ	Thai	泰	지명/국명/ 종족명/어명
타이노	テイノ	Taino		종족명/어명

타지크		Tājĭk		종족명
타카	タカ	Taka		종족명
타타르(→몽고)	タタール	Tatar	韃靼	종족명
타피로	タビロ族	Tapiro		종족명
타하기르(→카지아기르)	タハギル			개념어
타히티 군도	タヒチ群島	Tahit		지명
탄국(→미얀마)			撣國	국명
탄자부르, 탄조르	ソンジョール	Thanjavur, Tanjore		지명
탄조르(→탄자부르)		Tanjore		지명
탈리앙		Talaing		지명
탐랄립티(→탐루크)	タームラリプティ	Tamralipti		지명
탐루크, 탐랄립티	タムルク, タンタラック, タームラリプティ	Tamluk, Tamralipti		지명
태국, 타이, 체리국, 샴(인), 섬라, 심리국, 임양국, 타이인, 태인, 샨인, 백이, 카렌인, 금린	タイ, シャム, チエリ國, カレン人, シャン人, ラオ人	Thailand, Sham, Shan, Karen	泰國, 暹羅, 諶離國, 林陽國, 泰人, 克倫人, 白夷, 金隣	지명/종족명/국명/어종족명
태인			泰人	종족명
터키족, 터키인	トルコ族	Turkey	土耳古人	종족명/국명
터키타타르족	トルコ·タタール族	Turkey-Tatar		종족명
테루규르	テルギュル			개념어
테르나테	テルナテ	Ternate		지명
테르체론	テルツエロン	Terzeron		인종
테리앙	テリアン	Teriang		지명
테일라이	テイルライ			어명
테토 아카리즈, 신의 거처	神の籠, テトアカリズ			개념어
테툼	テトン	Tetum, Tetun		어명
톈진조약			天津條約	조약명
토가	トガ	Toga		지명/어명
토라자	トラジャ	Toraja		지명/어명
토무나	トムナ			종족명
토밀	トミル	Tomil		지명
토번(→티벳)			土蕃	지명

토알라족	トアラ族	Toala		종족명
토케아	トケア			종족명
톤템보안어	トンテムボアン			어명
통고사족(→통구스 민족)			通古斯族	종족명
투르코만	トルコマン	Tur-koman		종족명
투르크족	トルコ族	Turktribe		종족명
투발루		Tuvalu		국명
퉁구스 민족, 통고사족	ツングス民族	Tungusic peoples	通古斯族	종족명/어명
트란		Turan		개념어
트룩 제도	トラツク諸島	Truk Islands		지명
트리치노폴리, 티루치라팔리	トリチノポリイ	Trichinopoly, Tiruchirapalli		지명
티니안	チニアン	Tini'an		지명
티도레	チードレ	Tidore		지명
티루치라팔리 (→트리치노폴리)		Tiruchirapalli		지명
티모르	ティモール	Timor		지명/어명/종족명
티무르	テイムール	Timūr		인명
티벳 버어마족	チベット・ビルマ族	Tibet-Burma		종족명
티벳, 토번, 서장	チベット	Tibet	土蕃, 西藏	지명/종족명
틴얀	テインヤン	Tinyanh		어명
파 눙	バヌン	phanung		개념어
파간	バガン	Pǎgan		지명
파달국			婆達國	국명
파라국, 문래			婆羅國, 文萊	국명
파라다(→발라파)	パラダ		拔羅婆	국명
파라스국(→페르시아)	パラス國、パールス		波羅斯國	국명
파로메국	バロメ國		邑盧沒國	국명
파리국(→발리)			渇利國	국명
파사(→페르시아)			波斯	국명
파세	パセー	Pacet		지명
파이어스 군도 (→페 군도)	フアイス	Fais Islands		지명

파카오포	フアカカフオ	Fakaofo		어명
파크스		Sir Harry Smith Parkes	巴夏禮	인명
파킨손	バルキンソン	Richard Parkinson		인명
파푸아인	パプア	Papua		종족명
파항, 팽항, 파황국	パハン	Pahang	彭亨→彭亨, 婆皇國	지명/국명
파황국(→파항)			婆皇國	지명/국명
팔라시 강	パラシ河			지명
팔라완	パラワン	Palawan		지명
팔라우(어)	パラオ, パラウ, パラーウ	Palau		지명/어명
팔렘방, 구항	パレンバン	Palembang	舊港	지명
팜팡가	パムパゴ	Pampanga		어명/지명
팡안 섬	ベンガン, バンガンク	Phangan Is., Pangan		지명
패(→스리크세트라)			覇	종족명
패트릭 헨리	パトリツク・ヘンリー	Patrick Henry		인명
팽가	パンカ		彭家	지명
팽항(→파항)			彭亨	지명
펄 벅	バアル・バツク	Pearl Buck		인명
페 군도, 파이어스 군도	フアイス	Fais Islands		지명
페구국	ペグー國	Pegu		국명/지명
페낭, 피남, 빈랑서		Penang	彼南→彼南, 檳榔嶼	지명
페레이로	ペレイロ	Pereiro A. Cabeza		인명
페루안디		M.H. Feruandey		인명
페르시아, 파라스국, 파사	ペルシア, パラス國, パールス	Persia	波羅斯國, 波斯	국명
펠렐리우 섬	ベレリウ, ピリユー島	Peleliu		지명
포라중국			浦羅中國	국명
포르투갈		Portugal		국명
포아리	ポアリ		ポアリ	개념어
포와(→하와이)			布蛙	지명
폰티아낙	ボスチアク	Pontianak		지명
폴 고갱	ポール・ゴーギャン	Paul Gauguin		인명
폴리네시아	ポリネシア	Polynesia		지명/인종명/어명

폰페이(→보나페)		Pohnpei		지명/종족명/어명
표국(→스리크세트라)			驃國	국명
풍승균			馮承鈞	인명
퓨족(→스리크세트라)	プユー族			종족명
프랑스, 불국	フランス	France	佛國	국명
프랭크 스웨테넘	シュティセン	Frank Swettenham		인명
프로메(→스리크세트라)	プロメ		覇	지명/종족명
프리지아인	フリース	Friesen		종족명
플로레스	フローレス	Flores		지명
플루앙	プルアン	Pluang		지명/어명
피남(→페낭)			彼南	지명
피란주			被蘭洲	국명
피에르 로티, 루이 마리 줄리앙 비오	ピエル・ロテイ	Pierre Loti, Louis Marie-Julien Viau		인명
피종			皮宗	지명
피지	フイジ	Fiji		어명/지명
핀 우그리아족	フィン・ウグリア族, フィン・ウゴル民族	Finno-Ugric peoples		종족명
핀시	フインシ			인명
핀인	フィン	Finn		종족명
필리핀, 거연주, 성 라자레스 제도, 비도, 비율빈, 비인	フィリピン, 聖ラザルス諸島	Philippines, St. Lazarus' Islands	巨延洲, 比島, 菲律賓, 菲人	국명/지명/종족명
필리핀인 동맹		La Liga Filipina		단체명
필립	フイリツプ, フェリペ2世	Philippe II		인명
핑계라프	ビンネラツプ	Pingelap		지명
하교원			何喬遠	인명
하노이, 북기, 농편, 돈킨, 동경	ハノイ	Hanoi, Đông Kinh	北圻, 籠編, 東京	지명
하라야	ハラヤ			어명
하라이			祓	개념어
하마다 야효에			浜田屋彌兵衛	인명
하문			廈門	지명

하사통			夏思痛	인명
하와이, 포와	ハワイ	Hawaii	布蛙	지명/어명
하이드라마우	ハドラモート	Hadhramaut		지명/국명/종족명
하투			河套	지명
하한문			何漢文	인명
한민족			漢民族	인종
할, 홀	ハル,ホール	Hall Islands		지명/어명
할마헤라	ハルマヘーラ	Halmahera		지명/인종
할하족	ハルハ族	Khalkha		종족명
함부르후	ハムブルツフ			인명
함포			含浦	지명
항하(→갠지즈 강)			恆河	지명
해남도			海南島	지명
향료 군도(→말라카)			香料群島	지명
허도령			許道齡	인명
헌원			軒轅	인명
험윤			獫狁	인종명
헨리 포드	ヘンリー・フオード	Henry Ford		인명
협서			陝西	지명
혜융유			醯隆劉	인명
혜저청			嵇翥青	인명
호노,잡와			葫蘆, 卡瓦	국명
호론타로어	ホロンタロ			어명
호르므즈, 홀로모사	ホルムヅ	Hormuz	忽魯謨斯	지명
호문호			胡文虎	인명
호병웅			胡炳熊	인명
호세 리잘		Jos Rizal		인명
호주(인)			濠洲人	인종/지명
호코라	ホコラ			개념어
홀로모사(→호르무즈)			忽魯謨斯	지명
홀비렬(→쿠빌라이)			忽比烈	인명
화교구호회			華僑救護會	단체명

화교총회			華僑總會	단체명
화교항적후원회			華僑抗敵後援會	단체명
화란, 네덜란드	オランダ	Netherlands, Holland	和蘭	국명
화민정무국			華民政務局	기관명
황가수			黃可垂	인명
황경지			黃競志	인명
황성증			黃省曾	인명
황소봉			黃素封	인명
황요조			黃耀租	인명
황중함			黃仲涵	인명
황지국(→칸치푸람)			潢支國	국명/지명
황충			黃衷	인명
황택창			黃澤蒼	인명
회율(→모하메드의 법)			回律	개념어
횡부국			橫趺國	국명
후난국(→캄보디아)	フナン國	Hunan		국명
후지야마 라이타			藤山雷太	인명
후지타 도요하치			藤田豊八	인명
후쿠다 쇼조			福田省三	인명
후토나어	フトナ, フトゥナ	Futunan		어명
후홍감			侯鴻鑑	인명
훈죽			獯鬻	종족명
흉노			匈奴	종족명
흑치국(→주유국)			黑齒國	국명
힌두스(→인도)	ヒンジラ	Hindus		지명/국명/어족
힌두이즘, 인도교, 힌두교	ヒンヅーイズム	Hinduism	印度教	개념어
힐리가이논어	ヒリガイナ	Hiligaynon		종족명/어명

옮긴이의 말

'남양'의 민족과 문화에 대한 새로운 시좌와 대동아공영권의 원리

본서는 이토 겐(井東憲)의 『남양의 민족과 문화(南洋の民族と文化)』 동아문화총서(東亞文化叢書) 제2권(大東出版社, 1941)을 번역한 것이다.

일본은 1937년 중일전쟁을 시작하며 대륙 침략의 욕망을 드러냈고, 1940년에는 동남아시아에 대한 대외팽창을 국책으로 결정한 후, 이들 아시아 지역에서 영국, 미국 등 서국 제국주의와 패권을 다투는 태평양전쟁을 시작하였다. 그리고 중국 대륙과 동남아시아를 하나의 아시아 문화권으로 묶어 대동아공영권을 내세우며 서구 제국주의에 대항하고자 하였다. 이에 따라 당시의 일본 학계에서는 중국 대륙뿐만 아니라 '남양(南洋)'의 자연, 지역, 토지, 자원, 인종, 연혁, 인구, 무역, 경제, 사회, 정치 등을 전반적으로 검토하는 연구가 활발히 이루어졌다. 특히 이들 연구는 남양 군도에 설치된 남양청(南洋廳)의 조사 자료, 교육 자료, 개척사, 이른바 '대동아공영권'과 동남아시아 신질서의 문제, 그리고 그러한 질서 하의 이 지역의 사회와 문화, 언어 등의 문제를 포괄하고 있었다.

이와 같은 상황 하에서, 불교 전문 학술서를 중심으로 역사, 문예, 철학 등의 인문학 서적을 간행하는 다이토출판사(大東出版社)는 1941년 10월부

터 1943년까지 최소 48권의 〈동아문화총서〉를 간행하였다. 이러한 다이토 출판사의 〈동아문화총서〉의 기획 의도를 현재로서는 구체적으로 파악할 길은 없다. 다만, 현재 확인할 수 있는 총서의 제목과 이들 서적 말미에 게재된 소개글로 그 기획 의도를 짐작해 볼 수 있다. 우선 현재 확인이 가능한 것은, 제1권: 사네토 게이슈(實藤惠秀) 저『근대 일지 문화론(近代日支文化論)』(大東出版社, 1941.10) /제2권: 이토 겐(井東憲) 저『남양의 민족과 문화(南洋の民族と文化)』(大東出版社, 1941.10) /제3권: 니시모토 하쿠센(西本白川) 저『강희대제(康熙大帝)』(大東出版社, 1941.11) /제4권, 제5권: 덕령(德齡) 저, 사네토 게이슈 역『서태후 두루마리 그림(西太后繪卷)』(大東出版社, 1941) /제6권, 제9권: 고토 아사타로(後藤朝太郎) 저『지나 풍물지(支那風物志)』1.풍경 편(風景編), 2.민예편(民藝篇)(大東出版社, 1942~43) /제7권: 이사카 긴코(井坂錦江) 저『수호전과 지나 민족(水滸傳と支那民族)』(大東出版社, 1942.5) /제8권: 야마시타 소엔(山下草園) 저『일본, 하와이 교류사(日本布哇交流史)』(大東出版社, 1943.1) /제48권: 스즈키 다이세쓰(鈴木大拙)·후루타 쇼킨(古田紹欽) 저『반케이 선사 설법(盤珪禪師說法)』(大東出版社, 1943.3) 의 9권이다. 그리고 이 중 확인이 되는 소개글을 살펴보면, 제1권 사네토 게이슈(實藤惠秀) 저『근대 일지 문화론(近代日支文化論)』은 '근 80년래의 일지 문화 관계를 검토하고 현재의 양국 문화상의 제 문제를 음미하여 장래의 문화 공작, 유학생 교육 방침을 시사한다'라고, 제3권 니시모토 하쿠센(西本白川)의『강희대제(康熙大帝)』는 '지나 역대 정치의 이상적 경지를 보여주는 강희대제의 덕행을 해부하여 왕도를 주석(注釋)하고 동방 도의 국가의 재건을 역설한다'라고, 제4권, 제5권 덕령(德齡) 저『서태후 두루마리 그림(西太后繪卷)』은 '지나 근대의 여걸 서태후의 공사(公私) 생활을 그려서 명성을 높인 시녀 덕령(德齡)의 대표작, 호사롭고 애수를 띤 우미한 실록 소설

속에 민족의 성격과 문화를 암시한다'라고, 그 요지를 밝히고 있다. 즉 이들 총서는 중국을 포함한 동아시아, 태평양 제도, 동남아시아를 묶어 그들 민족과 문화, 역사, 사상 등 연구하여 서구 제국의 아시아 침략에 대해 아시아 민족으로서의 유대감으로 대응하고자 하는 것임을 알 수 있다.

이와 같은 〈동아문화총서〉의 기획 취지에 맞춰, 이토 겐 역시 대일본제국의 대륙 정책과 남양 문제는 밀접한 관계에 있음을 인식하고 『남양의 민족과 문화』를 집필하였다. 이와 같은 저자의 집필 의도는 '동아공영권의 일익을 구성하는 남양의 중대성을 민족과 그 문화의 방면에서 천명한 것. 이렇게 해서 일본 민족과 피로 연결되어 있는 남양 민족에 대한 관심과 흥미가 배가된다. 시국하에 적절한 읽을거리'라는 소개글에도 잘 나타나고 있다. 특히 이토 겐은 남양을 넓고 깊게 인식한다는 것은 대륙 정책과 동아공영의 문제를 근본적으로 이해하는 것이며, 남양을 인식하는 방법에는 경제적, 정치적, 군사적 등등 여러 가지가 있지만, 거기에서 한 걸음 더 나아가 민족적 연구를 시도할 필요가 있다고 하며, 당시 남양 연구의 주를 이루는 사회과학적 연구와 변별되는 남양의 민족과 문화 연구의 일축을 담당하겠다고 밝히고 있다. 아울러 이와 같은 민족 연구 분야에서는 백인 학자들이 연구 성과를 내고 있지만, 그것은 '파란 눈에 야망의 안경을 쓰고 본 것'이니 만큼, 그와 구별되는 시각에서 일본인들과 남양 민족은 아시아성을 통해 '민족적 유대'를 가지고 있음을 밝혀야 한다고 주장한다. 그리고 당시 국제 정세 하에서는 동아공영을 목적으로 하는 공동체 운명에 있는 일본이 남양 민족의 올바른 모습을 아는 것이 요즘만큼 절실한 시대는 아마 없을 것이라 하며, 동아공영권의 남방의 중심인 남양 민족의 아시아성의 검토야말로 목하 급무라 천명하고 있다.

이와 같은 문제 의식에서 집필된 본서는, 우선 남양의 제 민족 문제의 유래를 밝히고, '남양'의 개념과 범위, 일본과 남양의 교류 양상, 지나와 남양의 관계를 정리하고 있다. 그런 후에 남양 제 민족의 언어와 풍속, 문화, 종교를 일본 제국의 그것과 비교하며 공통성을 추출하고 그것을 '아시아성' 이라 규정한다. 더 나아가 구미 열강의 남양 침략사와 민족 운동을 검토한 후, 그들이 일본의 진출을 두려워하는 것은 남양의 제 민족들이 같은 아시아 민족으로서 일본과 유대할 것을 염려하기 때문이라고 주장한다.

이와 같이 본서는 저자 이토 겐이 태평양 전쟁 시기 대일본제국의 국책 인 동아공영권 확립에 필요한 '아시아성'을 도출하여, 아시아적 유대감을 강조하고 아시아 민족으로서의 각성을 촉구하는데 목적을 두고, 남양 민족 의 전체상을 그리고 있다. 따라서 본서에서 표상되는 아시아 민족은 다분 히 제국주의의 이데올로기에 의한 억측과 논리적 비약을 포함하기도 한다. 그러나 그럼에도 불구하고, 본서에서 다루고 있는 '남양'은 태평양 제도와 동남아시아를 한데 묶은 개념으로, 그 지역의 수많은 민족의 유래와 태평 양 전쟁 시기 열강들의 그 지역에 대한 인식을 세계사의 축도로 그려내고 있다는 점에서 많은 시사점을 제공하고 있다. 특히 본서에서 제시되는 남 양 민족의 언어, 풍속, 종교, 교류사는, 당대의 현상만을 가지고 일면적으 로 파악한 것이 아니다. 당대의 현상만을 정리한 것이라면 태평양 전쟁 시기 이루어진 이 지역에 대한 다른 많은 연구를 참조해도 될 것이다. 그러 나 본서는, 『한서지리지』 이래의 중국의 방대한 문헌과 현지 조사를 바탕 으로 하는 일본, 서양 연구자들의 연구 성과를 소개할 뿐만 아니라, 이들 연구 성과를 총괄하여, 지역별, 민족별로 남양의 수많은 섬과 종족과 어종 의 유래와 특수성을 망라하여 입체적으로 전체상을 조망하고 있다. 이러한 점에서 본서는 제국주의적 이데올로기에 의해 남양을 왜곡하고 있다는 비 판을 면할 수 없음에도 불구하고, 그 어느 연구에서도 포착하지 못한 귀중한 자료와 정보를 만재하고 있다고 할 수 있다.

본서에서 다루어지는 1000개 이상 되는 방대한 이들 지역에 대한 종족, 어종, 도서(島嶼), 종교, 역사 등과 관련된 명칭들이 그 증거이며, 이는 이들 지역의 역사적 부침만큼이나 복잡 다단한 양상을 보이고 있다. 예를 들어 태국에 대한 명칭만 하더라도 역사적 맥락에 따라 '금린(金隣), 임양국(林陽國), 심리국(諶離國), 체리국(チエリ國), 섬라(暹羅), 태국(泰國)' 등 다양한 명칭으로 언급되고 있으며, 이 지역의 패권을 장악한 종족도 '타이인, 태인(泰人), 카렌인(克倫人), 백이(白夷), 샨인(Shan), 샴인(Sham) 라오(Lao)인' 등 다양한 명칭으로 거론되고 있다. 이렇게 이들 고유명사는 워낙 복잡하고 그 수도 방대하고, 따라서 마치 태평양 한 복판에서 모래알을 찾는 기분으로 이들 고유명사를 번역해야 했고 그 만큼 독자들도 혼란스러울 수도 있다고 판단되었다. 이러한 사정에서 최대한 확인 과정을 거쳐 한국어, 일본어, 영어 및 로마자 표기, 한자 표기로 색인을 만들어 독자들이 명칭들을 상호 참조하며 이해할 수 있도록 하였다. 이들 중에는 본서의 저자가 기록한 일본어 이외에 다른 어떤 언어로도 기록된 적이 없는 종족이나 어종, 도서명, 종교 의례 등도 일부 있다. 이는 이 분야에 대한 역자의 일천한 지식에 기인하는 것일 수도 있고, 혹은 다른 연구에서 포착되지 않은 본서 고유의 표기일 수도 있기 때문에, 일본어 발음을 그대로 한국어로 바꾸고 ( ) 안에 가타카나로 표기해 두어 추후에라도 확인을 할 수 있도록 해 두었다. 이에 대해서는 강호제현의 교시를 바라는 바이며, 그럼에도 불구하고 미흡한 점이 있다면 그것은 오로지 역자의 부족함의 소치이니 이 역시 많은 교시와 질정을 바라는 바이다.

이상과 같이 본서는 태평양 전쟁이 한창이던 시기 일본을 비롯한 제국주의 열강들의 '남양'에 대한 인식을 입체적으로 파악할 수 있게 하고, 일본

제국의 대동아공영권의 실체를 생생하게 보여주고 있으며, 아울러 이들 지역의 언어와 민족, 풍속, 종교 등에 대한 기초 자료와 정보를 제공해 주고 있다. 이러한 본서의 번역이, 일본 제국의 아시아 침략의 욕망의 실체를 파악하고 이 분야에 대한 연구가 일천한 국내의 관련 학계에 이들 지역의 민족과 문화를 새로운 시각으로 바라볼 수 있는 시좌를 제시할 수 있기를 바란다. 더 나아가 본서가 이들 지역에 대한 인문학적 연구의 기초 자료로 활용된다면 역자로서는 더없는 영광일 것이다. 아울러 부족한 번역을 지원해서 출판이 될 수 있게 해 주신 고려대학교 문과대학 정병호 학장님과 꼼꼼한 편집으로 좋은 책으로 만들어 주신 이소희 님께도 감사를 드리는 바이다.

2021년 3월

역자 김효순

저자 **이토 겐**井東憲, 1895~1945

다이쇼(大正)·쇼와(昭和) 시대 소설가, 평론가. 본명은 이토 겐(伊藤憲). 도쿄(東京) 우시코메(牛込)에서 출생. 출신지는 시즈오카현(静岡県). 1919년 메이지대학(明治大学) 법과대학을 졸업하고 노동자 문학가로 활동, 1912년 「지옥에서 생긴 일(地獄の出来事)」을 간행. 『문예시장(文芸市場)』편집에도 참가하였고, 프롤레타리아 문학의 융성과 함께 작가로서의 활약은 줄고 1927년 상해(上海)로 건너가 수차례 체재. 만년에는 중국 관련 서적을 번역하거나 계몽서를 간행. 주요 저서에 『아리시마 다케오의 예술과 생애(有島武郎の芸術と生涯)』(1926), 『상해야화(上海夜話)』(1927), 『이토 겐 시집(井東憲詩集)』(1927), 『아시아를 교란하는 유태인(アジアを攬乱する猶太人)』(雄生閣, 1938), 빙승균(馮承鈞) 저 『지나 남양 교통사(支那南洋交通史)』역서(大東出版社, 1940), 『변화하는 지나(変り行く支那)』(秋豊園出版部, 1940), 『지나 회교사(支那回教史)』(1942) 등이 있다.

역자 **김효순**

고려대학교 글로벌일본연구원 교수. 고려대학교와 쓰쿠바대학에서 아쿠타가와 류노스케 문학을 연구하였고, 현재는 조선총독부 기관지 『경성일보』 게재 일본어 문학을 중심으로 연구하고 있다. 주요 논문으로 「3.1운동 직후 재조일본인 여성의 조선 표상과 신경쇠약 ─『경성일보』 현상문학 후지사와 게이코의 『반도의 자연과 사람』을 중심으로 ─」(『일본연구』 제35집, 2021.2), 「식민지 조선의 문화정치와 『경성일보』 현상문학 연구 ─「파도치는 반도」와 나카니시 이노스케 작 「동아를 둘러싼 사랑」을 중심으로 ─」(『일본학보』 제115호, 2018.5) 등이 있고, 저역서에 다니자키 준이치로 저 『열쇠』(역서, 민음사, 2018), 『현상소설 파도치는 반도·반도의 자연과 사람』(공역, 역락, 2020.5), 『식민지 문화정치와 『경성일보』: 월경적 일본문학·문화론의 가능성을 묻다』(편저, 역락, 2021.1) 등이 있다.

일본 동남아시아 학술총서 5

남양의 민족과 문화

2021년 4월 30일 초판 1쇄 펴냄

저 자 이토 겐
역 자 김효순
발행자 김흥국
발행처 도서출판 보고사

책임편집 이소희
표지디자인 손정자

등록 1990년 12월 13일 제6-0429호
주소 경기도 파주시 회동길 337-15 보고사
전화 031-955-9797(대표), 02-922-5120~1(편집), 02-922-2246(영업)
팩스 02-922-6990
메일 kanapub3@naver.com / bogosabooks@naver.com
http://www.bogosabooks.co.kr

ISBN 979-11-6587-176-5 94300
      979-11-6587-169-7 (세트)
ⓒ 김효순, 2021